SUMARIO

Artículos de material

Guía de productos y test de material

EDITA
Ediciones Desnivel S.L.
C/ San Victorino nº 8. 28025 Madrid.
Teléfono: 91 360 22 42.
edicionesdesnivel@desnivel.com

REDACCIÓN
Director:
Darío Rodríguez.
dario@desnivel.com

Redactora Jefe:
Eva Martos.
evamartos@desnivel.com

Director de Arte:
Gregorio Arranz.
g.arranz@desnivel.com

Colaboran en este número:
Josito Fernández, Toño Guerra, Fátima Gil, Jesús Velasco, Rafa Gómez, Mónica Llorente, José Isidro Gordito, José Yáñez, Dioni Serrano, Miguel Escrig, Miguel Ángel Sánchez, Curro González, Roberto Llorente, Juan Terrádez y Marga Sanz.

DEPARTAMENTO DE PUBLICIDAD
Directora: María Ángeles Trujillo.
publicidad@desnivel.com
Tel: 91 360 22 60.

DESNIVEL.COM
Webmaster: José Yáñez.
webmaster@desnivel.com

DISTRIBUCIÓN Y VENTAS
María José Santamaría. Tel: 91 360 22 84.
mariajose@desnivel.com
Pedidos particulares: Librería Desnivel.
Tel: 91 369 42 90.

Envíos: Ramón Díaz y Pedro Montes.

SUSCRIPCIONES
Tel: 91 360 26 20 (horario de 9 a 16:00 h).
suscripciones@desnivel.com
http://desnivel.com/suscripciones

CONTABILIDAD
Maite López. mayte@desnivel.com
Tel: 91 360 26 20.

Distribuye: SGEL. Tel: 91 657 69 00.
PVP Canarias: 7.05 €

Impresa en España/Printed in Spain.
Imprime NUEVA IMPRENTA en papel ecológico TCF (totalmente libre de cloro).
Depósito legal: M-8747-2013
ISSN: 0211-9765
ISBN: 978-84-9829-683-9

ATENCIÓN: Las actividades de montaña conllevan riesgos. Desnivel recomienda que sólo las practiquen quienes estén preparados para superarlos y asuman personalmente todas las responsabilidades, con independencia de las informaciones aparecidas en la revista. Desnivel no se identifica necesariamente con las opiniones expresadas por sus colaboradores.

NOTA IMPORTANTE: todos los precios indicados son aproximados y carecen de carácter vinculante para el fabricante o el punto de venta.

SÍGUENOS EN: **desnivel.com**

facebook.com/revistadesnivel

twitter.com/desnivelados
instagram.com/desnivel_revista

Miguel Escrig

Jesús Velasco

Toño Guerra

José Yáñez

Mónica Llorente

Un equipo de expertos detrás de las pruebas sobre terreno

En esta guía definitiva de material de montaña y outdoor que lanzamos con periodicidad anual, y que este año cumple ya su ¡XXX edición!, el principal contenido está dedicado a la información sobre las novedades del año, tanto de la actual temporada primavera-verano como la del próximo otoño-invierno 24/25. Encontrarás aproximadamente 400 fichas claramente clasificadas en categorías (vestimenta, calzado, mochilas, sacos, escalada, trail running, etc), y ordenadas alfabéticamente según la marca, cada una con las características principales de los productos, así como una fotografía, precio de venta recomendado y web de las marcas para ampliar la información.

Pero, además, el gran valor de este número está en los más de cuarenta test de producto que incluye, que muestra un trabajo realizado por un equipo de personas profesionales de la montaña, que ha estado utilizando el material en terreno real, es decir, escalando, caminando, corriendo, durmiendo en la montaña... Se han involucrado en estas pruebas los guías de montaña Toño Guerra, Curro González, Josito Fernández, Roberto Llorente, Jesús Velasco, Rafa Gómez e Íñigo Ayllón. También han participado en las pruebas de producto la escaladora Fátima Gil, el esquiador Juan Terrádez, la corredora Mónica Llorente y el corredor Florencio Camacho. Completan el equipo Eva Martos, José Yáñez y Dioni Serrano, grandes aficionados a la montaña y la escalada. Todos ellos y ellas cuentan con una dilatada trayectoria y presentan sus conclusiones de forma clara y honesta, evaluando criterios como la funcionalidad, sostenibilidad o durabilidad de los productos, sin influencias o presiones comerciales.

La revista se completa con nueve artículos relacionados con el material, escritos con un marcado carácter práctico por expertos en las distintas materias. Esperamos con todo este extenso y detallado contenido ofrecerte las herramientas necesarias para que aciertes con lo que mejor se adapte a tus necesidades, contribuyendo de esta forma a mejorar a tu experiencia en la montaña. // **Redacción Desnivel**

Roberto Llorente

Josito Fernández

Dioni Serrano

Curro González

Eva Martos

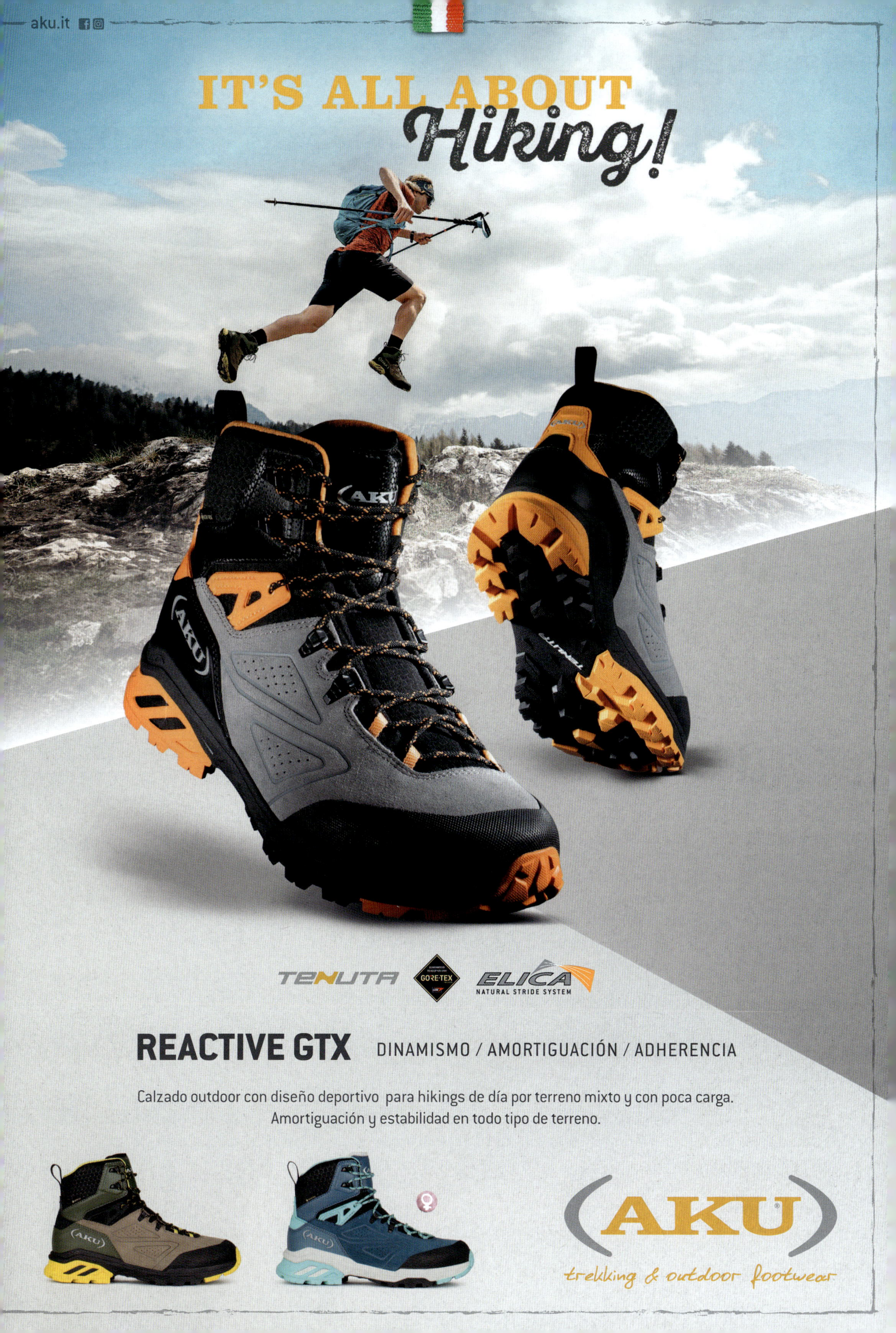
aku.it
IT'S ALL ABOUT
Hiking!
TENUTA
GORE-TEX
ELICA
NATURAL STRIDE SYSTEM
REACTIVE GTX
DINAMISMO / AMORTIGUACIÓN / ADHERENCIA
Calzado outdoor con diseño deportivo para hikings de día por terreno mixto y con poca carga.
Amortiguación y estabilidad en todo tipo de terreno.
(AKU)
trekking & outdoor footwear

GUIA DE MARCAS

GUIA DE MARCAS

Marca	Distribuidor	Web	Capítulo	Página
Lifestraw	Esportiva Aksa, S.A	www.esportivaaksa.com	Accesorios	**117**
Lorpen	Ternua Group	www.lorpen.com	Calcetines	**40**
Lowa	Megasport	www.lowaboots.com	Calzado	**63**
Marmot	Vertical Sports, S.L	www.vertical.es	Vestimenta	**29**
Merrell	Wolverine Worldwide	www.merrell.com	Calzado	**64**
			Trail Running	**141**
Millet	Lafuma Group	www.millet-mountain.com	Vestimenta	**30**
			Calzado	**65**
			Mochilas	**84**
			Trail Running	**142-143**
Montane	Esportiva Aksa, S.A	www.esportivaaksa.com	Vestimenta	**31**
Montura	Panasport ETD	www.montura.com	Vestimenta	**32**
Mund	Mundoimport, S.L	www.mundsocks.com	Calcetines	**41**
OOFOS	Comercial Udra	www.oofos.es	Calzado	**66**
OS2O	OS2O	www.os2o.com	Vestimenta	**35**
Osprey	Viper Sport	www.ospreyeurope.com/es_es/	Mochilas	**85**
Petzl	Petzl España	www.petzl.com	Escalada	**168-169**
Primus	Vertical Sport, S.L	www.primus.eu	Accesorios	**118**
Robens	Vertical Sport, S.L	www.robens.de	Dormir	**94-95**
Rock Experience	Viper Sport	www.rockexperience.shop	Vestimenta	**33**
Salewa	Salewa Ibérica	www.salewa.com	Vestimenta	**34**
			Calzado	**69**
			Mochilas	**87**
			Dormir	**93**
Scarpa	Panasport ETD	www.scarpa.net	Calzado	**57**
Silva	Vertical Sports, S.L	www.vertical.es	Iluminación	**99**
Sinner	Esportiva Aksa, S.A	www.sinner.eu	Accesorios	**119**
Solarbrother	Esportiva Aksa, S.A	www.esportivaaksa.com	Accesorios	**122**
Tatonka	Vertical Sport, S.L	www.tatonka.com	Mochilas	**86**
Ternua	Ternua Group	www.ternua.com	Vestimenta	**36-37**
Teva	Outdoor King	www.teva.com	Calzado	**67**
Ticket To The Moon	Esportiva Aksa, S.A	www.esportivaaksa.com	Accesorios	**120**
Wild Country	Salewa Ibérica	www.wildcountry.com	Escalada	**172**

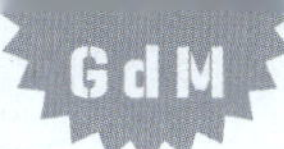

COL. ORTOVOX

VESTIMENTA

Materias primas de la ropa técnica de montaña y sus propiedades

El conocido sistema por capas empleado en la vestimenta de montaña implica una función para cada una de ellas. El diseño y confección de las prendas conducen a que la desarrollen con mayor eficacia, pero la naturaleza de los tejidos y otros componentes empleados es, finalmente, la que hace que se adecúen a la tarea encomendada. Hacemos en este artículo un recorrido por los materiales que se usan con más frecuencia.

En ambientes fríos y con humedad, la capa exterior cumple la principal función de protección frente a los elementos, pero ha de estar respaldada por las capas interiores.

LAS prendas para uso en montaña aúnan características que las adaptan al exigente trabajo de proteger el cuerpo de los elementos en las duras condiciones que en ella reinan. A los importantes atributos de impermeabilidad al agua o/y el viento, transpirabilidad y capacidad térmica, se unen otros nada desdeñables como robustez, ligereza y flexibilidad, vital esta última para facilitar la movilidad de los usuarios.

Antes del impresionante desarrollo de la industria físico-química, las materias primas provenían casi exclusivamente de la naturaleza en forma de pelo y piel de mamíferos, plumas de aves, fibras vegetales...

Vayamos por partes

Para vestirse en actividades al aire libre lo habitual es situar una lámina pegada al cuerpo de lo que se conoce como prenda interior térmica, que forma la capa cuya función es mantener seco al individuo. Sobre ella una que almacena aire caliente o, lo que es lo mismo, una cámara que el cuerpo se encarga de subir de temperatura generalmente a base de polar, boata (fibra), pluma... Por encima de todas, una impermeable-transpirable o, como mínimo, cortaviento, que protege las anteriores evitando posibles fugas y propone una barrera infranqueable para el viento o/y la nieve, la lluvia...

Aunque básicamente son tres, la segunda puede estar compuesta por diferentes elementos sumados, como un polar fino, otro más grueso y otra lámina de fibra o pluma (que muchos denominan "cuarta capa"), o solo la primera o segunda en adición de la tercera.

Natural o sintético

Existe un eterno dilema entre el uso productos creados en laboratorio para cumplir con las funciones que los humanos han encomendado desde tiempos inmemoriales a materias obtenidas de la naturaleza, o servirse de ellas. Como decíamos con anterioridad, fibras de origen vegetal como el algodón, de origen animal como la lana de oveja, la seda de las larvas de la mariposa Bombyx mori o la pluma de algunas aves han sido la base para la confección de prendas en gene-

COL. HAGLÖFS

Arriba, con una chaqueta aislante de material sintético, que conserva sus propiedades aislantes incluso con humedad. Derecha, escalando con prendas que mezclan el algodón con el elastano. Abajo, Tamara Lunger probando la elasticidad de una chaqueta con membrana.

COL. GORE-TEX

ral, pero de vestimenta técnica para montaña en particular.

Puntos fuertes y destino

Conociendo los atributos de las fibras puede establecerse su utilidad dentro de la cadena, entendida esta como el sistema de vestimenta por capas. Así, el algodón fue rápidamente descartado para la fabricación de prendas técnicas por su gran retención de humedad a pesar de su buen tacto. La seda tampoco logró un papel protagonista ni sirviéndose de su conocido atributo de suavidad en contacto con la piel. Rápidamente quedó relegada a fibra añadida en bajo porcentaje a otras naturales o artificiales, especialmente en el marco de la ropa interior.

Por el contrario, la lana sí ocupó un papel preponderante y se convirtió en la materia prima fundamental para la construcción de prendas interiores pero también como hilatura principal para prendas intermedias.

Sin embargo, el éxito inicial se tornó desprecio. La valorada materia paso a ser objetivo de duras críticas que la llevaron a la muerte comercial hasta su resurrección hace relativamente pocos años con la popularización de la variedad y el término “merino” (o merina) que la ha conducido a retomar posiciones como si de un producto completamente nuevo se tratase.

Entre las críticas está el hecho del aumento de peso en condiciones de humedad, estado en que por otra parte sigue ofreciendo una excelente protección térmica. Y, por supuesto, la irritación que puede producir sobre pieles sensibles además de un precio más alto en comparación con productos equivalentes desarrollados en laboratorio.

Algo similar a lo que ocurrió con la lana, pasó con el plumón. De materia empleada de forma habitual para el relleno de prendas de aislamiento térmico pasó al olvido más absoluto hasta que renació hace pocos años en forma de prendas ligeras, casi de uso exclusivo interior, y con un look particular que fue conocido popularmente en sus inicios como “plumíferos de morcillitas” por la curiosa forma de las celdas o tabiques donde se almacenaba la pluma. Es cierto que las voluminosas prendas de plumón nunca han dejado de usarse en expediciones o como complemento para grandes fríos, pero la popularidad en nuestras montañas decayó considerablemente durante más de una década en favor de los productos sintéticos.

COL. MILLET

Como verás esta es la segunda ocasión en la que, después de pocas líneas, vuelve a aparecer el hecho de la sustitución de prendas con materias naturales por otras construidas con fibras sintéticas. Precio bajo y rapidez de secado fueron los motivos fundamentales por los que, primero el polipropileno, y después el poliéster, sustituyeron a la lana en el interior. Ausencia de mantenimiento y buen rendimiento incluso mojada las razones principales para cambiar la pluma por una nueva reina: la fibra sintética.

Lo cierto es que, por una razón u otra, los productos derivados del petróleo se han convertido en los más empleados para la confección de prendas técnicas, desde las que van en contacto con el cuerpo hasta las que sirven de barrera final contra la lluvia, la nieve, el viento... El poliéster, con su probada resistencia al agua, a los productos químicos, a los rayos ultravioleta y a la abrasión, domina claramente el sector con todo tipo de fibras.

Sintético y combinaciones

Para la confección de prendas interiores se tienen en cuenta dos parámetros: evacuación de humedad y aislamiento térmico. Centrados en ello, los fabricantes han creado hilaturas con un polo hidrófilo y otro hidrófobo que mantienen el sudor alejado del cuerpo pero poseen capacidad para retener o evacuar también el calor corporal (hay fibras que tienen un elevado número de canales para transportar humedad, otras con un relieve que aumenta el flujo de aire y reduce la fricción e incluso algunas con principios activos en microcápsulas que, al entrar en contacto con el sudor, permiten su expansión y una mayor ventilación).

En verano lo de evacuar el calor es muy interesante, pero en invierno nada como contar con fibras que almacenen aire para que el cuerpo lo caliente creando una capa agradable que envuelva al usuario. La lana funciona perfectamente en ese sentido, por eso ha vuelto a tener un protagonismo que incluso se ha extendido a que sea mezclada con otras hilaturas sintéticas que aceleran la evacuación de humedad. Además es antibacteriana natural y no necesita tratamientos (anti-olor, etc.) adicionales, como los precisan los productos derivados del petróleo.

En las capas intermedias es la fibra sintética, y en pocos casos la natural, la que se lleva la palma. Productos con pelo expandido, generalmente obtenidos del reciclaje de botellas de plástico, configuran las opciones más empleadas.

RESPONSIBLE DOWN STANDARD R·D·S CERTIFIED

MERINO WOOL MULESING-FREE

GLOBAL ORGANIC TEXTILE STANDARD

Sobre ellas, las prendas de almacenamiento de aire para proteger del frío alternan el uso de plumón (ahora hidrofugado para mejorar sus prestaciones en caso de humedad) con la fibra continua o en forma de copos. No podemos decir que haya un claro ganador, porque las conocidas "prendas de reunión" suelen ser de fibra, pero las que se emplean al final del día en refugios o para permanecer en la base de los bloques de búlder o escuelas de escalada entre "pegues" acostumbran a tener a la pluma como relleno.

Para detener el agua y el viento los productos naturales no se emplean en absoluto. La poliamida y el poliéster son el soporte sobre el que se laminan membranas, en su mayor parte de teflón, o se inducen o inyectan soluciones de poliuretano. A los atributos para detener el agua que proviene del exterior, evacuando a la vez la transpiración, se une la robustez del soporte y su resistencia a la abrasión, que son igualmente fundamentales para soportar el maltrato que reciben las prendas por el uso de mochilas y fricción con la roca o la vegetación.

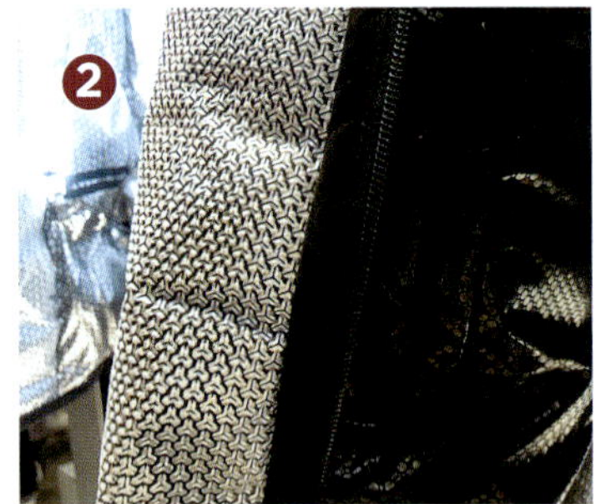

1. Tejido Polartec Delta, con una confección que favorece la ventilación. 2. Interior de una prenda con tecnología Omni-Heat (Columbia). 3. Etiqueta de una prenda con membrana Helly Tech y Lifa Infinity (Helly Hansen) 4. Esquilando una oveja latxa cuya lana Ternua utiliza para sus prendas. 5. Grafeno combinado con fibra Mimic, material que Haglöfs emplea como aislante en sus prendas. 6. Plumón, fibra natural aislante por excelencia.

Pero las materias naturales han vuelto...

Es cierto, el algodón, rápidamente descartado para la fabricación de ropa técnica por su importante retención de agua y asociado a ella un gran aumento de peso, ha vivido una segunda juventud al ser la base de prendas amplias para el mundo del "bloque" y otras actividades escasamente aeróbicas. Su agradable tacto, una buena adaptabilidad y su capacidad para absorber los tintes permite que se acabe en multitud de colores que hacen las delicias de escaladoras y escaladores que completan su fondo de armario con camisetas, pantalones y sudaderas que emplean tanto en su actividad como en sus viajes e incluso su vida diaria. Ello permite entender que el concepto de "ropa técnica" es muy amplio, pues ¿no es técnico, por especializado, un equipamiento que se usa como vestimenta para una actividad concreta?

Fruto de la demanda también ha aumentado la oferta. El algodón orgánico, nombre con el que se conoce las fibras recogidas a mano para cuyo cultivo no se usan pesticidas, ni fertilizantes químicos ni semillas transgénicas, es un producto muy solicitado que ha aportado una "segunda vida" a una fibra natural tradicional poco o nada valorada en el mundo de la montaña con anterioridad excepto para la confección de camisetas promocionales pre y post actividad o para las necesidades de personas con pieles delicadas debido a sus atributos hipoalergénicos.

La lana, por su parte, se ha convertido en una auténtica referencia en materia de construcción de prendas interiores térmicas. La variedad merino, obtenida de las ovejas de raza merina cuyo origen se sitúa en la meseta castellana, ha disparado el valor de una fibra natural con una estructura muy fina y con mucho rizo que crea una serie de cámaras de aire que potencian su gran atributo: un elevado aislamiento técnico en relación a su peso. Del mismo modo que algunas fibras de núcleo hueco imitan la estructura del pelo de los osos polares, la lana merino reivindica el valor de lo natural como fuente de inspiración para las creaciones en laboratorio.

A mayor calidad la lana resulta más suave al tacto, con lo que el argumento negativo de que "pica" –como se dice de las fibras gruesas de similar procedencia– no tiene lugar para criticarla como materia constructiva. Gracias a la lanolina, sustancia natural que incorpora, es antibacteniana sin requerir aplicaciones adicionales como sí exigen los productos sintéticos.

La pluma también ha sufrido un importante repunte tras el uso de hidrofugantes que evitan absorción de humedad y permiten que conserve sus prestaciones en un espectro más amplio de condiciones.

COL. ODLO

COL TERNUA

COL. BUFF

Arriba, con camisetas de poliéster y polipropileno (secado rápido); debajo con una chaqueta con membrana impermeable y, a su derecha, con complementos fabricados con lana merino (aislante y con propiedades antibacterianas naturales).

Entonces... ¿cómo me visto?

Es fácil. Aunque la lana es un buen termorregulador y funciona relativamente bien en verano, su capacidad para retener aire caliente te hará preferirla en ambientes fríos. En los meses estivales las hilaturas sintéticas que captan la humedad y la evacúan rápido, pero también provocan una rápida ventilación, son las más adecuadas. Reserva la lana para esas primeras capas que se usan pegadas a la piel en invierno, pues disfrutarás de un maravilloso microclima y los beneficios de una materia naturalmente antibaceriana.

Por supuesto, en esa época del año también podrás usar productos completamente sintéticos que evacúen sudor pero almacenen aire caliente, o tejidos que combinen fibras naturales y artificiales ofreciendo lo mejor de ambos mundos.

Como segunda capa, y aunque también hay prendas que tienen la lana como relleno o hilatura principal, las materias sintéticas demuestran un funcionamiento perfecto, con un peso muy bajo y una gran adaptabilidad ya que en ocasiones se añaden fibras elásticas para que la ropa se adapte mejor al cuerpo.

Habrá ocasiones en la que con una segunda capa, que puede tener o no una lámina cortaviento y configurar lo que se conoce como soft-shell, puedas hacer todo tipo de actividad quizás a condición de emplear una segunda camiseta térmica de almacenamiento de aire caliente o un jersey de forro polar. Ahí son de nuevo los materiales sintéticos los que destacan por sus altas prestaciones y peso contenido, que se nota especialmente cuando la ropa va en la mochila.

La tercera capa, en forma de prenda cortaviento o impermeable (al agua) + transpirable será sin duda sintética...

Pero la cuarta, entendida esta como lámina de refuerzo para la segunda o sobreprenda en reuniones o ambientes fríos, podrá ser de pluma o fibra. Recuerda que la primera ofrece unas prestaciones altísimas en lo que se refiere a almacenamiento y retención de aire caliente, pero vaya o no hidrofugada siempre perderá enteros con respecto a las rellenas de fibra sintética, sea continua o en forma de copos, que seguirá funcionando incluso en condiciones de humedad.

José Isidro GORDITO

PRODUCTO PROBADO *Por Curro GONZÁLEZ*

CHAQUETA ROC SPITZ MID HOOD DE HAGLÖFS

Mantiene el calor en actividades intensas

Fabricante: Haglöfs (Suecia). **Distribuidor:** Megasport. **Actividad recomendada:** alpinismo, trekking, senderismo, etc. **Materiales:** Polartec® High Loft™ (con 64% poliéster reciclado). **Peso:** 405 g. **Tallas:** S a XXL. **Colores:** azul, negro, rojo, amarillo, verde. También disponible en versión femenina. **PVP aprox:** 240 €.

EN mi opinión, Haglöfs ha acertado de lleno con esta prenda ya que, como he podido comprobar en las diferentes actividades que he realizado con ella, cuenta con una excelente combinación entre calidez, elasticidad y transpirabilidad.

Está concebida para montañismo y alpinismo, pero realmente es una muy buena capa intermedia en aquellas actividades de alta intensidad, en donde buscamos una prenda cálida y muy transpirable. Yo la he usado también como capa exterior en actividades de trail running y he quedado muy satisfecho.

Está confeccionada con forro polar elástico Polartec® High Loft™, que ayuda a retener el calor térmico y repeler la humedad sin apelmazar. Algo que me ha sorprendido mucho durante mis actividades (y creo que es el punto fuerte de esta chaqueta) es el tejido microperforado de la espalda, hombros, brazos y pecho. Este tipo de tejido está pensado para facilitar la transpirabilidad al máximo, dejando pasar a su vez el viento con mucha facilidad, pero con esta chaqueta no he tenido esa sensación tan acusada.

VALORACIÓN GENERAL	★★★★☆		
Transpirabilidad	★★★★☆	Polivalencia	★★★★☆
Aislamiento	★★★☆☆	Diseño	★★★★☆
Ligereza	★★★★☆	Precio	★★★☆☆

LUIS MIGUEL SORIANO

Cuenta con un bolsillo en el pecho con cremallera, y dos bolsillos para las manos con cremallera (estos últimos se pueden usar para ganar mayor transpirabilidad). Tiene también una capucha entallada con ribete elástico, realmente cómoda y cálida. Y las mangas son ergonómicas, con puños y dobladillo inferior elásticos, lo que consigue que se adapte perfectamente a nuestros movimientos. Además, cuenta con el sello Bluesign, que es una certificación independiente internacional que garantiza su fabricación sostenible.

Puntos fuertes: cálida, cómoda, ligera y fácil de guardar. Ideal como capa intermedia en nuestras actividades intensas de montañismo y alpinismo, gracias a su gran transpirabilidad.

PRODUCTO PROBADO *Por Eva MARTOS*

CHAQUETA DOMBEYA DE +8000

Versátil, funcional y estilosa

LA Dombeya es una chaqueta que se nota que está diseñada pensando en la morfología femenina, con buen ajuste al cuerpo y cubriendo perfectamente la zona lumbar. La firma española +8000, aunque realiza su fabricación en China, tiene un alto control sobre la producción de sus diseños, muchos de ellos orientados a actividades técnicas, como es el caso de este prenda. Su diseño y atractiva combinación de colores hace que queramos utilizarla tanto en el monte como en nuestro día a día en los inviernos.

Lo más destacable de la chaqueta es, como se aprecia a simple vista, su construcción híbrida. Por un lado lleva unos paneles de relleno sintético en la parte frontal y la espalda (incluyendo la franja central de la capucha), claramente diferenciada con color blanco. Su objetivo, que cumple eficazmente, es salvaguardar el calor en el torso. Llama la atención su particular tabicado, que no sigue el patrón habitual de tabiques horizontales o cuadrados, sino que siguen unas líneas geométricas que no llevan costuras, sino que están laminadas. Esto elimina el punto frío y débil de las costuras (que es por donde se suele escapar el relleno), cumple su función de repartir el relleno de forma uniforme, y además es estético. El resto de la chaqueta, es decir, brazos y laterales, está hecho de un tejido de poliéster con elastano, de grosor medio, que es bastante elástico y por tanto se adapta bien al cuerpo. Esta construcción híbrida nos permite una amplia movilidad, a la vez que consigue mantener el calor. He podido comprobar además que en su conjunto la chaqueta ofrece buena resistencia al viento y a la abrasión. También soporta la humedad o una lluvia fina, pero no es una prenda impermeable.

J.C.GUICHOT

VALORACIÓN GENERAL ★★★★☆

Comodidad	★★★★☆	Ajuste	★★★★☆
Ligereza	★★★☆☆	Diseño	★★★★☆
Transpirabilidad	★★★☆☆	Precio	★★★★☆

Lleva acabados elásticos tanto en los bajos como en los puños, impidiendo que se escape el calor. La cremallera central, que tiene solapa y protector de barbilla, no ha dado problemas durante las pruebas. La capucha es abrigada, no es compatible con llevar el casco debajo. Tiene también dos bolsillos laterales con cremallera (no compatibles con arnés), y otros dos interiores elásticos sin cremallera. Con un peso medio, no la llevaría como prenda de pared pero sí que creo que es muy buena aliada para muchas actividades en la montaña en las que necesitemos conservar el calor y la movilidad.

Puntos fuertes: práctica, cómoda y de bonito diseño, para multitud de actividades tanto en el monte como en el día a día.

Fabricante: +8000 (España).
Distribuidor: Aguirre&Cía.
Actividad recomendada: trekking, montañismo, excursionismo...
Materiales: tejido principal 100% poliéster double layer; mangas en 96% poliéster y 4% elastán; relleno en polar.
Peso: 467 g (talla M).
Tallas: XS a XL.
PVP aprox: 98,50 €.

www.mas8000.es

CHAQUETA GUIDE PRO DE CIMALP

Una prenda recia y fiable

Fabricante: Cimalp (Francia).
Distribuidor: Cimalp.
Actividad recomendada: alpinismo, montañismo de gran altitud, esquí alpino y de montaña.
Materiales: tejido Rip-stop de 3 capas con membrana Ultrashell®. Composición: 88% Nylon, 12% Elastano
Peso: 665 g (talla S).
Tallas: S a 3 XL (también disponible en versión mujer).
Colores: verde, azul y negro-gris.
PVP aprox: 399,90 €.

ESTAMOS ante una chaqueta exterior muy potente, robusta y resistente, para darle caña en todo tipo de terrenos y condiciones duras. Es cierto que resulta algo pesada comparada con esas ligeritas que abundan actualmente, pero también es verdad que esta durará el doble. En los años 90 las chaquetas técnicas de esta clase pesaban aproximadamente un kilo, ahora con otras formas de confección y nuevos tejidos una prenda recia como esta se queda en solo unos 700 g.

Hablando de tejidos, se trata de una 3 capas de 180 g/m² con exterior en Nylon ripstop bielástico. La membrana impermeable-transpirable propia de la marca, denominada UltraShell PRO presenta, según el fabricante, unas propiedades a la altura de las mejores del mercado: columna de agua de 20 000 mm (test de impermeabilidad Schmerber), transpirabilidad de 80 000 g/m²/24h y bloquea vientos de hasta 100 Km/h. Además cuenta con tratamiento DWR de teflón EcoElite, sin PFC, a partir de recursos renovables. El termosellado de las costuras es impecable.

El corte es largo, cubre los glúteos, y holgado ya que permite llevarla sobre una chaqueta de plumas sin comprimirla, manteniendo la libertad de movimientos. Talla ligeramente grande.

Y vamos con los detalles. Su capucha envolvente con ajuste trasero se cierra mediante tiradores de cordón elástico que se bloquean con dos tankas ocultas entre dos capas de tejido, y cuenta con una visera semirrígida donde va alojada la baliza Recco. Por supuesto es compatible con el uso de casco. Dispone de dos grandes bolsillos que ocupan todo el pecho, situados por encima de la cintura para hacerlos compatibles con el uso de un arnés o el cinturón de la mochila. El bolsillo del lado izquierdo alberga un pequeño compartimento para el teléfono móvil u otro objeto de tamaño similar. También cuenta con un bolsillo interior con cremallera.

VALORACIÓN GENERAL	★★★★☆		
Impermeabilidad	★★★★★	Resistencia	★★★★★
Transpirabilidad	★★★★★	Ligereza	★★★☆☆
Sostenibilidad	★★★★☆	Precio	★★★★☆

Tanto las cremalleras de ventilación bajo los brazos y la de abertura central tienen doble cursor, con lo que regulan la ventilación de forma eficaz. Estas tres cremalleras son impermeables, así como las de los bolsillos pectorales. Unos refuerzos de Cordura en los hombros añaden resistencia a esa sufrida zona.

La he utilizado en salidas de esquí-alpinismo en los Pirineos y me ha sorprendido su excelente tranpirabilidad, incluso cuesta arriba con mochila!

Puntos fuertes: su resistencia y durabilidad para condiciones duras y terreno exigente. También muy buenas cualidades en cuanto a impermeabilidad y transpirabilidad.

FOTOS: TOÑO GUERRA

www.cimalp.es/es

PRODUCTO PROBADO *Por Curro GONZÁLEZ*

CHAQUETA SUPERALLOY BIO RAIN DE MARMOT

Ultraligera, fácil de transportar

SOY un gran entusiasta de los materiales ultraligeros, así que me ha encantado probar esta chaqueta, que me ha parecidmuy versátil para multitud de actividades: desde simples paseos por el campo a trekking, alpinismo, escalada, mountain bike, trail runing, etc… Gracias a las prestaciones técnicas que ofrece y al reducido espacio que ocupa al ser compactada.

Es una capa impermeable para la lluvia, rápida, ligera y fácil de transportar. Me ha gustado que se pueda empaquetar en su propio bolsillo, para más tarde poder ser transportada por ejemplo colgada del arnés.

La he utilizado en distintas actividades, incluyendo escalada sobre todo por Gredos, y me ha parecido la prenda ideal para llevar en aquellas grandes paredes donde nos queramos proteger de eventuales cambios meteorológicos, ya que su espacio en el arnés es muy reducido (cabe incluso en el interior de una zapatilla) y su peso ridículo.

VALORACIÓN GENERAL ★★★★☆			
Ligereza	★★★★★	Impermeabilidad	★★★★★
Compactabilidad	★★★★★	Sostenibilidad	★★★★☆
Transpirabilidad	★★★★☆	Precio	★★★★☆

FOTOS: CURRO GONZÁLEZ

Está construida con tejido Ripstop de nailon ligero 12D (de un 60% de origen natural, es decir, que no procede del plástico/petróleo) y con una membrana NanoPro (propia de la marca), que ha resultado muy eficaz en cuanto a su impermeabilidad y transpirabilidad. Esta capa exterior cuenta con un tratamiento DWR respetuoso con el medio ambiente, ya que no lleva los contaminantes PFC. Igualmente, encontramos las costuras 100% selladas y cremalleras (del bolsillo y la frontal) resistentes al agua.

Sorprendente para una chaqueta ultraligera es que tiene un práctico cordón ajustable en el dobladillo inferior (para que no se escape el calor), y otro periférico en la capucha para mayor cobertura (aunque la capucha no es compatible con el casco).

Tiene un diseño bonito y una confección de calidad. El tallaje es correcto (particularmente, mi medida de pecho es de 98 cm y la talla M me queda un poco holgada con una camiseta, pero perfecta con una prenda más gruesa debajo).

Puntos fuertes: Una chaqueta ultraligera muy polivalente para cualquier actividad al aire libre, gracias a sus múltiples prestaciones, y a su reducido peso y espacio al ser compactada.

www.marmot.com

Fabricante: Marmot (EEUU).
Distribuidor: Vertical Sports.
Actividad recomendada: escalada, trekking, mountain bike...
Materiales: NanoPro™, 100% Nylon, Ripstop, 67g/sqm.
Peso: 165 gramos.
Tallas: S a XXL.
Colores: Disponible en 10 colores, tanto en versión masculina como femenina.
PVP aprox: 180 €.

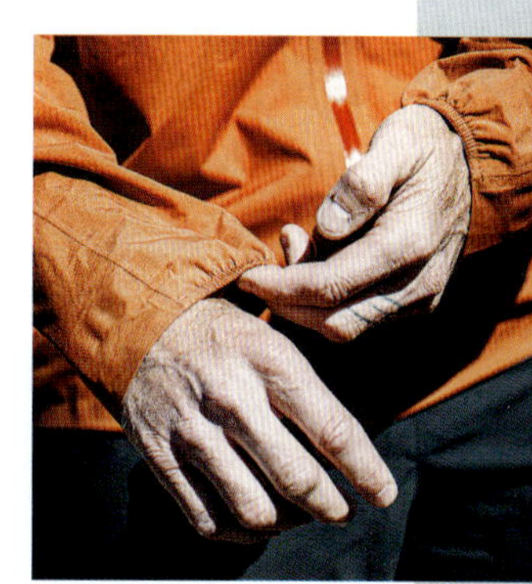

PRODUCTO PROBADO *Por Juan TERRÁDEZ*

CHAQUETA Y PANTALÓN VALSESIA SHELL DE KARPOS

Elástico y técnico conjunto para esquí

Fabricante: MVC Group/ Karpos (Italia). **Distribuidor:** MVC Iberia S.L. **Actividad recomendada:** esquí de montaña, escalada en hielo o en pared, alpinismo... **Materiales:** tejido Pertex® Shield de tres capas con tratamiento DWR (20 000 mm columna de agua y 20 000 g/m²/24h transpirabilidad). Refuerzos en Cordura®. Cremalleras impermeables YKK® **Peso:** 315 g chaqueta y 337 g pantalón (M). **Tallas:** S a 3XL. Disponible en versión Lady **PVP aprox:** 350 € chaqueta y 300 € pantalón.

EL conjunto Valsesia Shell es un binomio versátil, ligero, súper flexible pero muy técnico. Diseñado para la práctica del esquí de travesía en alta montaña, es perfecto también para todo tipo de actividades en alta montaña con condiciones adversas.

El material de confección es un tejido altamente impermeable y resistente al viento, pero que combina ligereza y sobre todo mucha flexibilidad. Se trata de un pantalón y una chaqueta muy técnicos, que sorprenden por su versatilidad y comodidad.

El pantalón cuenta con un sistema de cierre y ajuste que combina un cierre de botones en la parte frontal y dos medios cinturones elástico de velcro laterales en la cintura. El ajuste es sencillo y práctico.

Cuenta además con tres bolsillos (dos laterales y uno en el muslo delantero) con cremalleras termoselladas e impermeables. Sin duda, uno de los elementos más originales y prácticos de esta capa exterior son las cremalleras laterales impermeables en ambas perneras, que se abren y cierran tanto desde la parte superior como inferior. Esto hace que puedas ponerlos y quitarlos fácilmente sin tener que quitarte las botas.

Otro de los elementos a destacar es el refuerzo de Cordura® incorporado en la parte inferior de las piernas, justo encima de las polainas interiores. Se trata de un detalle fundamental para alargar la vida de este equipo en la práctica del skimo, ya que protege perfectamente del roce en las subidas, de los cortes con los cantos del esquí y de los enganchones con los crampones.

FOTOS: COL. JUAN TERRÁDEZ

VALORACIÓN GENERAL	★★★★☆		
Comodidad	★★★★★	Impermeabilidad	★★★★☆
Funcionalidad	★★★★☆	Diseño	★★★★☆
Polivalencia	★★★★☆	Precio	★★★★☆

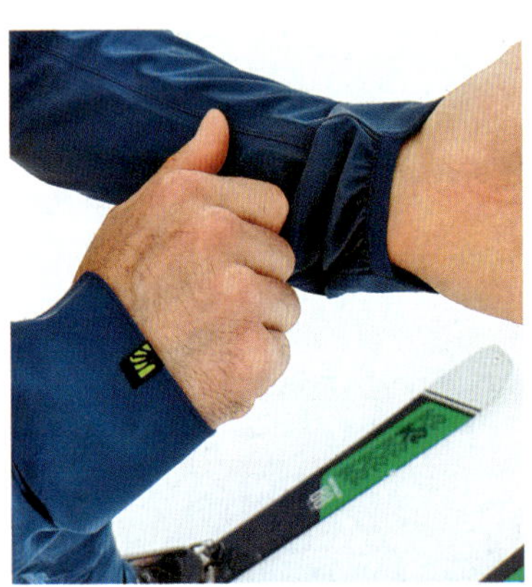

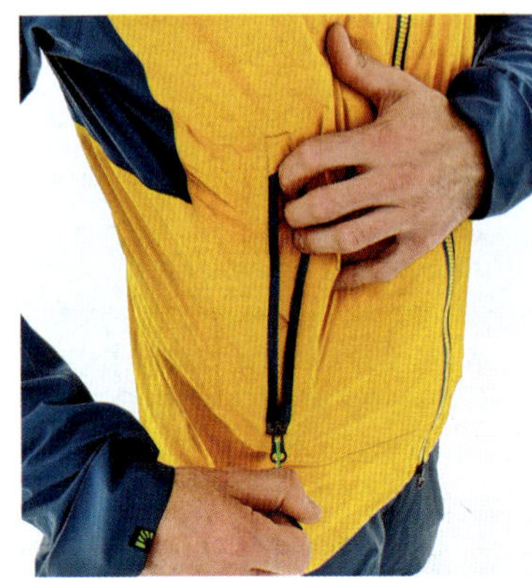

La chaqueta es una prenda técnica que garantiza el mínimo peso con el máximo rendimiento, la máxima ligereza y compresibilidad. Este modelo añade además un tratamiento hidrófugo duradero que mantiene a raya la humedad. Igual que los pantalones, está confeccionada con un tejido ligero pero resistente, transpirable y compacto.

El ajuste general de la chaqueta es muy dinámico. El cordón ajustable y elástico de la parte inferior es un sistema sencillo y rápido de regular.

La cremallera frontal impermeable YKK® cuenta con doble deslizador. Este detalle es muy práctico para hacer espacio y manipular el arnés con comodidad, manteniendo cubierta la zona lumbar. Además, las cremalleras fluyen sin resistencia. La chaqueta cuenta con dos bolsillos frontales también con cremalleras impermeables. El tamaño de la cremallera es lo bastante grande y los bolsillos lo suficientemente espaciosos para guardar incluso los guantes. Estos bolsillos se complementan con un bolsillo interior con cremallera, sencillo pero funcional.

de montaña y otras actividades

Quizá la característica más singular de este nuevo modelo sea la confección de las mangas con elastano, que permite un ajuste cómodo y muy flexible a la altura de las muñecas. Su diseño facilita enormemente la vida a la hora de ponerse la chaqueta con los guantes puestos.

Otro detalle práctico de esta chaqueta es el diseño de su capucha: perfectamente ajustable y que puede ponerse cómodamente incluso con el casco. Está dotada de una visera rígida exterior y una visera interna ajustable que evita que te caiga la capucha sobre los ojos. Los extremos son ajustables con unas tiras elásticas sencillas pero prácticas.

Es la opción ideal para protegerse del viento y la lluvia en travesías donde la ligereza, transpirabilidad y compactabilidad son una necesidad.

El primer test del equipo lo hice durante una actividad de esquí de montaña con condiciones variables, durante el mes de abril en el pico de la Raca (Valle del Aragón). Empleé los pantalones y la chaqueta como segunda capa. Durante la ascensión de aproximadamente 1h30min, lo primero que llamó mi atención fue la comodidad y ligereza del equipo, además de su transpirabilidad. A pesar de emplearlos como segunda capa, su material elástico y sorprendentemente ligero hacen que no lo parezca. Sin embargo, su resistencia al viento y al agua son de 10, ya que en la cumbre nos recibieron rachas de viento con agua nieve y ¡ni me enteré!

El segundo test del equipo lo hice durante la práctica de una actividad de escalada deportiva de varios largos en Panticosa (vía *Supernano*). Esta vez empleé únicamente la chaqueta como primera capa, encima de una camiseta transpirable. Su ligereza y compactabilidad la hacen perfecta para llevarla en una mochila pequeña.

La cremallera principal de apertura reversible la hacen especialmente cómoda para asegurar al primero de cordada sin necesidad de descubrir la zona lumbar. Cubre perfectamente la función de capa cortavientos e impermeable para afrontar las esperas en las reuniones más expuestas, sin comprometer el peso de tu mochila.

Lo que más me ha gustado del conjunto es su gran elasticidad y destacaría su ergonomía: algunos detalles como las mangas ajustables, la visera interior de la capucha o la doble cremallera inferior de las perneras hacen que la práctica del deporte en alta montaña sea más ágil.

Puntos fuertes: Su perfecto compromiso entre resistencia al viento y al agua con comodidad y ligereza.

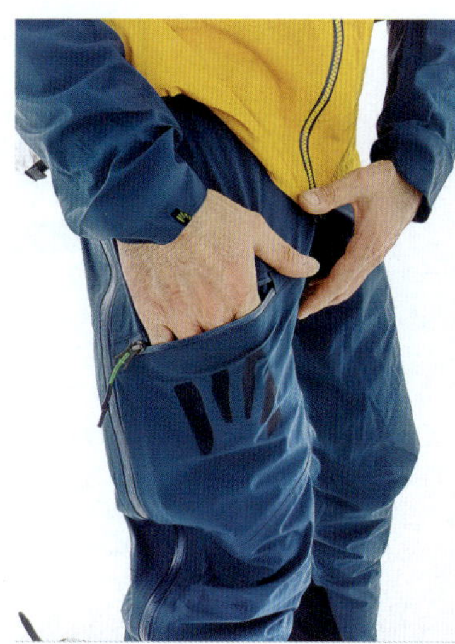

www.karpos-outdoor.com

PRODUCTO PROBADO *Por Miguel ESCRIG*

PANTALÓN SELKENAR PT DE TERNUA

Transpirable, resistente y sostenible

Fabricante: Ternua (España).
Distribuidor: Ternua Group.
Actividad recomendada: trekking, escalada, esquí...
Materiales: 90% poliamida (proveniente de redes de pesca en desuso Redcycle y postconsumo) y 10% elastano. DWR libre de PFC. Bluesign.
Peso: 525 g.
Tallas: S a 3XL.
PVP aprox: 149,95 €.

LA primera sensación al probarte el pantalón Selkenar de Ternua es de gran comodidad , ya que se adapta y ajusta muy bien al cuerpo. Su patrón ergonómico y ajustado lo hacen ideal para una gran cantidad de actividades al aire libre, desde actividades aeróbicas a más estáticas. He podido probarlo con diferente climatología, en salidas de trekking durante el final del invierno y principio de primavera, en la zona de los Pirineos, con lluvia ligera y temperaturas frías y moderadas, apreciando sus buenos resultados.

El exterior es resistente y repele activamente la lluvia y la nieve (lleva tratamiento DWR libre de PFC's), a la vez que aísla del viento, mientras que su interior es suave y transpirable. Combina dos tecnologías: Shellstretch y Stormfleece Pro según la zona y sus necesidades. La primera de ellas ofrece elasticidad y secado rápido, que permite evacuar la transpiración. La segunda, ubicada en las rodillas y zona de la culera, aporta mayor resistencia tanto al viento como al agua. Se trata de una innovadora fusión de softshell y polar, que permite usar este pantalón en diferentes estaciones del año. Debido a la época en la que he realizado esta prueba, he podido constatarlo, ya que la lluvia ligera estuvo presente prácticamente durante toda la actividad.

El tejido cuenta con certificación Bluesign, la normativa más exigente del sector respecto a la reglamentación sobre productos químicos nocivos. Además, forma parte del proyecto Redcycle de la firma vasca, que utiliza redes de pesca en desuso para convertirlas en ropa sostenible. Unos criterios sostenibles que suman valor a la prenda.

VALORACIÓN GENERAL ★★★★☆

Diseño	★★★★☆	Impermeabilidad	★★★☆☆
Comodidad	★★★★★	Sostenibilidad	★★★★★
Transpirabilidad	★★★★☆	Precio	★★★★☆

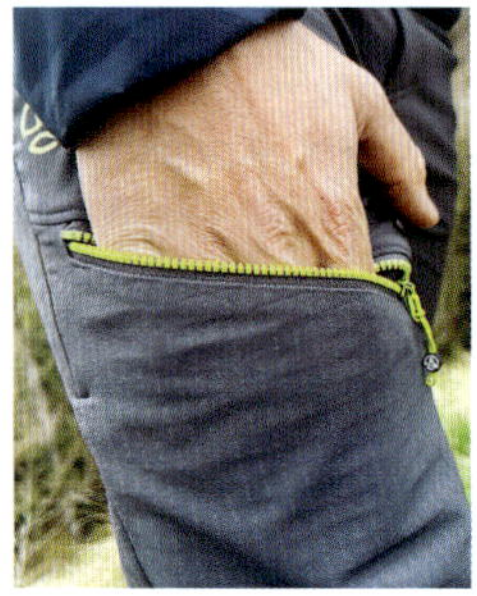

El sistema de cierre de cintura es con un enganche (a mi parecer el más cómodo y seguro para este tipo de pantalón) que, junto con el doble velcro lateral, aporta una gran adaptabilidad y libertad de movimientos. En la parte delantera del pantalón encontramos tres bolsillos de fácil acceso con cremallera de tamaño muy aceptable (2 frontales y 1 cargo). En la parte trasera, un bolsillo con cremallera algo más pequeño.

Otras características del pantalón que me han parecido útiles son: la apertura de los bajos con cremallera para facilitar la entrada y salida del pantalón con las botas de montaña o de esquí puestas y las dos cremalleras invisibles laterales con la doble función de bolsillo y de ventilación. Este último detalle me ha gustado, ya que difiere de otros pantalones parecidos que cuentan con un sistema de ventilación completamente abierto, ya que en este caso, al ser un sistema cerrado ni se muestra la pierna ni nos mojamos en caso de lluvia.

Puntos fuertes: un pantalón muy versátil, cómodo, que transpira bien y a la vez te protege del viento y la lluvia ligera y que además con su fabricación está dejando un impacto bajo en el planeta, pues la mayor parte de sus teijdos son reciclados.

COL. MIGUEL ESCRIG

www.ternua.com

PRODUCTO PROBADO *Por Dioni SERRANO*

CHAQUETA ALCARRIA DE +8000

Un softshell cómodo y atractivo

ES posible que a Don Camilo le hubiera gustado llevar en su zurrón esta prenda cuando recorrió la comarca castellana de la que toma el nombre. Le hubiera venido al pelo para protegerse del fino viento que en los primeros días de junio corre –o corría– por los páramos alcarreños a primeras horas de la mañana y a la caída de la tarde. Otra cosa hubiera sido que el futuro premio Nobel hubiera decidido hacer el viaje en lo más crudo del invierno. Me explico. La chaqueta Alcarria es una prenda con un diseño bonito, pero por sus características técnicas su uso está limitado a condiciones no extremas.

Como es implícito a un cortaviento, protege de éste siempre que no sople muy fuerte, pues entonces llega a traspasar el tejido y puede colarse por el bajo (algo que mejoraría si el faldón tuviera algún sistema de ajuste). Los puños sí que son elásticos, ajustándose muy bien a las muñecas. Sobresale su capacidad de evacuar el sudor, cualidad que es bastante notable, lo que permite utilizarla en movimiento sin convertirnos en una sauna andante. Y, por encima de todo, es una prenda vistosa y muy elegante, perfectamente válida para el día a día, en un uso más urbano. Es una chaqueta de tipo softhshell fabricada con un tejido que es elástico en dos direcciones, consiguiendo de esta forma una buena adaptación al movimiento. Incorpora además un tratamiento hidrorrepelente en el exterior que nos protegerá en caso de lluvia ligera o condiciones de humedad producidas por ejemplo por una niebla densa. Hay que tener en cuenta que no es una chaqueta impermeable que pueda afrontar una lluvia fuerte o una nevada intensa.

COL. DIONI SERRANO

VALORACIÓN GENERAL	★★★★☆		
Comodidad	★★★★☆	Ajuste	★★★★☆
Ligereza	★★★☆☆	Diseño	★★★★☆
Transpirabilidad	★★★★☆	Precio	★★★☆☆

La capucha fija que incluye se adapta bien a la cabeza y se puede llevar encima del casco; dispone de un ajuste de contorno elástico y de una visera semirrígida.

Pienso que el principal terreno de juego de esta prenda es el excursionismo en situaciones meteorológicas no comprometidas. Además, su elegante corte y sus colores discretos –el verde de la prenda que probamos es muy atractivo– la auguran un hueco en el armario de los aficionados que gustan de utilizar ropa con estética montañera en la ciudad.

Puntos fuertes: prenda que se adapta bien a los movimientos del cuerpo, para condiciones no extremas.

www.mas8000.com

Fabricante: +8000 (España).
Distribuidor: Aguirre & Cia.
Actividad recomendada: senderismo, excursionismo, uso urbano.
Materiales: 96% poliéster, 4% elastán, spandex softshell, con forro de poliéster mesh.
Tallas: S a 3 XL.
PVP aprox: 102 €.

PRODUCTO PROBADO *Por Fátima GIL*

CHAQUETA CYCLONE JKT W DE TERNUA

Para vivir aventuras

Fabricante: Ternua (España). **Distribuidor:** Ternua Group. **Actividad recomendada:** esquí de montaña, trekkong, trail running, escalada... **Materiales:** Shelltec Active Flex 65% poliamida reciclada proveniente de redes de pesca y 35% elastano). Tratamiento de repelencia al agua sin PFC. **Peso:** 170 g (mujer) y 220 g (hombre). **Tallas:** XS a XXL. **Colores:** rojo, gris, amarillo, azul turquesa, naranja, azulón. **PVP aprox:** 199,95 €.

LA marca vasca Ternua, según mi opinión siempre es un acierto. Tengo mucha ropa de esta marca, y cuando estaba en el equipo Femenino de Alpinismo de Alpinismo vestíamos sus prendas. Siempre me ha gustado su estética colorida y sobre todo su filosofía y su conciencia del cuidado del medio ambiente. En este caso he podido testar la chaqueta Cyclone. Una chaqueta increíblemente ligera pero recia. Hecha con materiales reciclados y libre de tóxicos. Apropiada para todo tipo de actividades al aire libre, sobre todo actividades de aventura (trail running, esquí de montaña, escalada y alpinismo. Y pensada para salvarte de las situaciones meteorológicas adversas imprevistas.

Dice la propia marca que está diseñada para que nada te pare. Y creo que tienen razón, es una chaqueta bielástica totalmente impermeable y transpirable, que está súper bien pensada para hacer frente a cualquier tipo de temporal. Su tejido Shelltec Active Flex con tratamiento de repelencia al agua, funciona. Yo la he podido testar en diferentes actividades en la montaña en esta primavera cambiante que hemos tenido. Y me sentía segura solo por llevarla en la mochila estos días inestables. Aunque parece tan ligera y fina que no podría aguantar demasiada agua, engaña, ya que resistente bastante.

VALORACIÓN GENERAL	★★★★☆		
Comodidad	★★★★☆	Ajuste	★★★★☆
Flexibilidad	★★★★★	Diseño	★★★★★
Sostenibilidad	★★★★☆	Precio	★★★★☆

COL. FÁTIMA GIL

Sus colores vivos son ideales para hacer fotos chulas y que se nos vea bien en el campo. Además, tiene detalles reflectantes para una mayor visibilidad nocturna. Me ha gustado también que tiene un protector de barbilla, así que si te subes la cremallera hasta el final no te molesta. Cuando realmente se necesita estar bien tapada y protegida de los elementos, se agradece mucho poder hacerlo.

En general me ha resultado muy flexible y se ajusta muy bien a mi cintura, ya que tiene unos tancas y unas gomas para poder regularla bien a todo tipo de cuerpos. Yo tengo normalmente una talla 38. La talla que he testado es la M y me queda perfecta.

Otra cosa que es indispensable para mí es que se pueda guardar bien comprimida, lo que se hace en el blosillo interno y se puede llevar colgada gracias a un bucle.

Puntos fuertes: Su flexibilidad y ligereza, que facilita el movimiento incluso en las actividades más exigentes. Además, su repelencia al agua la hace ideal para enfrentarte a todo tipo de aventuras.

PRODUCTO PROBADO *Por Eva MARTOS*

WOMENS'S FURY DE MONTANE

Un forro elástico muy versátil

PARECE que el "forro polar" es una prenda que pertenece al pasado, pero con su línea "Fury", la casa Montane demuestra que no está en absoluto pasada de moda. Claro que incluye sistemas de confección, tejidos y tecnologías que logran que sea una prenda mucho más funcional y práctica que aquellos antiguos forros polares, pesados y que dejaban pasar el viento.

La línea "Fury" consta de prendas elásticas con versiones tanto para hombre como para mujer, con más o menos grosor, y con o sin capucha. En concreto la que he estado utilizando es el modelo de grosor medio, que no lleva capucha, en versión femenina.

Es una chaqueta que en primer lugar tiene una elasticidad sorprendente (es un tejido elástico en cuatro direcciones), que se adapta perfectamente a tus movimientos. Lo he comprobado escalando y corriendo con total comodidad. Otra gran ventaja es la elevada resistencia al viento que presenta, que además no impide que tenga una buena transpirabilidad. Y la tercera gran cualidad que destaco es su ligereza, que sobre todo lo agradeces cuando tienes que llevarla en la mochila.

Es una prenda muy útil para un montón de actividades, desde escalar a caminar, correr, esquiar... Su atractivo color y su estética hace además que te sientas cómoda utilizándola en cualquier tarea del día a día.

VALORACIÓN GENERAL ★★★★☆			
Ligereza	★★★★☆	Elasticidad	★★★★★
Ajuste	★★★★☆	Diseño	★★★★☆
Transpirabilidad	★★★★☆	Precio	★★★☆☆

FOTOS: COL. EVA MARTOS

No es una chaqueta impermeable, ni siquiera tiene un tratamiento de repelencia al agua, lo que en realidad favorece la explusión del sudor y que se seque muy rápidamente. La he puesto a prueba caminando por los pasadizos rocosos de la pedriza, de abrasivo granito, y ha resistido muy bien, sin signo alguno de roce. Además, tiene un tacto muy agradable por dentro, de un tejido suave y agradable a la piel. Mantiene bien el calor corporal, aportando un aislamiento superior al que aparenta, teniendo en cuenta lo degada que es.

Es bastante minimalista, solo tiene dos bolsillos para las manos (que no son compatibles con el arnés). La cremallera central es cómoda de utilizar y cuenta con cuello elevado y protector de barbilla.

Te das cuenta cuando una prenda es útil cuando se convierte rápidamente en una de tus imprescindibles para cualquier salida. Te la puedes poner como capa exterior, o bien como segunda capa, con un hardshell o una chaqueta de plumas encima cuando la climatología lo requiere.

Puntos fuertes: su elasticidad, resistencia al viento y a la abrasión.

www.montane.com

Fabricante:
Montane (Inglaterra).
Distribuidor:
Esportiva Aksa.
Actividad recomendada:
senderismo, escalada, trail running, esquí, uso urbano...
Materiales:
51% Termo Stretch, 39% Poliéster, 10% Elastano. Cremallera YKK.
Peso: 280 g.
Tallas: XS a XL.
Medida espalda:
63.5 (talla S).
Colores:
verde salvia, rojo azafrán y azul marino.
PVP aprox: 120 €.

VESTIMENTA

www.mas8000.es

KENTEM y UCRA

KENTEM

Chaqueta aislante con tejido muy ligero "nanoflight" 50 g/m². Relleno interior sintético "pump-fiber". Bolsillos laterales con cremallera. Puños elásticos con velcro para ajustar. bajo ajustable con tankas. Cremallera central con doble cursor. Capucha ajustable y rematada con vivo elástico. Bolsillos extra en el pecho.
Composición:
100% Nylon CIR.
Colores:
negro, ocre y jungla.
PVPR: 107,50 €

UCRA

Capucha integrada. Tejido con interior perchado. cierre central con cremallera. Tapeta interior con acabado para proteger la barbilla. Bolsillos laterales con cremallera. Bolsillo extra en el pecho. Bajo y puños ajustables con vivo elástico.
Composición: 100% Poliéster Backside Fleece.
Colores: azul acero vigoré, ocre vigoré, jungla vigoré y antracita vigoré.
PVPR: 68,50 €

CHIP y NORUE

CHIP

Camiseta de manga larga. Cuello a la caja. Etiqueta decorativa en el pecho.
Composición:
100% Algodón single jersey.
Colores:
negro, jungla naranja vigoré y gris perla vigoré.
PVPR: 55,75 €

NORUE

Pantalón de french terry. Bolsillos laterales superiores con cremallera. Bolsillos laterales cargo. Cintura elástica ajustable con cordón y tanka.
Composición:
63% algodón / 34% poliéster / 3% elastan elastic french terry.
Colores: negro y jungla.
PVPR: 49 €

LALLA 24I y DOMBEYA

LALLA 24I

Tejido bielástico doble cara con interior perchado.
Bolsillos con cremallera.
Rodillas preformadas.
Cintura elástica con cinturón.
Bajo ajustable con tankas.
Composición:
96% Poliéster / 4% elastan. Backside brushed.
Colores:
negro, ocre, gris perla y uva tamizado.
PVPR: 71,50 €

DOMBEYA

Chaqueta de construcción híbrida.
Espalda y delantero construcción sandwich en taffeta 3d sin costuras.
Mangas y piezas laterales en tejido flexible con acabado polar interior.
Bolsillos laterales con cremalleras.
Bajo, capucha y puños rematados con vivo elástico.
Composición:
100% poliéster double layer.
Tejido mangas: 96% poliéster / 4% elastan.
Colores:
negro, arena y uva tamizado.
PVPR: 98,50 €

MANILA, TARIJA y BEL

MANILA

Chaqueta ultraligera de aislamiento.
Capucha y puños rematados con vivo elástico.
Bajo ajustable con tankas.
Bolsillos laterales con cremallera.
3er bolsillo en el pecho.
Cremallera central con doble cursor.
Composición: 100% Nylon Cire relleno 100% poliéster.
Colores: negro, mostaza y lavanda.
PVPR: 84 €

TARIJA

Tejido de punto elástico.
Cintura elástica con goma interior.
Bolsillos con cremallera.
Composición:
90% Nylon / 10% Elastan single jersey.
Colores: negro, ocre y uva tamizado.
PVPR: 51 €

BEL

Sudadera con estampado delantero en HD.
Tejido principal en interlock poliéster con perchado interior.
Interior de la capucha estampado.
Bolsillo delantero tipo canguro.
Composición:
95% poliéster/ 5% lycra.
Interlock backside brushed.
Colores: negro, salmón, gris perla y lavanda.
PVPR: 58,50 €

www.cimalp.es

VESTIMENTA

GUIDE PRO

Impermeable (20 000 Schmerber) y transpirable (80 000 MVP) gracias a la membrana Ultrashell® patentada internamente, esta chaqueta técnica cuenta con cremalleras bajo los brazos para una mayor ventilación y hombros reforzados. Los bolsillos en el pecho y el bolsillo interno ofrecen practicidad y comodidad, perfectos incluso con el uso de arnés, mientras que la capucha ajustable y las costuras termoselladas garantizan una protección total durante las aventuras al aire libre más exigentes. Está equipada con el Sistema Recco®. **Peso:** 600 g (S). **PVPR:** 289,90 €

WHYMPER & TORRE

Los forros polares técnicos WHYMPER y TORRE están fabricados en CIMAGRID®, caracterizado por una estructura de malla para una máxima transpirabilidad, calidez y elasticidad. Perfectos como capa intermedia tanto en primavera como en invierno, cuentan con cremallera frontal, dos bolsillos espaciosos, capucha compatible con casco y cintura y puños elásticos para una excelente protección contra el frío. **Peso:** 300 g (S). **PVPR:** 89,90 €

EXPLORE

Confeccionados con el exclusivo tejido bielástico CIMAFLEX®, patentado internamente, estos pantalones garantizan un confort superior y una total libertad de movimientos.
Cuentan con una estructura de doble cara que evacua la humedad y ofrece protección contra el viento, mientras que el tratamiento hidrorrepelenteTeflon EcoElite™ y los refuerzos de Kevlar® aumentan la resistencia.
Un medio cinturón elástico y bolsillos impermeables completan el diseño.
También disponible en la versión CORTA para altura inferior a 172 cm y 162 cm.
Peso: 430 g (M).
PVPR: 109,90 €

ROCKFIT

ROCKFIT de Cimalp combina tres tejidos técnicos para ser una prenda de alto rendimiento y resistencia, hecha a medida para los amantes de la montaña.
Estos pantalones están confeccionados con tejido Softshell elástico para una mayor libertad de movimiento, mientras que los refuerzos de Kevlar® en las nalgas, las rodillas y las pantorrillas hacen que este producto sea duradero. Además, la tecnología CIMAFLEX® patentada internamente hace que el ROCKFIT sea transpirable y resistente al viento.
Peso: 530 g (M).
PVPR: 129,90 €

CLAPIER

Las camisetas de lana merina de Cimalp están confeccionadas con CimaWool®, un tejido innovador patentado que combina un 47% de lana merina, brindando una mayor resistencia y durabilidad a la prenda que destacan como una elección excepcional en diversas situaciones gracias a las propiedades únicas de estas fibras naturales. Además, las camisetas de Cimalp son altamente versátiles, adecuadas tanto para actividades al aire libre como para un uso diario elegante y cómodo. **Peso:** 115 g (M). **PVPR:** 49,90 €.

X-TREK

La zapatilla X-TREK redefine la adaptabilidad y durabilidad en el senderismo, ofreciendo confort durante todo el año sin importar el clima. Incorpora la avanzada membrana Ultrashell® para una impermeabilidad de 20 000 Schmerber y transpirabilidad de 80 000 MVP, manteniendo los pies secos y cómodos. Su diseño resistente incluye RipStop y suela Vibram® MEGAGRIP para tracción excepcional. Viene con dos pares de plantillas intercambiables: una aislante y cómoda para el frío y otra ligera y transpirable para el calor. La X-TREK garantiza rendimiento y comodidad en cualquier terreno y estación. **PVPR:** 140 €

VISION ONE ALL MOUNTAIN

Las VISION ONE ALL MOUNTAIN son gafas diseñadas para deportes al aire libre como trekking, parapente y ciclismo de montaña. Su montura inferior desmontable ofrece dos opciones: una versión ligera y clásica, y otra con mayor protección y opacidad. Su amplia pantalla brinda un campo de visión extendido y protección de 180°, con lentes antivaho NO-FOG. Las patillas y el puente nasal ajustables garantizan un ajuste perfecto y comodidad. Además, el configurador 3D de CIMALP permite personalizar cada parte de las gafas con miles de combinaciones posibles. **PVPR:** 79,90€

GO2

Las GO2 son unas gafas lifestyle de diseño moderno, ideales tanto para la montaña como para la ciudad. Fabricadas con materiales resistentes, estas gafas están disponibles en una gran variedad de colores. Sus lentes polarizadas mejoran notablemente la percepción de colores y contrastes, ofreciendo una protección superior en comparación con las lentes no polarizadas. ¡Qué chulas!
PVPR: 39,90 €

VESTIMENTA

www.fjallraven.com

VIDDA PRO LITE TROUSERS M

Pantalones de trekking duraderos para aventuras en la montaña y el bosque. Confeccionado con tejido G-1000 resistente al viento y al agua, con capas dobles sobre la parte trasera y las rodillas. Cintura regular (cintura media) y ajuste regular con rodillas preformadas. Seis prácticos bolsillos, incluido un bolsillo para mapas y un bolsillo multiherramienta. Ajustes de tiras elásticas con botones a presión en los extremos de las piernas. Disponible en tres longitudes; corta, regular y larga. Si ya eres fanático de nuestros pantalones, debes pedir una talla más en nuestro ajuste mejorado. **PVPR:** 199,95 €

ABISKO TRAIL FLEECE M

Jersey con capucha ligero y práctico que combina dos tejidos polares diferentes para abrigar donde más se necesita y mantener el peso y el volumen bajos. La capucha, los hombros y el pecho están hechos de vellón de poliéster de punto plano (parcialmente reciclado) con un interior suave cepillado, mientras que los costados, la parte inferior del torso y la inferior de las mangas están hechos de un vellón con estructura de rejilla más ligero con ventilación superior. Perfecta como capa intermedia de secado rápido y que absorbe la humedad en excursiones de un día o noches frías de verano. Cremallera unidireccional frontal. Un bolsillo en pecho y dos bolsillos para las manos. **PVPR:** 159,95 €

ABISKO SHORT TIGHTS W

Mallas cortas y bien ajustadas confeccionadas en un tejido elástico de doble punto que transporta la humedad y fabricadas con poliéster reciclado con un acabado mate y opaco: las Abisko Short Tights W son perfectas para caminatas diurnas y la vida diaria al aire libre. También son prácticos debajo de un vestido o falda para ir al trabajo y/o evitar rozaduras. Tienen una cómoda cintura alta con cordón interior que brinda una sensación de "abrazo" y bolsillos seguros en las piernas que están ligeramente inclinados para un fácil acceso y un ajuste favorecedor. **PVPR:** 109,95 €

KEB AGILE TROUSERS W

Creados para ser tus pantalones de trekking favoritos para aventuras donde la excelente libertad de movimiento, la durabilidad y la protección son primordiales, los pantalones Keb Agile para mujer son livianos y duraderos. Confeccionada con un tejido elástico de doble tejido que se seca rápidamente y protege las piernas de terrenos accidentados. Diseño de perfil bajo con piernas cónicas y rodillas articuladas, y los bolsillos con cremallera en las piernas y las rodillas están reforzados con G-1000 Lite Stretch para mayor durabilidad. **PVPR:** 219,95 €

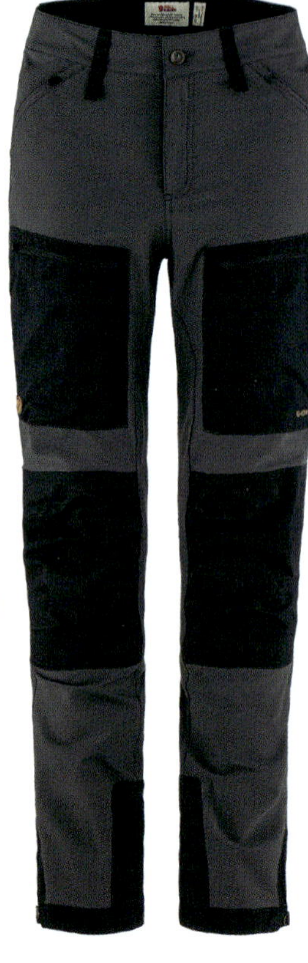

SPITZ DOWN HOOD

Una chaqueta con capucha de plumón elástico para mantener el calor en condiciones húmedas de montaña. Diseñada pensando en las exigencias del alpinismo y la escalada. Está confeccionada con un tejido exterior elástico bidireccional resistente al agua y rellena con H DOWN Platinum de 800 CUIN; un plumón de ganso hidrófobo que se mantiene seco hasta 10 000 minutos con exposición a condiciones húmedas. La construcción de alta tecnología del deflector evita eficazmente los puntos fríos gracias a su diseño ancho, pretejido y sin costuras. Viene equipado con una capucha aislante compatible con casco para una protección máxima. **PVPR:** 370 €

ROC FLASH DOWN HOOD

Una chaqueta con capucha técnica, ligera y cálida para las actividades de montaña más atrevidas. Actualizada con un nuevo look icónico que incorpora el característico acolchado offset, sirve como prenda versátil en sintonía con las exigencias de la escalada y el alpinismo. El ligero tejido exterior Pertex® Quantum te protege de los elementos a la vez que permite una cómoda circulación del aire. Está relleno con una combinación estratégica de H DOWN Gold y aislamiento de lámina sintética MIMIC colocada en zonas propensas a rozaduras. El aislamiento se extiende hasta la capucha compatible con casco para maximizar la protección cuando soplan vientos de montaña. **PVPR:** 280 €

SPITZ GTX PRO JACKET

El clima extremo nunca ha disuadido a la chaqueta Spitz. Ahora con un diseño actualizado, este icono de la montaña combina un alto rendimiento con una protección fiable frente a las inclemencias del tiempo y una gran libertad de movimientos. Fabricada con GORE-TEX PRO de 3 capas, un tejido muy duradero, transpirable y resistente. Confeccionada para adaptarse a tu arnés de escalada, presenta una longitud más corta y refuerzos estratégicos donde más los necesitas. Incluye ventilación con cremallera, una capucha compatible con casco y bolsillos de fácil acceso para la máxima funcionalidad y comodidad. **PVPR:** 600 €

ROC FLASH GTX JACKET

Cuando caminas por la ladera de la montaña, necesitas una chaqueta que te proteja de los elementos sin restringir tus movimientos. Esta es esa chaqueta. Está confeccionada con tejido GORE-TEX de 3 capas, que la hace impermeable y cortaviento, pero también excepcionalmente transpirable. La capucha es compatible con el casco y puede ajustarse cómodamente con una sola mano. También encontrarás ventilación bidireccional en las axilas para regular la temperatura, amplios bolsillos con cremallera en el pecho y un reflector RECCO® por si acaso. **PVPR:** 400 €

ROC FLASH MID HOOD MEN

¿Planeas pasar el día en la roca? Esta capa intermedia ofrece la cantidad justa de características y comodidad. Está confeccionada en poliéster 100% reciclado muy suave, con la elasticidad y transpirabilidad que necesitas durante la escalada. La capucha ajustada proporciona cobertura adicional cuando la necesitas y los bolsillos con cremallera para las manos mantienen a salvo los objetos pequeños. **PVPR:** 140 €

VESTIMENTA

www.karpos-outdoor.com

HIGHEST GORETEX SHELL JACKET

La Highest GORE-TEX Shell Jacket es una chaqueta altamente técnica diseñada para alpinismo y escalada en hielo y roca. Con un peso de solo 600 gramos, es la capa exterior definitiva para cualquiera que busque prestaciones y protección en la montaña. Fabricada con el tejido GORE-TEX® PRO 3 capas, esta chaqueta es totalmente impermeable y altamente resistente a la abrasión. Su ajuste confortable permite poner otras capas debajo, esto es fundamental cuando se practican deportes en los que se alternan actividades aeróbicas de alta intensidad e inactividad. **Características:** Chaqueta con costuras selladas. Capucha compatible con el casco, se regula por la parte delantera y trasera. Cremalleras de ventilación debajo de los brazos. Dos bolsillos con cremallera impermeable en la parte delantera diseñados para poder acceder fácilmente con el arnés puesto. Cremallera con solapa impermeable en la parte delantera. Bolsillos interiores en tejido de rejilla. Cierre de Velcro en el puño. Cordón de ajuste regulable en la parte inferior de la prenda. **Peso:** 555 g. **PVPR:** 750 €

HIGHEST GORETEX SHELL PANTS

Sumergirse en la naturaleza salvaje de las montañas es como mirar a los orígenes de la Tierra. Desde las paredes verticales hasta el hielo perenne, los elementos se manifiestan con una fuerza e intensidad que sabe a rara belleza. El pantalón Highest GORE-TEX Shell ha sido diseñado para poder vivir al máximo este encuentro con la naturaleza extrema, donde necesitamos la protección adecuada para poder disfrutar plenamente de nuestra mayor pasión. Confeccionado con el tejido GORE-TEX® PRO 3 capas, es totalmente impermeable y altamente resistente a la abrasión. **Características:** Pantalón con costuras selladas. Cintura con cierre de cremallera y trabillas para el cinturón. Tejido elástico en la parte trasera de la cintura. Tirantes extraíbles. Cremalleras laterales de 3 cursores para facilitar su apertura. Polaina interior ajustable con Velcro en la parte inferior de la pierna. Cierres de Velcro en la parte trasera de la pierna para facilitar su colocación con las botas de esquí de montaña o alpinismo. Refuerzo en Dyneema® en la parte inferior de la pierna para proteger el pantalón de los cantos de los esquís. **Peso:** 717 g. **PVPR:** 700 €

HIGHEST DOWN HOODIE JACKET

Estás inmóvil en la pared, con la mirada fija hacia arriba y las manos sujetando la cuerda. Observas todos los movimientos de tu compañero de cordada, sin perderlo de vista mientras utiliza el piolet y los crampones en busca de los pasajes más seguros. El frío puede ser penetrante en invierno o en altitudes elevadas. Una buena chaqueta de plumón es imprescindible. Para estas situaciones, hemos creado la nueva Highest Down Hoodie Jacket, una chaqueta confeccionada con aislamiento de plumón de ganso 90/10 con un valor de 800 cuins. El plumón ha sido sometido a un tratamiento DWR que no altera los valores de aislamiento incluso en condiciones de máxima humedad. Además, el tejido exterior Cordura® garantiza elevada resistencia a la abrasión. **Características:** Capucha preformada y con cordón de ajuste regulable. Dos bolsillos con cremallera YKK® en la parte delantera compatibles con arnés. Cremallera YKK® de doble cursor en la parte delantera. Bolsillo interior con cremallera. Cordón de ajuste regulable en la parte inferior. Bolsa de compresión con cordón de ajuste. Puño en tejido elástico peinado en la terminación de la manga. **Peso:** 529 g. **PVPR:** 450 €

HIGHEST HOODIE FLEECE

Una ruta difícil en la roca de los Dolomitas, una fisura en escalada tradicional en el granito de Ceresole Reale, una canal o una vía mixta en los Alpes... Nuestra prenda Highest Hoodie Fleece es altamente versátil. Se centra en la simplicidad y la funcionalidad, garantiza calidez, transpirabilidad y protección contra los elementos. Estas son las características que distinguen las prendas de nuestra línea Highest. Ropa de altas prestaciones diseñada y desarrollada por nuestro departamento I+D en colaboración con nuestros mejores deportistas. La Highest Hoodie Fleece ha acompañado a Matteo Della Bordella en sus experiencias en la Patagonia, garantizando protección contra los fuertes vientos. Suave y agradable en el interior, proporciona máxima calidez y elevada transpirabilidad, y presenta inserciones en tejido cortaviento elástico con tratamiento DWR en la capucha y en el torso. Diseñada para utilizarla en combinación con otras prendas, tiene una superficie exterior lisa para permitir vestirse con el sistema de capas. Los puños térmicos y elásticos, y con orificios para el pulgar mantienen las mangas en su lugar. **Características:** Cremallera YKK® integral. Dos bolsillos con cremallera YKK®. Capucha preformada. Puño con abertura para el pulgar. **Peso:** 397 g. **PVPR:** 180 €

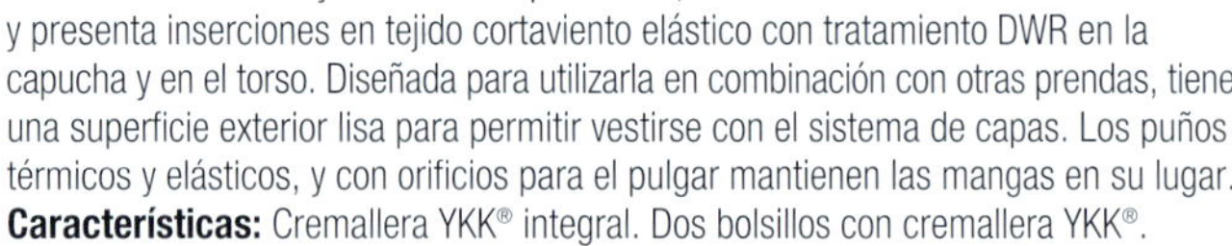

K-PERFORMANCE MOUNTAINEER PANTS

Pantalón técnico desarrollado en colaboración con nuestros mejores alpinistas. Nos basamos en la experiencia de Matteo Della Bordella en las montañas de la Patagonia y la experiencia de Luka Stražar en las paredes de Pakistán y las combinamos para crear el pantalón definitivo: el mejor amigo de todo alpinista cuando se enfrenta a grados técnicos altos y terrenos desafiantes. Gracias a su construcción híbrida, este pantalón permite hacer frente a los retos más difíciles manteniendo la intensidad aeróbica y el dinamismo. Confeccionado con el tejido ThermoDrytex Plus para un secado rápido y un mayor aislamiento térmico, es el pantalón perfecto para el alpinista exigente. La parte delantera y la parte superior trasera cuentan con inserciones de tejido K-Stretch Cordura® para mayor resistencia a la abrasión y protección contra el viento. Refuerzo en Dyneema® en la parte inferior de la pierna para proteger de los cantos de los esquís. Polaina interior con gancho para fijar el pantalón a la bota. Cuenta con detalles aplicados prestando la máxima atención, perfecto para el alpinista más exigente. **Características:** Cintura con cierre de botón y corchete, y ajustable con Velcro. Trabillas para el cinturón. Dos bolsillos con cremallera en la parte delantera accesibles con el arnés puesto. Polaina interior con gancho para fijar el pantalón a la bota. Cremallera en el tobillo con fuelle interior. Tejido elástico ripstop Dyneema® en la parte inferior de la pierna. **Peso:** 570 g. **PVPR:** 265 €

K-PERFORMANCE H-LOFT FLEECE

Cuando se hace frente a ascensiones desafiantes en las montañas, cada gramo cuenta. Eliminamos, en la medida de lo posible, todo lo que parezca superfluo, sin renunciar a la protección contra los elementos naturales. La prenda K-Performance H-Loft Fleece ha sido diseñada para ofrecer la máxima calidez con el mínimo peso. La parte delantera, la parte trasera y las mangas están confeccionadas con el tejido Polartec® High Loft que, gracias a su especial estructura, atrapa el aire para crear una capa aislante. Es perfecta para vestirse con el sistema de capas y es altamente compresible, ocupa poco espacio en la mochila. Las inserciones en tejido Polartec® Hard Shell con tratamiento cerámico en la parte inferior de la prenda, debajo de los brazos y en la parte superior de la capucha, garantizan una mayor resistencia a la abrasión. **Características:** Capucha preformada y con ribete elástico. Cremallera de longitud integral en la parte delantera con solapa cortaviento y garaje. Dos bolsillos en la parte delantera y bolsillo en el torso con cremallera. Ribete elástico en los puños. **Peso:** 385 g. **PVPR:** 200 €

www.marmot.com

VESTIMENTA

ALT HB HOODY

Lo más destacable, y seguro que apreciarán los usuarios la ALT HB, es su elevada transpiración y compresibilidad en esta prenda de moderada protección térmica. Construcción híbrida que combina la resistencia y transpiración del micro-tejido Nylon Ripstop (50 CFM) con paneles interiores en fibra Octa-yarn para aportar un extra de confort térmico. Corte depurado para no restar movimiento al vestir por capas, la ALT HB hoody no escatima en funcionalidad. **Características:** 2 bolsillos laterales con cremallera. Micro-costuras para un corte ultra-ligero. Mangas pre-formadas con axilas sin costuras. Capucha envolvente con ribete elástico. Ajuste de en la cadera con tirador micro-regulación elástica. Puños elásticos con orificio para pulgar. **Tejido exterior:** 100% Nylon Ripstop stretch reciclado sin PFC's. **Peso:** 270 g.**PVPR:** 195 €

PINNACLE DRICLIME

Reúne todas las prestaciones que los amantes de avanzar rápido y ligero valoran: transpiración, aislamiento térmico, corta-viento, resistencia al agua, ligereza. Tejido stretch para añadir confort con acabo 'hardface' para aportar resistencia a la abrasión. Interior, con tejido Driclime® que combina lo mejor en protección térmica y transpiración bajo un tejido muy liviano.**Características:** Corte entallado. Bolsillos laterales y en pecho, accesibles con arnés y mochila. Capucha fija. Puños elásticos y tensor elástico regulable en cadera.Tratamiento hidrófugo DWR sin PFCs. **Tejido:** 89% Recycled Polyester, 11% Elastane. **Peso:** 442 g. **PVPR:** 180 €

PRECIP ECO PRO JKT

La ligereza arropada por la resistencia del tejido exterior en poliéster 100% reciclado es una de las principales prestaciones de esta prenda diseñada con criterio sostenible. A ello se suma la impermeabilidad y transpiración de la membrana NanoPro™ fabricada con material reciclado. **Características:** Corte entallado. Cremalleras con mini-solapa de protección. Dos bolsillos de grandes dimensiones compatibles con arnés. Capucha fija envolvente y con regulación periférica. Aberturas Pit-Zips en axilas para un extra de transpiració. Mangas preformadas y puños con velcro. **Tejido:** 100% poliéster reciclado plain wave sin PFCs. **Membrana:** Precip Eco NanoPro™. **Peso:** 407 g. **PVPR:** 200 €

SUPERALLOY BIO RAIN JKT

Diseñada con criterios sostenibles y para situaciones en las que cada gramo cuenta. Puede almacenarse en su propio bolsillo para mayor funcionalidad. Su carácter sostenible viene de la mano del nuevo tejido Bio-Nylon ripstop con fibras confeccionadas con un 60% de aceite procedente de semillas de ricino. El factor impermeabilidad se consigue con la inducción micro-porosa NanoPro™, desarrollada por Marmot, y aplicando al tejido exterior un tratamiento repelente al agua libre de PFCs. **Características:** Prenda ultraligera y compacta con tejido 12 deniers Nylon Ripstop 60% de origen vegetal. Inducción micro-porosa NanoPro™ impermeable y transpirable (columna agua 15 000 mm). Costuras 100% selladas. Bolsillo en pecho, cremallera frontal estanca, puños preformados, capucha fija envolvente. **Peso:** 165 g. **PVPR:** 180 €

PRECIP ECO JKT M'S & W'

Descripción: La opción impermeable de Marmot con un valor más sostenible al incorporar membrana y tejido Nylon reciclado y tratamiento DWR libre de PFCs. **Características:** Muy apreciada entre trekkers, senderistas, viajeros y urbanitas que valoran la ligereza y la funcionalidad, sus 290 g altamente compresibles, incluyen capucha fija regulable que puede esconderse en el cuello mediante cremallera. Dispone de micro-costuras estancas, cremallera frontal con solapa, barboquejo forrado con agradable tejido DriClime, aberturas PitZips en axilas para transpiración extra, bolsillos Pack de gran capacidad, bolsillo que sirve de funda, mangas preformadas Angel-Wing. **Tejido:** 100% Nylon Ripstop Reciclado 2.4 con tratamiento Dry-Touch. Inducción micro-porosa: NanoPro™ Eco 2,5 capas. Tratamiento DWR sin PFCs. **Peso:** 290 g. **PVPR:** 135 €

MITRE PEAK JKT

Tras varias temporadas, la MITRE PEAK continúa aportando su gran tecnicidad en tan sólo 350 g de peso. **Características:** Tejido Nylon Ripstop que, sumado a la membrana Gore-Tex Active 3L en hombros y capucha, garantiza unos valores de transpirabilidad e impermeabilidad aptos para las condiciones más adversas. En el resto del cuerpo, el tejido está laminado en Gore-Tex 3L. Capucha compatible con casco. Cremalleras estancas. Bolsillos 'Pack' laterales. Cremallera frontal con doble-tirador. Aberturas de ventilación en axilas con cremallera estanca. Corte depurado y 100% funcionalidad. **Peso:** 351 g. **PVPR:** 440 €

MOUNTAIN ACTIVE

Pantalón ligero, stretch y muy compresible perfecto para senderismo y aproximaciones gracias a la durabilidad de su tejido con fibras de nylon. Sus diferentes elementos buscan ante todo la comodidad y libertad de movimientos del usuario. **Características:** Fabricado en resistente tejido 91% Nylon reciclado + 9% elastano, ambos tejidos con tratamiento de secado rápido Quick-Drying, protección solar UPF 50 y están libres de PFCs. Para sumar funcionalidad, cuenta con 2 laterales y 1 posterior con cremalleras contrastadas. Cintura forrada con tejido DriClime® para mayor confort. Rodillas preformadas y tejido 4-way stretch que incrementan la libertad de movimientos. Tobillos con regulación elástica mediante tiradores. Cintura con cierre de clip, cremallera y cinturón integrado completan el MOUNTAIN ACTIVE pant. **Peso:** 269 g. **PVPR:** 159 €

LECONTE FLEECE JKT

Una prenda imprescindible para un extra de confort térmico incluso en días estivales. Ligera y compactable, para siempre guardarle espacio en nuestra mochila. Fabricada en tejido fleece con cara interior en malla 3D para acelerar la transpiración cuando la actividad se pone exigente. **Características:** Cremallera frontal con micro-solapa interior. 2 prácticos bolsillos laterales con cremallera. Costuras planas y corte entallado para acompañar nuestros movimientos. **Tejido exterior:** 94% poliéster, 6% elastane. 100% poliéster Tricot (cara interior). **Peso:** 380 g. **PVPR:** 99 €

MILLET®

VESTIMENTA

www.millet.com

CIMAÏ HYBRID HOODIE M

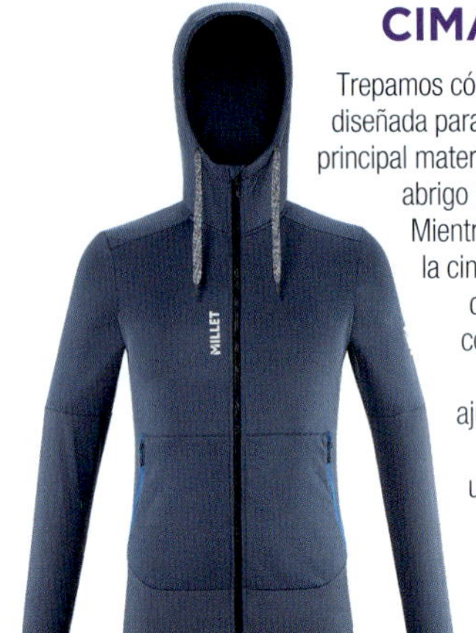

Trepamos cómodamente. Nuestra chaqueta polar técnica, diseñada para la escalada, tiene una confección híbrida. El principal material, Thermo Stretch de punto ligero, nos da el abrigo necesario gracias a su cara interior cepillada. Mientras que el material Drynamic™ en los brazos y la cintura favorece la transpirabilidad y la resistencia. Podemos regular fácilmente la ventilación con la apertura frontal de cremallera. Si es necesario, nos subimos el cuello y la capucha ajustable. El corte amplio de este forro polar de hombre y sus materiales stretch nos brindan una gran amplitud de movimientos. Dos bolsillos para las manos con cremallera. **Características:** Material elástico de 4 sentidos. Construcción Hybrid™. **Peso:** 394 g. **PVRP:** 140 €

WANAKA FAST TS SS M

Nuestra escapada de fast hiking se alarga. Pese al intenso esfuerzo, permanecemos totalmente secos. Nuestra camiseta de senderismo de manga corta está hecha de tejido Drynamic™. Tiene unas zonas más transpirables bajo los brazos y en la espalda para optimizar la evacuación de la humedad y la rapidez de secado. Su corte recto es muy cómodo. Nos gustan sus colores intensos y el estampado exclusivo Millet, hechos con tintes ecológicos. **Características:** Corte clásico. Camiseta. Material Drynamic™ muy transpirable debajo de los brazos y en la espalda para mayor ligereza y secado ultrarrápido. Se mete por la cabeza. Cuello redondo. Manga corta. Estampado exclusivo Millet. **Peso:** 140 g. **PVPR:** 35 €

CIMAÏ PRINT TS SS M/W

La camiseta de escalada CIMAÏ es perfecta por su comodidad y ligereza tanto a la hora de trepar como de relajarnos. Su tejido compuesto por una mezcla de 60 % de algodón reciclado y 40 % de poliamida reciclada nos brinda una gran suavidad y transpirabilidad. Es ligera, transpirable, regula perfectamente la humedad y se seca rápidamente. Con un estampado inspirado en las cumbres. Disponible corte masculino y femenino. **Características:** Material 50 % algodón reciclado, 50 % poliéster reciclado. Material suave, ligero y transpirable. Cuello redondo. Manga corta. Estampado exclusivo Millet. **Peso:** 200 g (hombre) y 110 g (mujer). **PVPR:** 40 €

CIMAÏ POLY PANT M/W

Cuando en verano vamos a las grandes vías, nos ponemos el pantalón de escalada de poliamida CIMAÏ. Su tejido fluido y que repele el agua se seca muy deprisa. Es ideal para llevarlo todos los días. Encadenamos un tramo tras otro con mucha soltura gracias a su corte carrot combinado con la cintura alta plana elástica. El material stretch en cuatro direcciones y las rodillas preformadas facilitan la amplitud de movimientos. Y el bajo del pantalón ajustado no nos estorba nunca. Disponible corte masculino y femenino. **Características:** Poliamida. Material elástico de 4 sentidos. Tratamiento repelente al agua DWR sin PFC. Rodillas preformadas. Cinturón plano. Cinturón compatible con arnés. Cinturón elástico con cordón de ajuste. 2 bolsillos en los muslos con solapa. 2 bolsillos para las manos. Aplicación en la entrepierna para mayor comodidad. **Peso:** 314 g (hombre), 275 g (mujer). **PVPR:** 150 €

CIMAÏ POLY SHORT

Nuestro pantalón corto de hombre CIMAÏ POLY resiste a la fricción con la roca. Su tejido CORDURA® con ripstop es especialmente resistente a la abrasión y lleva un 6 % de elastano para adaptarse. Trepamos con total libertad gracias a su elasticidad y a la confección especial en la entrepierna para maximizar la comodidad. Su largura adaptada al arnés, al igual que la cintura plana con cordón de ajuste, nos permiten movernos confortablemente. ¿Y si necesitamos reponer fuerzas? Guardamos las barritas y demás básicos a mano en los cuatro bolsillos, que incluyen uno de cremallera en el muslo. **Características:** Corte regular. Material CORDURA®. Longitud de la entrepierna: 25 cm/9,8 pulgadas. Cinturón compatible con arnés. Cinturón plano. Cintura con cordón de ajuste. 1 bolsillo en el muslo con cremallera. 2 bolsillos para las manos. 1 bolsillo trasero. Aplicación en la entrepierna para mayor comodidad. Botón de presión. **Peso:** 204 g. **PVPR:** 120 €

CIMAÏ COTTON PANT M / W

Tanto al trepar por las paredes como al descansar, disfrutamos llevando el pantalón de escalada de algodón stretch CIMAÏ. Escalamos con absoluta soltura gracias a su corte carrot y a su cintura elástica. Los bajos son ajustados para evitar cualquier molestia. Y el punto estructurado ripstop garantiza una gran resistencia a los desgarros. Los cuatro bolsillos, incluido uno de cremallera en el muslo, son muy prácticos en el día a día. Disponible versión mujer y hombre. **Características:** Algodón. Material stretch. Ripstop. Rodillas preformadas. Desarrollados en colaboración con nuestros atletas Naïlé Meignan y Symon Welfringer. Cinturón ajustable. 1 bolsillo en el muslo con cremallera. 1 bolsillo en la parte trasera. 2 bolsillos para las manos. **Peso:** 395 g (hombre), 380 g (mujer). **PVPR:** 120 €

WANAKA FAST SHORT M

Al practicar fast hiking, apreciamos la extrema ligereza del pantalón corto de senderismo de hombre WANAKA FAST. Está hecho de Drynamic™ con un 84 % de poliamida reciclada y un 16 % de elastano, evacúa rápidamente la humedad y brinda una gran amplitud de movimientos. La confección especial en la entrepierna para maximizar la comodidad tiene unas perforaciones láser que optimizan la ventilación durante el esfuerzo. La cintura elástica se ajusta con un cordón. Y la largura hasta las rodillas permite incluir un bolsillo de cremallera en el muslo, que se completa con otros dos bolsillos en la parte posterior.
Características: Poliamida. Material elástico de 4 sentidos. Largo hasta la rodilla. Longitud de la entrepierna: 25,5 cm/10 pulgadas. Cinturón elástico. Cintura con cordón de ajuste. 1 bolsillo en el muslo con cremallera. 1 bolsillo con cremallera trasero en cinturón. 2 bolsillos traseros en cinturón. **Peso:** 130 g. **PVPR:** 90 €

WANAKA STRETCH PANT III M/W

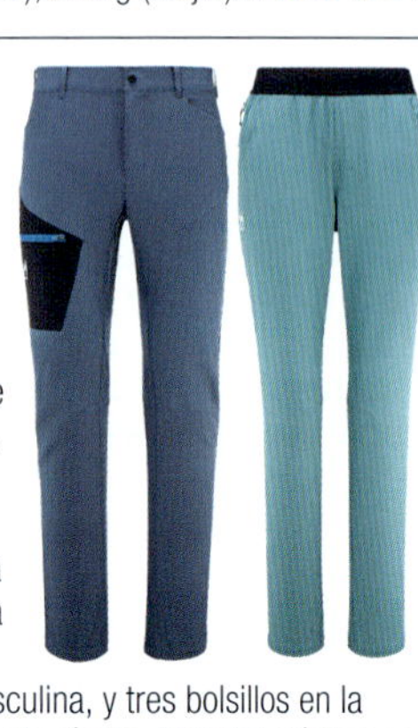

Hacemos senderismo con total libertad. Nuestro pantalón de trekking, de tejido Drynamic™ ligero y superelástico, se adapta a cada uno de nuestros pasos. Hecho de poliéster al 89 %, se seca muy deprisa y evacúa la humedad a la perfección durante el ejercicio, además de protegernos de los rayos UV. Su moderno y confortable corte lleva las rodillas preformadas y una confección especial en la entrepierna para maximizar la comodidad. La cintura plana semielástica con presillas aumenta aún más la comodidad. Guardamos a buen recaudo todo lo fundamental en los cuatro bolsillos de la versión masculina, y tres bolsillos en la versión de mujer. **Características:** Material de secado rápido. Material elástico en 4 sentidos. Cinturón plano. Cintura semielástica. **Peso:** 306 g (hombre), y 230 g (mujer). **PVPR:** 90 €

www.montane.com

VESTIMENTA

NIVEUS LITE JACKET

Chaqueta con diseño para hombre o mujer, confeccionada en Gore-Tex 3L ePE Ripstop de 20 D, pensada para adaptarse a condiciones de montaña impredecibles, es ligera (solo 360 g) y altamente empacable. Creada para garantizar una protección contra la intemperie segura de alto rendimiento con un impacto ambiental reducido y el mínimo peso. Adecuada tanto para ascensos como para descensos, las cremalleras en las axilas junto con el tejido Gore-tex transpirable permiten un control adaptable de la humedad. Provista de faldón para la nieve PEAQ 100% nailon y forro de tejido en el interior. NIVEUS LITE JACKET dispone de capucha compatible con el uso de casco, cremallera YKK de doble sentido Aquaguard, bolsillos para las manos y bolsillo interno. **PVPR:** 570 €

CETUS LITE JACKET

Diseñada para una protección de alto rendimiento, la chaqueta CETUS LITE con diseño específico para hombre o mujer, combina características esenciales con un tejido ligero y extremadamente transpirable para ofrecer una comodidad inigualable durante actividades al aire libre de alta intensidad. Utilizando la tecnología impermeable del tejido de alto rendimiento Petrichor 3L Ripstop de 21 Deniers, garantiza una excelente gestión de la humedad durante actividades exigentes con el mínimo peso. Capucha ajustable, cremallera YKK de doble sentido Aquaguard y bolsillos para las manos. **PVPR:** 320 €

ANTI-FREEZE XT HOODIE

El forro polar con capucha Anti-Freeze XT, ofrece una calidez excepcional en relación a su peso (tan solo 210 g), está confeccionada en tejido PERTEX® QUANTUM ECO ligero, y plumón de alta gama HyperDRY™ Down 750+ Fill Power PEAQ Down ECO, para proporcionar una capa intermedia o exterior súper cálida para usar en condiciones frías y secas. El plumón cumple con la certificación de responsabilidad en el trato animal y su trazabilidad (Responsible Down Standard (RDS) and Track my Down™ certified). Dispone de capucha compatible con el uso de casco, cremallera YKK de doble sentido Aquaguard, bolsillos para las manos y bolsillo interno. Con diseño específico para hombre o mujer. **PVPR:** 335 €

ALPINE 850 NANO HOODIE

Chaqueta técnica centrada en la eficiencia térmica y sobresalir en los ambientes más fríos. Ofrece una relación calidez-peso excepcional ideal para la práctica de actividades donde cada gramo cuenta, con diseño específico para hombre o mujer. El plumón está distribuido por paneles para evitar su desplazamiento y concentración, y es de alta gama HyperDRY™ Down 850 Fill Power, que cumple con la certificación de responsabilidad en el trato animal y su trazabilidad (RDS and Track my Down™ certified). Está confeccionada en tejido PERTEX® QUANTUM ECO ligero de 10 Denier Windproof protection y PRIMALOFT GOLD. Con cremallera YKK y bolsillos para las manos. **PVPR:** 360 €

FIREBALL XT HOODIE

Diseñada para actividades de alto rendimiento en entornos exigentes, la Fireball XT para hombre es cálida y transpirable, lo que permite esfuerzos sostenidos en condiciones de frío. Su mayor durabilidad permite actividades más técnicas en las condiciones de montaña más exigentes, lo que permite que esta pieza se utilice como una capa intermedia o exterior de confianza. Confeccionada en robusto tejido elástico Vector Lite de 40 Denier, Dynamic Eco de alta resistencia térmica y Featherlite™ Air 12D para máxima transpirabilidad y confort. Equipada con capucha compatible con el uso de casco, cremallera YKK Vislon de doble sentido, y bolsillos para las manos también con cremallera. **PVPR:** 325 €

WOMEN'S FURY HOODIE

Elegante forro polar para mujer, ligero (325 gramos) y provisto de capucha técnica de ajuste cómodo y compatible con casco. Confeccionada con forro cepillado THERMOS TRETCH para mejorar la libertad de movimiento en las actividades de montaña. Cremallera frontal YKK de largo completo, dos bolsillos para las manos con cremallera, costuras planas, dobladillo y puños de perfil bajo. **PVPR:** 140 €

MOCHILA TRAILBLAZER XT 25

Diseñada para soportar terrenos más accidentados, anatómicamente adaptadas al cuerpo y contrastadas por nuestros probadores en actividades de montaña. Diseñada con el Montane T-Hook que permite guardar de forma segura una mayor variedad de objetos. Bolsillos ubicados a ambos lados del panel frontal para ofrecer soluciones de almacenamiento adaptables y de fácil acceso, alguno de ellos con rejilla. Confeccionada con resistente tejido Triple Ripstop y Raptor Cross. Aireada rejilla Contact Open Mesh en la espalda y en los hombros, que evita la molesta sensación de sudor. Cierre Montane Click and Go, sistemas de ajuste en la espalda y en el arnés, departamento para la bolsa de hidratación, etc. **PVPR:** 175 €

GUANTES ALPINE MISION

El Alpine Mission Glove es un guante de montañismo versátil, cálido e impermeable en GORE-TEX que combina excelente protección y usabilidad. Los dedos articulados ofrecen un agarre seguro del material, mientras que la protección total de la mano, en cuero natural de cabra, garantiza durabilidad para uso técnico en montaña, el cierre de cordón manipulable con una sola mano protege fácilmente de los elementos. Fabricados en tejido GRANITE STRETCH THERMAL softshel, GORE-TEX Y primaLoft® Gold. **PVPR:** 165 €

Searching for
a new way

The new
Spitze
collection
El legado de las montañas plasmado en una
colección que nace de la experiencia
de los mejores escaladores y alpinistas.

MONTURA

www.rockexperience.shop/

VESTIMENTA

MT WATKINS 2.0 HOODIE JACKET

Mt Watkins es una chaqueta ligera que siempre puedes llevar en la mochila gracias al bolsillo plegable en el pecho. Está diseñada para afrontar los días de lluvia durante excursiones de montaña y ascensos de paredes, siendo impermeable, transpirable y muy ligera. Incorpora cremalleras impermeables, costuras selladas y puños elásticos. La capucha integrada, muy envolvente, termina con una pequeña visera protectora. Atractivo look bicolor, caracterizado por estampados reflectantes visibles al anochecer. MT Watkins Man Jacket garantiza una transpirabilidad igual a 15 000 g/m²/24h y una impermeabilidad de 15 000 mm sostenida en el tiempo gracias a las tecnologías Storm Block y Water Resistance. La posición de los bolsillos en el pecho, de gran tamaño y de rápido acceso, ha sido diseñada para resultar práctica al caminar con mochila o llevar arnés.
Características: Plegable en el bolsillo del pecho. Cremalleras impermeables. Costuras selladas. Capucha integrada. Capucha y bajo con borde elástico. Puños de licra. Impresiones reflectantes.
Tejido: Poly pongee Ripstop 100% PL 15K/15K.
Peso: 285 g.
Tallas: hombre de S a XXXL, mujer de XS a XXL.
PVPR: 169,90 €

OBSERVER 2.0 ZIP OFF

Pantalón 2 en 1 ligero y transpirable para trekking y senderismo. Equipado con cremalleras que permiten transformarlo rápidamente en pantalones cortos. Libertad de movimiento, garantizando la máxima comodidad y flexibilidad incluso para un uso prolongado. Es la opción ideal para afrontar los cambios atmosféricos bruscos propios de la montaña sin el peso de una capa adicional, eligiendo en cualquier momento entre pantalones cortos o largos.
Características: Ajuste de cintura con solapa de velcro. Dos bolsillos delanteros con cremallera. Bolsillo lateral con cremallera. Cintura interior de malla de secado rápido. Bolsillo en la pierna derecha. Impresiones reflectantes para mayor visibilidad.
Tejido: Nailon elástico ligero 95% PA 5% EA.
Peso: 400 g.
Tallas: hombre de S a XXXL, mujer de XS a XXL.
PVPR: 79,99 €

OBSERVER CARGO BERMUDA

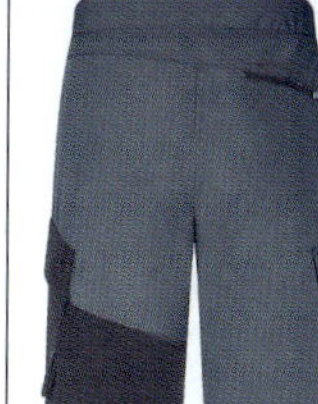

Estas bermudas combinan ligereza y resistencia y son una opción ideal para quienes buscan comodidad, practicidad y estilo durante las aventuras al aire libre. Destacan por su cierre en la cintura con botón oculto y cremallera, garantía de seguridad y practicidad. Los prácticos bolsillos cargo en las piernas añaden funcionalidad y ofrecen espacio adicional para llevar artículos esenciales.
Características: Cierre de cintura con botón de presión oculto y cremallera. Cinta con hebilla corredera en la abertura delantera. Grandes bolsillos cargo en las piernas para una organización eficiente de los artículos personales.
Tejido: nailon elástico ligero 95% PA 5% EA 140 g/m².
Peso: 112 g.
Tallas: hombre de S a XXXL.
PVPR: 79,99 €

CHALECO ECO MANITOBA HYBRID

Chaleco híbrido muy ligero y resistente al viento, que combina dos materiales diferentes con sus respectivas ventajas. El tejido micro ripstop externo en la parte delantera es particularmente resistente a la abrasión y a los desgarros. El acolchado es Thermore Thermosoft, cálido, suave y confortable. La excelente transpirabilidad y elasticidad está garantizada por el Power Fleece, un tejido que se estira en cuatro direcciones, presente en la espalda y los costados.
Características: Cuello alto y ergonómico para máxima protección. Cremallera frontal con solapa interna. Dos bolsillos externos con cremallera. Un bolsillo interno con cremallera. Inserciones elásticas. **Peso:** 249 g. **Tallas:** hombre de S a XXXL, mujer de XS a XXL. **PVPR:** 89,90 €

RE.RAINER 2.0 SS

Camiseta técnica y ecosostenible diseñada para trekking y actividades al aire libre, confeccionada con un 99% de materiales reciclados. Tratada con el proceso de acabado textil Odor Free que bloquea el desarrollo de las bacterias responsables del mal olor. Especialmente adecuada para todas las actividades al aire libre que requieren ligereza y transpirabilidad.
Características: 99% ecosostenible. Estampados reflectantes.
Tejido: Tejido de punto con rayas de puntos 90% reciclado PL 10% EA 170 g/m².
Peso: 150 g.
Tallas: hombre de S a XXXL, mujer de XS a XXL. **PVPR:** 45 €

VESTIMENTA

www.salewa.com

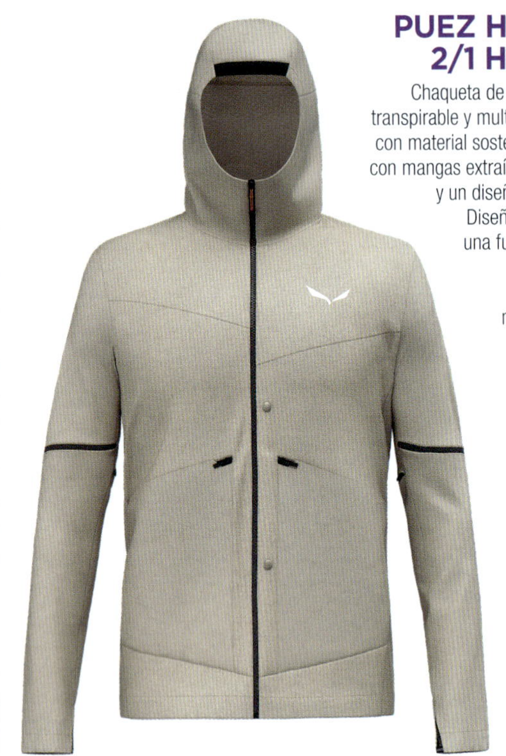

PUEZ HEMP/DST 2/1 HYB JKT M

Chaqueta de trekking resistente, transpirable y multifuncional realizada con material sostenible Alpine Hemp, con mangas extraíbles con cremallera y un diseño híbrido moderno. Diseñada para garantizar una funcionalidad versátil y adaptabilidad en entornos agrestes, naturales y urbanos. Con su diseño moderno y la mezcla Alpine Hemp/Sorona® como material principal, la chaqueta Puez Hemp Durastretch 2 en 1 es una chaqueta softshell natural, diseñada para mantenerte cómodo durante las experiencias de senderismo en terrenos variados y con condiciones cambiantes, pero no estará fuera de lugar en entornos más urbanos.

Características: Capucha ajustada. Brazos con cremallera. Botones a presión en la abertura frontal para una mejor ventilación. Dos bolsillos para las manos con secciones separadas: con cremallera en la parte superior y botón a presión en el lateral. Puño con orificio para el pulgar. Dobladillo ajustable.

Peso: 415 g (L). **PVPR:** 200 €

PUEZ HEMP/DST PANT M

Pantalón de trekking funcional de verano en una mezcla híbrida de cáñamo y material sintético. Este pantalón está diseñado con una cintura sencilla, fácil de ajustar, con botones a presión y trabillas para el cinturón. La pierna presenta un corte recto. Cuenta con dos bolsillos estilo cargo con cremallera en la parte delantera, dos bolsillos abiertos para las manos y un bolsillo trasero con solapa abierta.

Características: Cintura abierta con botón automático y bragueta con cremallera. Trabillas para el cinturón. Dos bolsillos abiertos para las manos. Bolsillo trasero abierto.

Peso: 340 g (L).

PVPR: 150 €

ORTLES HYB TWR JACKET W

Nuestra icónica chaqueta cortavientos e hidrófuga con aislamiento body-mapped TirolWool® Responsive. Esta ligera prenda aislante se ha fabricado con tejido Softshell Durastretch elástico y permeable al aire, con una composición de poliamida/lana. Las zonas aislantes situadas estratégicamente y acolchadas con TirolWool® Responsive favorecen el mecanismo de termorregulación natural del cuerpo y retienen el calor interno. TirolWool® Responsive está fabricado con lana de oveja tirolesa de producción local enriquecida con los innovadores minerales Responsive y sigue proporcionando aislamiento aunque esté mojado. La capucha aislante, hecha a medida y ajustable por detrás, añade mayor protección. Cuando no se usa, esta chaqueta se guarda en su bolsillo pack-it integrado.

Características: Construcción híbrida con mapeo corporal. Capucha ajustable. Dos bolsillos laterales con cremallera. Bolsillo con cremallera en el pecho. Bolsillo interno en el pecho con cremallera. Puños elásticos. Dobladillo elástico. Bolsillo con sistema de embalaje integrado.

Peso: 376 g (44/38). **PVPR:** 240 €

LAGORAI DST PANT W

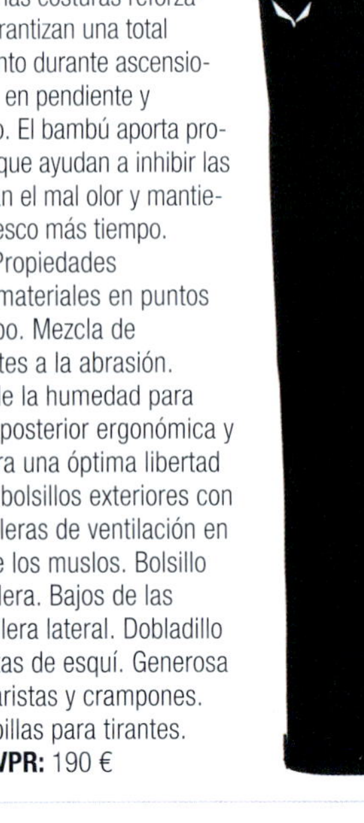

Un pantalón ligero, resistente al agua, resistente a la abrasión y al viento para practicar alpinismo y esquí alpino con un acabado DWR sin PFC. Diseñado con un corte deportivo en un tejido de nailon de bambú Durastretch, ligero, resistente a la abrasión y que evacua rápido la humedad, tratado con un acabado de impermeabilidad duradero (DWR) sin PFC. El rendimiento elástico en cuatro sentidos del tejido y las costuras reforzadas en el interior garantizan una total libertad de movimiento durante ascensiones largas, carreras en pendiente y escalada sobre hielo. El bambú aporta propiedades naturales que ayudan a inhibir las bacterias que causan el mal olor y mantienen el tejido más fresco más tiempo.

Características: Propiedades funcionales de los materiales en puntos concretos del cuerpo. Mezcla de materiales resistentes a la abrasión. Absorción óptima de la humedad para evitar el frío. Parte posterior ergonómica y panel integrado para una óptima libertad de movimientos. 2 bolsillos exteriores con cremallera. Cremalleras de ventilación en la parte superior de los muslos. Bolsillo trasero con cremallera. Bajos de las piernas con cremallera lateral. Dobladillo compatible con botas de esquí. Generosa protección contra aristas y crampones. Cinturón con 3 trabillas para tirantes.

Peso: 430 g (L). **PVPR:** 190 €

www.os2o.com

VESTIMENTA

CYCLONE EVENT® JACKET

Chaqueta hardshell 3 capas, ideal para actividades de alpinismo y esquí de montaña *FAST&LIGHT*. El tejido exterior eVent® Alpine impermeable (15k), gracias a su tecnología Direct Venting™ de membrana microporosa, garantiza una alta transpirabilidad (30k) a la vez que un perfecto equilibrio entre ligereza y resistencia. Dos espaciosos bolsillos en el pecho compatibles con arnés y amplia capucha compatible con casco perfectamente ajustable en caso de tormenta. Tratamiento exterior repelente de agua libre de PFCs. Disponible en patrón hombre/mujer. **Peso:** 315 g (S). **Tejido exterior:** eVent® DV Alpine 3-layer ripstop, 90 g/m². (15k/30K). C0, PFC-Free. **PVPR:** 279,90 €.

ECLYPSE SORONA® INSULATED JACKET

Chaqueta versátil y funcional para un amplio rango de actividades de montaña. Gracias a su configuración que combina relleno bio-sintético Sorona® (80 g/m² en pecho y espalda, 60 g/m² en brazos), con paneles laterales de Stretch Grid proporciona una alta capacidad aislante, transpirabilidad y un buen ajuste a la vez que mucha movilidad. Tejido Nylon N66 de muy buena resistencia y estética. Cuenta con 3 bolsillos exteriores y dos interiores que la hacen muy versátil, ligera y transpirable. **Peso:** 398 g (S). **Tejido exterior:** 100% Nylon N66, 20D Ripstop. Tratamiento DWR PFC-Free. **Relleno:** Biosintético Sorona® con un 37% de origen vegetal. **PVPR:** 149,90 €.

W-SERIES INSULATED PANTS

OS2O-*FAST&LIGHT* presenta la W-Series, productos desarrollados bajo los conceptos más radicalmente innovadores del alpinismo ligero. El W-Series Insulated es un pantalón para actividades invernales que combina tejido monocapa STORMFLEECE™ PRO, elástico y resistente a la lluvia y viento, con zonas aislantes de Sorona® (60 g/m² en zona frontal superior), obteniendo una configuración transpirable, caliente y muy ligera. Ideal para actividades de alta intensidad *FAST&LIGHT* en entornos fríos/invernales. **Peso:** 253 g (S). **Tejido exterior:** STORMFLEECE™ PRO, 70% origen reciclado, resistente a lluvia y viento. **Relleno:** Biosintético Sorona® 60 g/m², aislante, ligero y transpirable. **PVPR:** 159,90 €.

W-SERIES 80 JACKET

La W-Series 80 Jacket reduce el peso al máximo pero no sus prestaciones. Relleno Sorona® mapeado por zonas que mejora la retención de calor sin comprometer la transpirabilidad. Bolsillos elásticos en el pecho para acceder a todo lo necesario de una forma ultra rápida. Su cremallera asimétrica mejora el confort al no molestar en la barbilla y su longitud frontal 3/4, reduce el peso sin que moleste con arnés. Una prenda para actividades rápidas y ligeras de alta montaña. **Peso:** 247g (S). **Tejido exterior:** 100% Nylon N66, 20D Ripstop. Tratamiento DWR, PFC-FREE. **Relleno:** Biosintético Sorona® 80 g/m² en pecho/espalda, 40 g/m² en mangas y cuello. **PVPR:** 159,90 €.

cotopaxi

VESTIMENTA

www.ternua.com

MAUNA KEA JKT

Chaqueta muy completa, desarrollada con alpinistas profesionales, que incorpora todos los requerimientos técnicos para escalada y alpinismo. Utiliza un tejido "4 way stretch" (multielástico) Shelltec Active Flex (20k/20k) para ofrecer la máxima protección en climatología adversa. **Características:** Tejido poliamida reciclado muy resistente PFC free y certificado Bluesign. Impermeable y transpirable gracias a la membrana Shelltec Active Flex (20K/20K). Diseño ergonómico.Compatible con casco. Protección larga en cuello. Espalda ligeramente más larga para mayor protección. Dos bolsillos de tamaño mapa para calentar las manos con cremallera repelente al agua, accesibles con arnés. Solapa interior contra tormentas detrás de la cremallera delantera central. Faldón desmontable para prevenir entrada de nieve. Suave y perchado microfleece en la zona de boca y barbilla. Dos bolsillos grandes de rejilla en el interior para gafas, guantes o botellines. Cremalleras repelentes al agua en axilas para ventilación. Ajuste de puños mediante velcro, compatible con guantes de invierno. Bajo ajustable mediante cordón.
Colores: Acid citrus, mediteraneen. **Tallas:** EU S-3XL. **Peso:** 700 g. **PVPR:** 469,95 €

MAUNA KEA PT

Pantalón muy completo, desarrollado en colaboración con alpinistas profesionales, que incorpora todos los detalles técnicos requeridos para la actividad. Utiliza un tejido "4 way stretch" (multielástico) Shelltec Active Flex (20k/20k) para ofrecer la máxima protección en climas adversos. **Características:** Tejido poliamida reciclado muy resistente PFC free y certificado Bluesign. Regular fit. Impermeable y transpirable gracias a la membrana Shelltec Active Flex (20k/20k). Diseño ergonómico para máxima libertad de movimientos. Rodillas preformadas-articuladas. Dos bolsillos para calentar las manos con cremallera W&T repelente al agua. Bolsillo cargo frontal con cremallera W&T repelente a agua. Aperturas laterales de ventilación con cremallera W&T repelente al agua. Polaina interior. Tirantes desmontables. Cintura ajustable con velcro. Refuerzo en la parte inferior.
Colores: Deep ginger, mediteraneen.
Tallas: EU S-3XL.
Peso: 700 g.
PVPR: 429,95 €

IGNITION JKT

Chaqueta de 3 capas diseñada para ofrecer un alto rendimiento, confort y protección en todo tipo de actividades y disciplinas activas durante todo el año, principalmente en días lluviosos, nieve o viento. La tecnología Shelltec Active Flex ofrece un equilibrio excepcional entre ligereza y resistencia, alta impermeabilidad y transpirabilidad. Muy compactable.
Características: Costuras termoselladas y cremalleras resistentes al agua. Columna de agua de 20 000 mm. Transpirabilidad de MVP 20 000 g x m² x 24h para ayudar en la regulación de la temperatura corporal. Capucha 3D ajustable compatible con casco. Grandes bolsillos frontales con doble función: ventilación o gran almacenaje. Bolsillo en manga. Gran bolsillo interior de power-mesh, que se puede convertir en la bolsa de compresión y transporte gracias a su cierre con ajuste elástico. Bajo ajustable con tanca y puños elásticos. Tratamiento repelente al agua libre de PFC's. Tejidos con certificación BLUESIGN®. Tejidos exteriores: Nylon Stretch de 20D y 103 g/m² reciclado (preconsumo). **Colores:** Acid citrus, mediteraneen, black. **Tallas:** EU S-3XL (man) / EU XS-XXL (woman). **Peso:** 410 g (man) / 309 g (woman). **PVPR:** 299,95 €

CYCLONE JKT

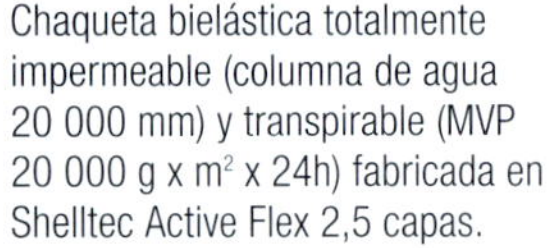

Chaqueta bielástica totalmente impermeable (columna de agua 20 000 mm) y transpirable (MVP 20 000 g x m² x 24h) fabricada en Shelltec Active Flex 2,5 capas.
Características: Con tratamiento de repelencia al agua libre de PFC, esta chaqueta incorpora protector de barbilla, fuelle en axilas y patrones articulados para una mayor movilidad. Además, es altamente compresible (se puede guardar en el bolsillo interior para facilitar su transporte) e incluye cintura ajustable mediante cordón y tanca, un bolsillo en el pecho con cremallera y detalles reflectantes para mayor visibilidad. Tejido nylon reciclado post industrial. Tejido bluesign approved.
Colores: Acid citrus, deep mediteraneen.
Tallas: EU S-3XL (man) / EU XS-XXL (woman). **Peso:** 210 g (man) / 170 g (woman).
PVPR: 199,95 €

AGILE HYBRID JKT

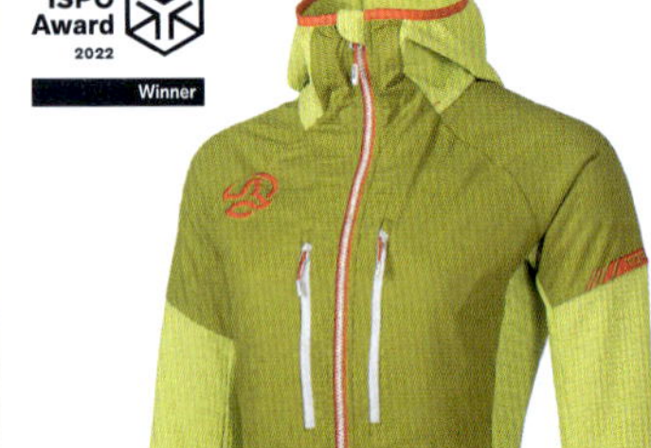

Chaqueta muy técnica para actividades atléticas intensas. Está concebida anatómicamente para maximizar el aislamiento en el pecho, de forma que el tejido resistente al viento Pertex Quantum Air de 20D retiene el calor del aislante sintético Warmshell Breathe. En otras zonas, un tejido estructura Warmshell multiplica la expulsión del sudor para mantener el cuerpo seco. Diseñada ergonómicamente para una gran libertad de movimientos, resulta la prenda térmica ideal para actividades intensas en clima frío. **Características:** Athletic fit. Capucha ajustada para protección del frío. Cierre con cremallera frontal. 2 bolsillos frontales en pecho. Orificios para pulgar en mangas. Costuras planas Flat lock. Tratamiento de repelencia al agua (DWR) libre de PFC's. Tejidos reciclados proveniente de botellas de plástico PET post consumo. Tejidos certificados Bluesign.
Colores: Acid citrus, mediteraneen, black. **Tallas:** EU S-3XL (man) / EU XS-XXL (woman). **Peso:** 360 g (man) / 320 g (woman). **PVPR:** 179,95 €

ARKO JKT

Chaqueta técnica de 3 capas impermeable, transpirable, resistente y comprimible hecha con la tecnología SHELLTECH ACTIVE FLEX. Su patrón preformado y el tejido semielástico ofrecen una buena libertad de movimientos y confort de uso para todo tipo de actividades de montaña. Una carcasa a medio camino entre las de uso en actividades más estáticas y duras y las más activas, siendo un comodín perfecto. **Características:** Costuras termoselladas y cremalleras resistentes al agua. Columna de agua de 20 000 mm. Transpirabilidad de MVP 20 000 g x m² x 24h. Capucha 3D ajustable. Grandes bolsillos frontales. Bajo ajustable con tancas. Puños ajustables con velcro. Ventilación en las axilas. Tratamiento repelente al agua libre de PFC's. Tejidos con certificación BLUESIGN®. Tejidos exteriores: Nylon Stretch de 20D y 103 g/m² reciclado (pre-consumo).
Colores: Citrus green, mediteraneen, black, Orange. **Tallas:** EU S-3XL (man) / EU XS-XXL (woman). **Peso:** 425 g (man) / 395 g (woman). **PVPR:** 259,95 €

www.ternua.com

VESTIMENTA

VILMAN 2.0 JKT

Chaqueta aislante con capucha, rellena de pluma premium reciclada, muy cálida, ligera y muy compactable, producida en tejido reciclado en el interior y Pertex® Quantum® 12D cortavientos en el exterior. Su diseño ergonómico y los tejidos utilizados ofrecen un nivel de comfort excepcional. Relleno de pluma de ganso blanca de ganso reciclada (170 g). **Características:** Pluma certificada GRS (Global Recycled Standard), garantizando la trazabilidad y buenas prácticas de la cadena de suministro. Pluma con un fill-power de 800 cuins (FP800), lo que le confiere una capacidad calorífica muy elevada con un peso muy bajo. 2 bolsillos de mano + 1 en pecho, todos con cremallera. Bajos y capucha ajustables con cordino elástico. Puños con lycra interior invisible para evitar la entrada del frío o viento. Bolsa de transporte/compresión incluida. Tratamiento de repelencia al agua (DWR) libre de PFC's. Tejidos y relleno con certificación BLUESIGN®. Forro interior en poliéster reciclado de botellas de plástico post-consumo de 20D. **Colores:** Deep citrus, mediteraneen, orange, whales grey. **Tallas:** EU S-3XL (man) / EU XS-XXL (woman). **Peso:** 495 g (man) / 425 g (woman). **PVPR:** 279,95 €

KIMO JKT

Chaqueta técnica multifuncional aislante, cálida, cortavientos y muy ligera hecha en su totalidad con tejidos reciclados. Los 2 MICROSHELL exteriores (liso y ripstop) aportan la protección contra el viento, la repelencia al agua y la resistencia a la abrasión en pecho y hombros, mientras que el aislamiento térmico y el control de la humedad son cosa del forro interior en WARMSHELL. Los 3 tejidos combinados nos ofrecen una prenda innovadora y de altas prestaciones, especialmente indicada para días fríos y ventosos. Funciona perfectamente como capa externa o como segunda capa cálida con una carcasa encima. El diseño ergonómico y el tejido exterior bielástico proporcionan un nivel de confort y libertad de movimientos excepcional. **Características:** 2 bolsillos de manos y 2 de pecho. Ajuste de bajos a una mano. Tratamiento de repelencia al agua (DWR) libre de PFC's. Tejido con certificación BLUESIGN®. **Colores:** Citrus green, dark marine, hidrogreen, orange, whales grey. **Tallas:** EU S-3XL (man) / EU XS-XXL (woman). **Peso:** 655 g (man) / 555 g (woman). **PVPR:** 209,95 €

LOFTER JKT

Segunda capa muy técnica fabricada en la nueva versión del tejido y tecnología WARMSHELL PRO. (270 g/m² e interior perchado), junto con WARMSHELL high-loft. El nuevo WARMSHELL PRO ha mejorado la capacidad calorífica, elasticidad y recuperación, mejorando la libertad de movimientos. La resistencia al pilling pasa a ser realmente destacada gracias a la estructura muy tupida de la superficie exterior. Ideal para cualquier actividad alpina poco aeróbica, principalmente en climas fríos. **Características:** WARMSHELL high-loft, con estructura de pelo largo para ofrecer una excelente transpirabilidad a la vez que una capacidad calorífica y agrado de uso. Bolsillos de manos y de pecho con buena capacidad de almacenaje. Mangas ranglan para mejor movilidad. Protector de barbilla para evitar el roce de la cremallera. Tratamiento de repelencia al agua (DWR) libre de PFC's. Tejidos con certificación OEKOTEX® o BLUESIGN®. Todos los tejidos provienen de polyester reciclado de botellas de plástico. **Colores:** Citrus green, mediteraneen, black, deep ginger (man)/ powder blue y living colar (woman). **Tallas:** EU S-3XL (man) / EU XS-XXL (woman). **Peso:** 470 g (man) / 405 g (woman). **PVPR:** 139,95 €

RAGGER HOOD JKT

Segunda capa con capucha, multiactividad, hecha en una nueva versión del tejido DRYSHELL más elástico y con una estructura en nido de abeja en jacquard para ofrecer mayor capacidad calorífica. El tejido es reciclado, además de muy transpirable y de secado rápido. Tanto el tejido como el patrón atlético proporcionan una excelente libertad de movimientos. **Características:** Bolsillos de manos con cremallera. Bolsillo pegado en mangas para almacenar pequeños gadgets. Costuras planas. Cremalleras YKK FLAT VISLON, para un cierre más rápido. Protector de barbilla para evitar el roce de la cremallera. Bajos y capucha acabados con ribete elástico. Buena resistencia al pilling. Tratamiento de repelencia al agua (DWR) libre de PFC's. Tejido con certificación BLUESIGN®. Poliéster reciclado de botellas de plástico posconsumo. **Colores:** Grey mint, whales grey, deep mediteraneen, orange (man)/ pastel hydro, living coral (woman). **Tallas:** EU S-3XL (man) / EU XS-XXL (woman). **Peso:** 420 g (man) / 330 g (woman). **PVPR:** 109,95 €

KUSOROCK PT

Pantalón muy técnico diseñado para su uso alpino, escalada, escalada en hielo u otras actividades al aire libre en la montaña. Refuerzo en culera y rodillas para mejorar la resistencia a la abrasión en las zonas más expuestas. El patrón preformado y la elasticidad de los tejidos ofrecen una excelente libertad de movimientos. La cintura tiene un ajuste doble, con goma y cordino elástico. En su versión de hombre, dispone de cremallera invisible en la bragueta, compatible con el uso del arnés. **Características:** Tecnología SHELLSTRETCH bielástico y de secado rápido. 3 bolsillos con cremallera (2 frontales + 1 trasero). SLIM FIT. Ajuste con coordino elástico en los bajos. Tratamiento de repelencia al agua (DWR) libre de PFC's. Tejido con certificación BLUESIGN®. Tejido proveniente del reciclado de redes de pesca y materiales posconsumo. **Colores:** Dark marine, olive green, black, whales grey. **Tallas:** EU S-3XL (man) / EU XS-XXL (woman). **Peso:** 435 g (man) / 375 g (woman). **PVPR:** 129,95 €

SELKENAR PT

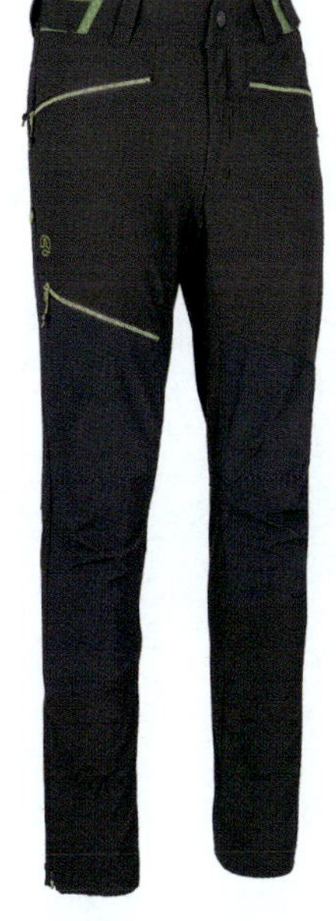

Pantalón técnico de altas prestaciones que combina la tecnologías SHELLSTRETCH y STORMFLEECE PRO según la zona y sus necesidades. Los tejidos combinan hilos de polyamida bielástica reciclada proveniente de redes de pesca REDCYCLE y la polyamida postconsumo (230 gr/m²). Su patrón ergonómico y ajustado, la cintura regulable con doble velcro lateral extra grande, y el gran rendimiento de los tejidos lo hacen ideal para una gran cantidad de actividades al aire libre. Gran resistencia a la abrasión y muy duraderos. **Características:** Tecnología STORMFLEE PRO en rodillas y culera ofreciendo una elevada resistencia al viento (CFM<25, ASTMD737) y al agua, superando el *rain test* (AATCC 35). Interior del tejido cepillado para mayor comfort y calidez. Apertura de bajos con cremallera y fuelle. Rodillas preformadas. 4 bolsillos con cremallera. 2 cremalleras invisibles laterales (bolsillo + ventilación). Tratamiento de repelencia al agua (DWR) libre de PFC's. Tejido con certificación BLUESIGN®. **Colores:** Dark marine, black, whales grey. **Tallas:** EU S-3XL (man) / EU XS-XXL (woman). **Peso:** 525 g (man) / 455 g (woman). **PVPR:** 149,95 €

PRODUCTO PROBADO *Por Eva MARTOS*

CALCETINES LIGHT HIKER SHORTY ECO DE LORPEN

Buen ajuste y confección con materiales sostenibles

Fabricante: Lorpen (España).
Distribuidor: Ternua Group.
Actividad recomendada: senderismo
Tecnologías: 46% Red-Cycled nylon, 25% Coolmax ECO, 17% Stretch Nylon con Lycra y 12% Tencel.
Composición: 61% Poliamida, 25% Poliéster, 12% Lyocell y 2% Elastano
Tallas: XXS a XL (unisex).
PVP aprox: 20,45 €.

LOS calcetines son prendas a las que muchas veces no prestamos atención, pero que pueden marcar la diferencia entre una jornada de caminata placentera o una tortura de día que acabe en ampollas y rozaduras. Y aún más cuando hacemos las caminatas con temperaturas altas por la mayor sudoración de los pies. Estos calcetines los he estado utilizando en jornadas primaverales, con temperaturas no excesivamente calurosas ni frías, y han dado muy buenos resultados. Han conseguido que el pie se mantenga fresco y sobre todo se nota lo bien que se adapta al pie, sin que genere incómodos pliegues.

Están fabricados con la tecnología "T3" propia de la marca, que indica que emplea tres capas de hilo diferenciadas, para lograr el máximo rendimiento de cada tipo de hilo. En este caso la materia prima es una mezcla de fibras sintéticas, como son la poliamida, el poliéster y el elastano, a la que añade fibras de origen natural, como el Tencel, que proviene de la celulosa de los eucaliptos. Además, las tecnologías que usa son Coolmax EcoMade, una fibra de poliéster confeccionada a partir de botellas de plástico reciclado; y Red-Cycled Nylon, que está hecho con redes de pesca cuya vida útil ha finalizado. Sobresaliente por tanto en fabricación sostenible, como acostumbra la firma navarra.

Al utilizarlos se nota que son unos calcetines técnicos, que se adaptan perfectamente al pie, con distintos grosores en cada zona para lograr la mejor amortiguación y protección. En especial en la zona de la puntera y el talón, que suelen ser las de mayor desgaste, lleva unos refuerzos y un acolchado que se nota al caminar.

VALORACIÓN GENERAL ★★★★☆

Ajuste	★★★★★	Sostenibilidad	★★★★☆
Transpirabilidad	★★★★☆	Diseño	★★★★☆
Comodidad	★★★★☆	Precio	★★★☆☆

Es un calcetín cálido pero que deja pasar bien la transpiración, recomendado para temperaturas medias (primavera/otoño). No es muy alto, queda un poco por encima del tobillo, con lo que resulta perfecto para llevar con zapatillas bajas. No aprieta en el tobillo.

La calidad de los tejidos y su confección auguran que su vida útil será duradera, resistiendo bien las caminatas largas.

Puntos fuertes: un calcetín con muy buen ajuste, que transpira bien y está fabricado pensando en dejar la menor huella posible en el planeta.

www.lorpen.com

PRODUCTO PROBADO *Por Mª Ángeles TRUJILLO*

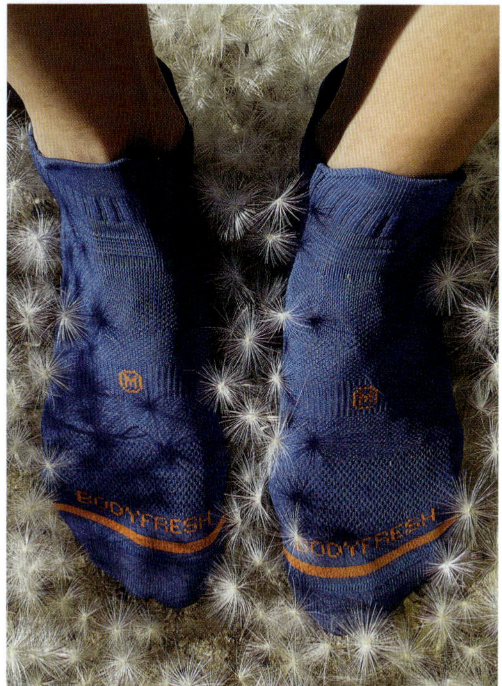

CALCETÍN MULTISPORT DE MUNDSOCKS

Pies frescos y cómodos

Fabricante: Mund Socks (España).
Distribuidor: Mund Socks.
Actividad recomendada: fitness, BTT, carreras, ciclismo...
Materiales: 2% Elastán, 18% Poliamida y 80% Poliamida Sensil® Bodyfresh.
Colores: azul, negro y rosa.
Tallas: S (34-37) a XL (46-49).
Peso: 28 g/par.
PVP aprox: 8,65 €.

VALORACIÓN GENERAL	★★★★☆		
Transpirabilidad	★★★★☆	Polivalencia	★★★☆☆
Ajuste	★★★★☆	Diseño	★★★★☆
Protección	★★★☆☆	Precio	★★★★☆

CAMISETA, pantalones, zapatillas y... ¿listos para hacer deporte? Espera, hay un elemento al que quizás no hayas dado importancia y que es indispensable a la hora de realizar cualquier ejercicio: los calcetines. Y cuidado, no vale cualquiera, porque la elección del calcetín es casi tan importante como la elección del calzado a la hora de practicar deporte. En esta ocasión hemos puesto a prueba el calcetín deportivo Multisport de Mund Socks. Se trata de una marca especializada en fabricación de calcetines técnicos, diseñados para actividades deportivas como trekking, esquí, ciclismo, trail... e incluso cuentan con una línea ECO.

Mund ha dotado a este nuevo modelo de unas características que sirven para la práctica de diferentes modalidades (fitness, BTT, trail running, ciclimo...) y, gracias a su tejido, son perfectos para las épocas del año en las que no hace mucho frío, preferiblemente en verano y primavera. Están elaborados con el tejido Sensil® Bodyfresh, cuyos filamentos ultra finos reducen el crecimiento de las bacterias causantes del mal olor, a la vez que ofrece una sensación ligera y confortable.

Los acabados del calcetín estás muy estudiados, por ejemplo incluye doble lengüeta para proteger el talón y el empeine, y punto de "nido de abeja" que mejora la transpiración. Si nos fijamos bien, podemos observar una franja elástica para mayor sujeción. También comentar que no tienen costuras que nos puedan molestar al cabo de horas de caminata.

La goma del tobillo ejerce una presión mínima pero suficiente para que se nos quede bien sujeto y, en la parte trasera, tiene como una lengüeta para facilitarnos la puesta del mismo y ofrecernos un poco más de protección contra los roces en esa zona.

Después de ponerlos a prueba realizando fitness, caminatas por el campo... puedo asegurar que los calcetines van muy bien. Al ser de un grosor bajo, la estructura del tejido se ve muy entera, por lo que tendré calcetines para muchas más horas de ejercicio. Otro punto a su favor son la suavidad del tejido y la sensación de confort que aportan a los pies. Evidentemente, dada su altura, no llegan a cubrir las pantorrillas de los posibles roces producidos por la vegetación, pues apenas sobresalen de las zapatillas.

Puntos fuertes: cómodos, transpirables y duraderos, perfectos para temperaturas altas.

INFO **www.mundsocks.com**

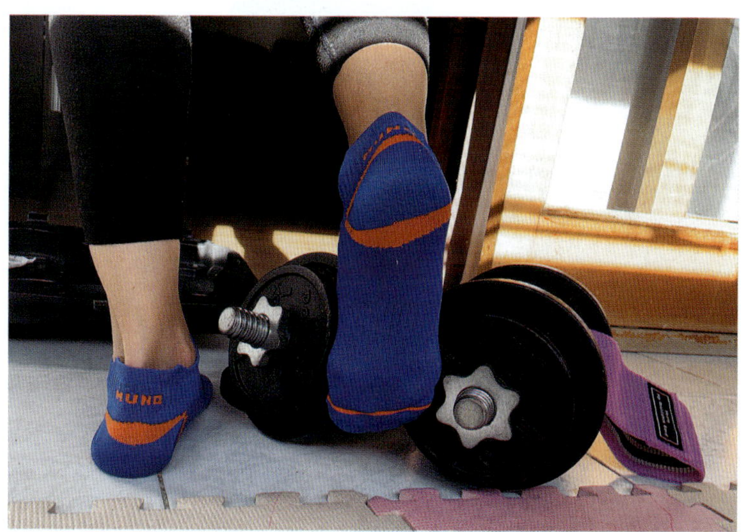

CALCETINES

www.lorpen.com

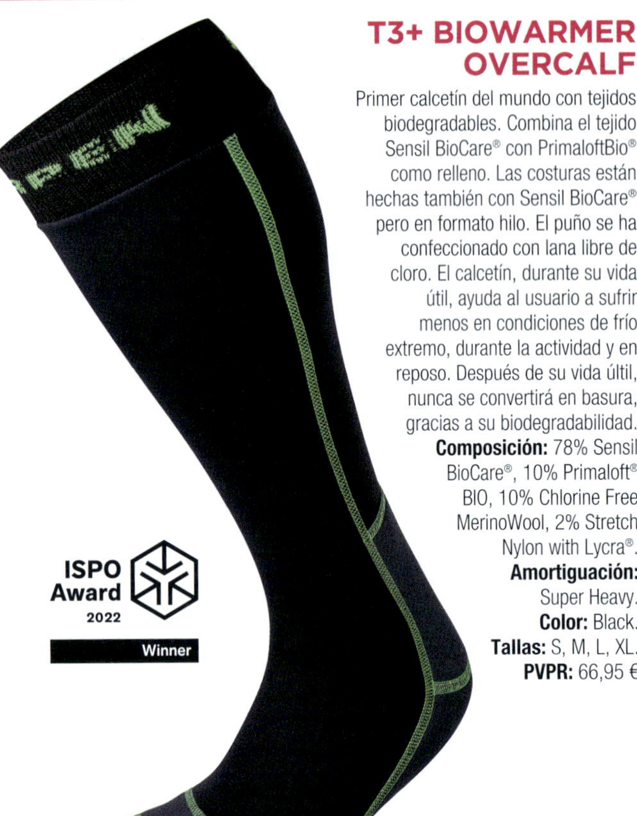

T3+ BIOWARMER OVERCALF

Primer calcetín del mundo con tejidos biodegradables. Combina el tejido Sensil BioCare® con PrimaloftBio® como relleno. Las costuras están hechas también con Sensil BioCare® pero en formato hilo. El puño se ha confeccionado con lana libre de cloro. El calcetín, durante su vida útil, ayuda al usuario a sufrir menos en condiciones de frío extremo, durante la actividad y en reposo. Después de su vida últil, nunca se convertirá en basura, gracias a su biodegradabilidad.
Composición: 78% Sensil BioCare®, 10% Primaloft® BIO, 10% Chlorine Free MerinoWool, 2% Stretch Nylon with Lycra®.
Amortiguación: Super Heavy.
Color: Black.
Tallas: S, M, L, XL.
PVPR: 66,95 €

T3 LIGHT HIKER ECO MEN&WOMEN

Calcetín T3 light con tecnología SLS que mantiene el pie fresco y protegido gracias a su combinación de tecnologías. Ideal para jornadas de hiking no invernales. Ahora también con tecnología Comfort Plus, aportando sujeción al calcetín pero sin que aprieten en exceso.
Composición: 34% Red-Cycled Nylon, 33% Coolmax® ECO, 18% Stretch Nylon with Lycra®, 15% Tencel®/ Refuerzo: Talón y puntera. **Amortiguación:** Talón y puntera.
Color: olive, black/orange, antracita/blue (man) / charcoal/azalea, grey/blue, antracita/olive (Women).
Tallas: M, L, XL (Man)/S, M (Woman).
PVPR: 22,45 €

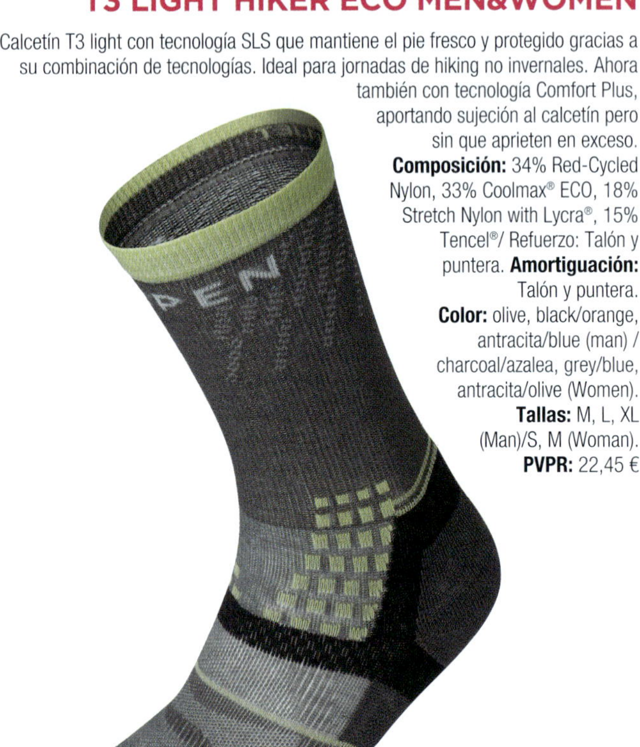

T3 ALL SEASON TREKKER ECO

Calcetín supergrueso y reforzado con construcción T3 de verano para máxima portección en las salidas con calzado duro a temperaturas medias y altas.
Composición:
51% Coolmax® ECO,
19% Red-Cycled Nylon,
15% Stretch Nylon with Lycra®,
15% Tencel®.
Refuerzo: En todo el calcetín.
Amortiguación:
Alta en todo el calcetín.
Color: Black/Orange.
Tallas: S, M, L, XL .
PVPR: 27,95 €

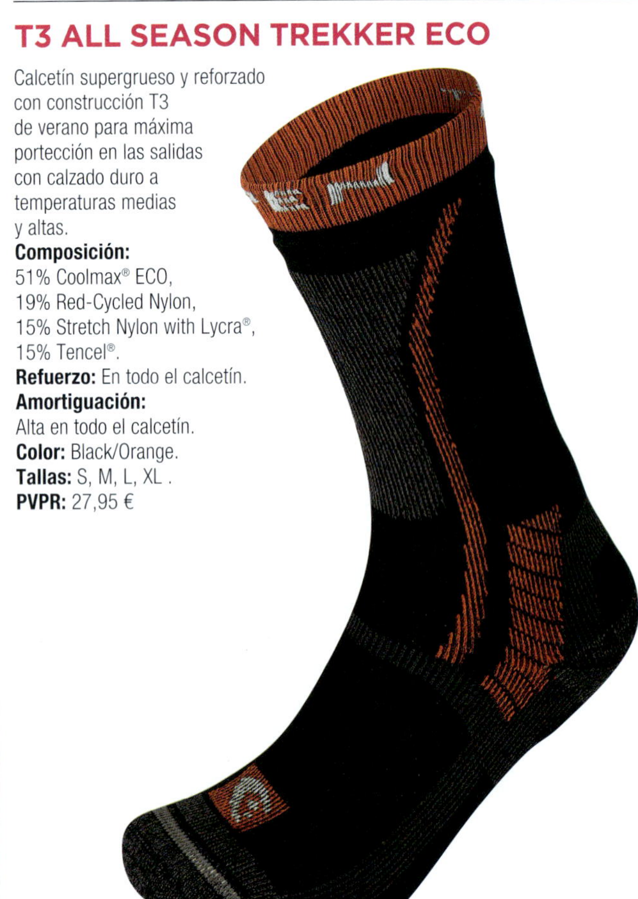

T3 SKI LIGHT ECO MEN & WOMEN

Calcetín T3 con tecnología SLS que mantiene el pie caliente y seco. Ideal para los esquiadores más técnicos que les gusta tener acolchamiento en la zona de la suela y dedos.
Tejido:
36% Red-Cycled Nylon,
31% MerinoWool,
18% Primaloft® ECO,
15% Stretch Nylon with Lycra®.
Color: Green Lime,
Total Black (Man)/Grey, Sweet Red (Woman).
Tallas: M, L, XL (Man) / S, M (Woman).
PVPR: 30,45 €

www.mundsocks.com

CALCETINES

TREKKING/RELAX

Este calcetín de nuestra gama ECO está elaborado con el hilo natural antibacteriano Bambú, que estimula la regeneración de la piel y protege contra los rayos UVA. Este modelo ha sido especialmente diseñado para los períodos de descanso de los peregrinos durante el Camino de Santiago o para senderistas después de la actividad. Su acción terapéutica ayuda al buen descanso de la piel y los músculos. Tiene una tecnología especial de control de la flexión del pie para evitar arrugas y canales especiales de transpiración para la perfecta evacuación del sudor. Grosor fino **Composición:** 80% Bambú, 18% Poliamida, 2% Elastán. **Colores:** Negro. **Peso:** 35 g. **Tallas:** S-XL. **PVPR:** 7,95 €

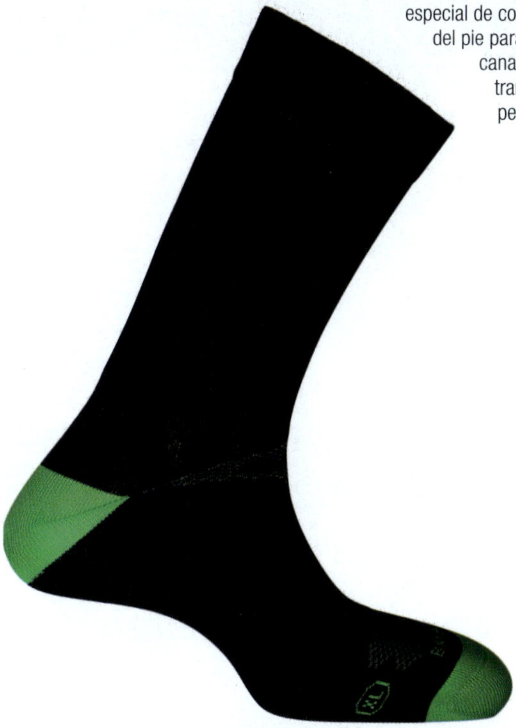

PLOGGING

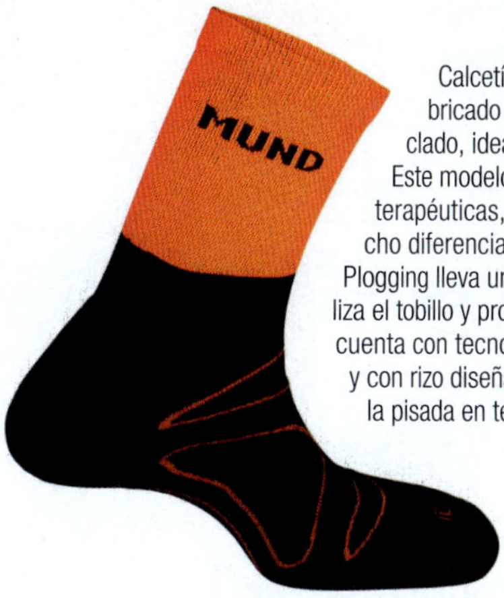

Calcetín deportivo de nuestra línea ECO fabricado con hilo de botellas de plástico reciclado, ideal para la práctica de trekking o trail. Este modelo, con propiedades antibacterianas y terapéuticas, cuenta con el pie izquierdo y derecho diferenciados. Tejido sin costuras, el calcetín Plogging lleva una caña semicompresiva que estabiliza el tobillo y protege el tendón de Aquiles. A su vez, cuenta con tecnología que controla la flexión del pie y con rizo diseñado en la planta del pie para facilitar la pisada en terrenos no uniformes. Grosor medio. **Composición:** 55% Poliéster Repreve®, 21% Poliéster Drytex® Antibacterial, 17% Poliamida, 7% Fibra Lycra®. **Peso:** 58 g. **Tallas:** S-XL. **PVPR:** 11,55 €

SEA

Calcetín de nuestra línea ECO para actividades en altas temperaturas. Con efecto cicatrizante gracias a su elaboración con hilo viscosa de Bambú e hilo viscosa de Algas Marinas SeaCell®. Ambos tejidos son biodegradables y protegen frente a la radiación UVA. El hiloviscosa de Bambú potencia la regeneración natural de la piel mientras elimina las bacterias y malos olores. Sin costuras. Pie izquierdo y derecho diferenciados para una perfecta adaptación al pie. **Composición:** 52% Bambú, 23% Poliéster Seacell®, 20% Poliamida, 5% fibra lycra. **Peso:** 58 g. **Tallas:** S-XL. **PVPR:** 12,95 €

MATERIAL

KOMAROV DMITRY / ADOBESTOCK

ZAPATILLAS DE SENDERISMO

¿Cómo encontrar el par perfecto?

Llega el buen tiempo y estás planteándote renovar tu calzado de montaña. Probablemente ya tengas algún par de botas para media y alta montaña y quieras optar por zapatillas para actividades menos técnicas como son el senderismo o el trekking ligero. Estás de enhorabuena, te vamos a explicar cómo elegir las zapatillas que mejor se van a adaptar a lo que necesitas sin gastar de más ni echar de menos nada.

El relieve y taqueado de la suela del calzado otpimiza su agarre al terreno y ayuda a evacuar el barro, evitando posibles resbalones.

AUNQUE ya las tengamos en la memoria desde siempre, las zapatillas de senderismo son un invento relativamente reciente. Hasta hace unas décadas era impensable realizar ninguna actividad de montaña sin tener el tobillo bien protegido; ni siquiera los primeros pies de gato se plantearon sin caña. Poco a poco se descubrieron las ventajas de prescindir de la caña alta: ligereza, transpirabilidad, comodidad, movilidad y, por qué no decirlo, un menor precio del calzado. En su contra, lo que ya se sabía: menor impermeabilidad y nula protección del tobillo.

Con estos datos parecía claro que el ámbito de uso iba a surgir pronto: actividades poco técnicas en las que la comodidad, la transpirabilidad y la ligereza compensaban la pérdida de impermeabilidad y la protección del tobillo. Todo llevaba a que las zapatillas técnicas iban a ser el calzado apropiado de senderismo estival para gente con cierta experiencia en montaña.

En terreno abrupto como zonas de bloques o piedras sueltas, medias laderas, zonas de charcos o nieve, con tobillos poco entrenados o cargando peso excesivo no son lo más recomendable, pero las ventajas en cuanto a confort en rutas sencillas son innegables.

El lío de las tallas

Hay mucha gente que todavía no tiene claro qué talla exacta usa y no les podemos culpar. El rango de tallas que varían según las marcas y modelos para un mismo pie es inabarcable. Cuando solo se compraba en tienda física esto era un problema menor, pero las compras por internet hacen que tengamos que afinar bien qué es lo que queremos.

Vamos a tratar de explicarlo rápido, asumiendo que nos dejaremos conceptos importantes; existen cuatro sistemas de tallaje usados internacionalmente:

- **Mondo point (MP),** que toma como referencia el centímetro y cada centímetro es una talla.
- **El tallaje europeo (EU),** igualmente basado en el centímetro, pero cada dos tallas son tres centímetros.
- **El tallaje inglés (UK),** con referencia en la pulgada y cada pulgada son tres tallas.
- **El tallaje norteamericano (US)** que es exactamente igual que el inglés, pero su talla 0 son 4 pulgadas de longitud.

Así pues, cada talla de más es un centímetro en mondo point, 0'66 centímetros en tallaje europeo y 0'85 centímetros en tallaje inglés y norteamericano. Es prácti-

JORCH / COLUMBIA

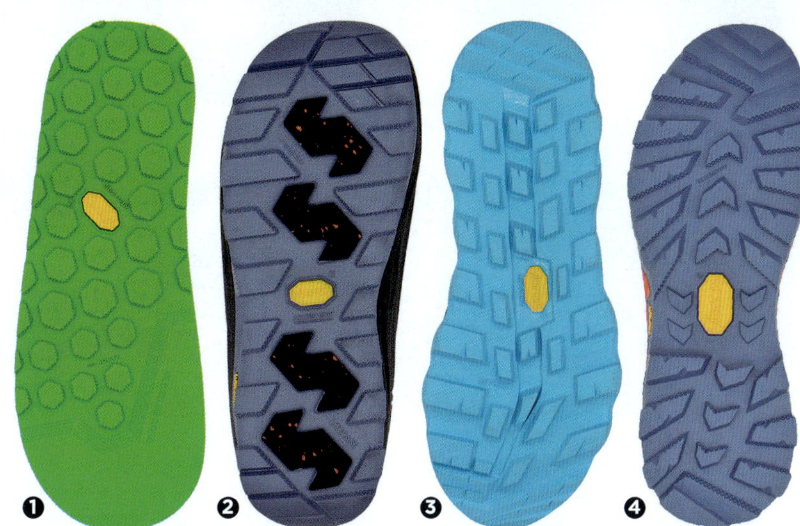

EJEMPLOS DE LA VARIEDAD DE SUELAS VIBRAM

1. Elite Sole Approach, para zapatilla de aproximación y trepadas, con "Climbing zone" o zona de escalada lisa en la punta y tacos planos que aumentan la adherencia.

2. Elite Sole Snowboard, para caminatas en las que puede haber nieve, con tecnología Arctic Grip, que incorpora textil para especial adherencia con hielo o nieve.

3. Suela diseñada para **fast hiking,** o caminatas rápidas, con abundancia de tacos y canales indicados para la expulsión de barro.

4. Suela para **trekking,** con tacos más pronunciados que mejoran el agarre en terrenos irregulares.

camente imposible hacer coincidir tallas exactas en los cuatro sistemas. A eso habría que añadir las diferentes hormas que utilizan las marcas que otorgan un volumen diferenciado incluso entre tallas exactamente iguales.

Asumiendo la dificultad de conocer con exactitud nuestra talla, vamos a despiezar una zapatilla para saber en qué detalles fijarnos para acertar con lo que necesitamos para elegir adecuadamente una zapatilla de senderismo.

La suela

Punto primordial en la elección de una zapatilla de senderismo, aunque no siempre se le presta la atención debida. La calidad de una suela viene determinada por dos claves: el taqueado y la calidad del compuesto.

La geometría de la suela, es decir, el taqueado de la misma responde a las necesidades de agarre según el tipo de terreno que preveamos pisar. En terrenos blandos como nieve, hierba, zonas arenosas o embarradas, unos tacos largos y con buena separación entre ellos permiten un buen agarre y un eficaz drenaje del barro adherido.

Por el contrario, una suela con los tacos planos y anchos permite mucha superficie de contacto con el suelo, siendo la mejor opción en terreno estable como caminos de tierra compacta y rocas.

La calidad del compuesto de la suela determinara su adherencia. Son datos prácticamente imposibles de conocer por motivos bastante obvios de secretos comerciales ocultos por nombres genéricos como caucho sintético o nombres llenos de fantasía y marketing. Ninguna marca quiere dar pistas de qué cantidad y en qué proporción mezclan los diferentes elementos que dan origen a la suela, sabiendo que el poliuretano termoplástico

Arriba, haciendo senderismo por la sierra de Guadarrama, con el calzado apropiado. Abajo, zapatillas específicas para aproximación y trepadas.

COL. GARMONT

FOTOS: COL. MILLET

Detalles de la suela de una zapatilla de trekking y del sistema de ajuste de cordones BOA, que logra máxima precisión. Un buen modelo para senderismo ha de cumplir con las exigencias de buena amortiguación, agarre, transpirabilidad y comodidad.

(TPU) está presente en todas. Desgraciadamente, aquí solo podrás confiar en tu experiencia y en tu intuición -o en la de quien te venda el calzado- para saber, antes de probar la zapatilla sobre el terreno, cómo va a funcionar sobre roca, sobre tierra o sobre superficies mojadas.

Lo habitual es que las zapatillas de senderismo empleen tacos bastante planos para mejorar la superficie de contacto y unas calidades de compuesto de calidad media, dadas las características de la actividad. Así pues, por velocidad de marcha, tipo de terreno e inclinación y exigencias técnicas, no suele precisarse una suela extremadamente técnica para las zapatillas de senderismo.

La mediasuela

La mediasuela es la parte que se ubica entre la suela y la plantilla. Tiene la función de amortiguar y estabilizar la pisada y, para ello, cuenta con una serie de materiales y piezas extra que cambian la configuración y la sensación de la pisada. Determina, además, variables como la flexibilidad y la altura o el drop, que influirán en la forma de pisar mientras caminamos.

La mediasuela es la parte más desconocida del calzado, pero es también la que más va a determinar la longevidad del mismo. Si bien una suela desgastada o un tejido exterior roto nos está dando indicación clara de que esas zapatillas se han ganado una jubilación, la mediasuela permanece oculta de cambios apreciables y solo notaremos la necesidad de cambio cuando comiencen dolores articulares y de espalda cada vez que terminemos de andar.

Existen dos materiales principales de los que suele estar compuesta una mediasuela: el etilvinilacetato (goma EVA) y el poliuretano termoplástico (TPU) que ya hemos mencionado en los compuestos de la suela. Cada uno tiene unas características diferentes, siendo la goma EVA un material muy flexible, ligero y cómodo, pero con una durabilidad no muy alta, y el TPU un compuesto duradero y resistente, pero algo rígido y no especialmente ligero para zapatillas en las que la comodidad y el peso es determinante.

CONSEJOS PARA UNA BUENA EXPERIENCIA CON EL CALZADO

• Prueba todo tu calzado, no solo el de senderismo, siempre a última hora de la tarde. Tus pies estarán dilatados del esfuerzo de todo el día y darán una medida y un volumen bastante parecido al que tendrás en cualquier excursión por montaña.

• Presta atención al ajuste de la zapatilla. No la lleves demasiado suelta, porque provocará rozaduras innecesarias y lesiones en los dedos durante las bajadas, ni demasiado apretada, porque va a implicar incomodidad y problemas de circulación sanguínea. La definición exacta sería que tiene que producir una sensación envolvente, con una sujeción firme del talón y el mediopié y permitiendo espacio y movimiento en los dedos para favorecer la propiocepción. No tengas reparos en reajustar -es decir, atar y desatar- las zapatillas varias veces a lo largo de tu excursión según la dilatación de los pies o las exigencias del terreno.

• No sirve de mucho tener la mejor zapatilla si después va a funcionar con un calcetín que se queda mojado de sudor y no ajusta. Invierte en calcetines de calidad específicos para excursionismo. Observa que tengan materiales transpirables y resistentes al roce (poliéster y poliamida), zonas de protección y almohadillado y un ajuste perfecto (el porcentaje de elastano en este punto es clave). Estas son las razones que te van a permitir disfrutar de la montaña sin molestias.

COL. HAGLÖFS

Llevar el ajuste correcto de las zapatillas es fundamental para tener una buena experiencia.

Como en todos los materiales, no se trata de características cerradas. Existen diversas calidades dentro de un mismo material e incluso diversas combinaciones de los mismos para ofrecer las características deseadas. Muchos fabricantes optan por la combinación de elementos o, cada vez más frecuentemente, mediasuelas con dos densidades diferentes para combinar de la mejor manera amortiguación, ligereza, flexibilidad y longevidad.

Además de los materiales principales, casi todos los modelos cuentan con dos elementos extra que quedan integrados en la mediasuela. Por un lado, tenemos las placas internas, piezas planas con diseños cada vez más elaborados que ayudan al movimiento del pie durante la marcha con una acción de flexión y extensión y a su vez protegen al pie de la sensación desagradable al pisar terrenos abruptos con piedras angulosas o ramas. Por otro lado, los estabilizadores, que suelen colocarse en los laterales corrigiendo la pisada (pronación, supinación) y evitando torsiones indeseadas para proteger al tobillo incluso en casos como los que estamos tratando de zapatillas sin caña. Muchas veces, estos estabilizadores trascienden la ubicación de la mediasuela y se integran en la parte superior de la zapatilla, creando una sensación envolvente de seguridad.

JORCH / COLUMBIA

El upper

El tecnicismo upper hace referencia a la parte superior del calzado, concretamente a los elementos textiles exteriores. Puede estar realizado básicamente en dos tipos de material: fibras sintéticas (poliamida casi siempre) en forma de tela tupida o mesh más transpirable, o cuero en sus diversas calidades como ante o piel vuelta, nobuck o piel flor y serraje.

Aunque el cuero sigue teniendo su clientela fiel, lo cierto es que la revolución de los polímeros sintéticos ha conseguido materiales increíblemente ligeros y transpirables con una resistencia inimaginable hace años. Las ventajas del cuero ahora prácticamente han quedado relegadas al criterio estético y, por el contrario, características como el mayor peso, la menor transpirabilidad y un excesivo aislamiento térmico nada valorado en verano, son difícilmente deseadas en una actividad como el senderismo estival.

El upper suele contar con refuerzos en puntera y laterales, que protegen tanto de los golpes fortuitos como de eventuales roces que podrían dañar el calzado. Las piezas más reforzadas suelen ser la puntera, un lugar especialmente pródigo a golpearse y rozarse, y los laterales exteriores. En estos casos, una vez más, vuelve a aparecer el TPU como material principal en la protección de las zapatillas.

Los cordones siguen siendo la elección preferente como sistema de ajuste. Su amplia aceptación, su precio económico y su facilidad de sustitución al final de su vida útil hace que casi todo el mundo se decida por este tradicional sistema. No obstante, algunas marcas ofrecen modelos con sistemas alternativos de ajuste, como sistema BOA (cordonaje mediante dial integrado) o Quicklace (tirador rápido), bastante eficientes y rápidos, pero quizás demasiado técnicos en una actividad que no requiere de tanta prisa.

¿Zapatillas impermeables o no?

A la pregunta más habitual vamos a dar la respuesta menos comprometida posible: depende. La tendencia desde siempre en la clientela ha sido la de elegir unas zapatillas impermeables por lo que pueda venir. Como criterio de compra no está mal, pero quizás tenemos que volver a sacar la balanza de pros y contras para analizar si realmente necesitas una membrana impermeable en tus zapatillas.

Las ventajas son evidentes: en caso de cruzar arroyos, pisar charcos o transitar una zona con hierba húmeda, algo muy habitual a primera hora de la mañana, tus pies van a permanecer secos, siempre y cuando no pase agua por la boca de la zapatilla, obviamente. Así pues, parece, a priori, una gran opción.

Sin embargo, unas zapatillas con membrana impermeable son menos transpirables y menos ventiladas que otras que no la lleven. Esto provoca que, en condiciones de mucho calor, sintamos incomodidad por la temperatura y una sudoración excesiva que puede devenir en arrugas en los calcetines por acumulación de humedad y las temidas ampollas.

Así pues, aunque un calzado impermeable nos va a dar unas posibilidades de uso mucho más amplio, para diversos terrenos y épocas del año la recomendación es evitar las zapatillas de senderismo con membrana impermeable si nuestra actividad se va a realizar en condiciones de calor y sin posibilidades reales de tener que pisar zonas muy húmedas.

Redacción DESNIVEL

PRODUCTO PROBADO *Por Miguel ESCRIG*

BOTAS PUEZ KNIT MID POWERTEX DE SALEWA

Comodidad en todos los terrenos

Fabricante: Salewa (Italia).
Distribuidor: Salewa.
Actividad recomendada: senderismo y trekking.
Materiales: nailon, poliéster ripstop, membrana Powertex®.
Peso: 480 g (9UK).
Tallas: 39 a 48,5 (hombre) y 35 a 43 EU (mujer).
Colores: negro, azul y gris (hombre), y negro, crema y rojo (mujer).
PVP aprox: 250 €.

LA marca italiana Salewa indica que sus nuevas botas Puez Knit Mid Powertex están diseñadas para proporcionar una pisada agradable y una gran comodidad para todo tipo de caminatas por montaña. Tal y como he podido comprobar este confort es real y se debe, sobre todo, a su parte superior confeccionada en nailon de punto y poliéster ripstop que ofrece una sujeción sin compresión (ya que es elástica) que se ajusta perfectamente en la zona del tobillo, evitando también la entrada de piedras o nieve en la bota. Este tejido es más resistente de lo que aparenta a simple vista. Su versatilidad se ve incrementada por la inclusión de la membrana impermeable y transpirable Powertex®, que está fabricada sin PFCs.

Las he utilizado en diferentes terrenos de los Pirineos, desde zonas más técnicas y rocosas a caminos con barro. En todos los casos han cumplido y superado mis expectativas por su ligereza y por el gran agarre y, por lo tanto, por la seguridad que me han aportado en momentos de aproximación a las paredes por zonas más expuestas. Esto, en gran medida, es gracias a la suela Alpine Trekker de la marca PomocaTM, que proporciona agarre y tracción en terrenos técnicos. También se debe a la estabilidad, sin dejar de lado la rigidez , que aporta el sistema Edging Plate (marco termoplástico integrado en la plantilla que regula la flexión-rigidez).

VALORACIÓN GENERAL ★★★★☆

Ligereza	★★★★☆	Impermeabilidad	★★★★☆
Comodidad	★★★★★	Diseño	★★★★☆
Versatilidad	★★★☆☆	Precio	★★★☆☆

Otra de las características que más me ha gustado es el refuerzo en la zona del talón y de la puntera, que te da un extra de estabilidad y sujeción, unidas entre sí por una banda de goma lateral protectora. Además, para aumentar esta estabilidad, como gran parte de las botas Salewa, su diseño cuenta con el sistema 3F que conecta el empeine con la suela y el talón mediante una estructura con cable de Kevlar, y que sientes que "abraza" el pie.

La amortiguación es notable, y viene de su entresuela de doble espuma EVA, pero además en la zona del antepié incluye una entresuela Alpine Hemp, que está confeccionada con tejido de cáñamo reciclado, siendo por tanto una opción sostenible y respetuosa con el medio ambiente. Igualmente la plantilla es de malla reciclada y es personalizable.

Cuenta con un sistema de cordones tipo "escalada", muy fáciles de atar, que permite un ajuste cerrado en la puntera para tener más precisión en los terrenos técnicos, y que están fabricados también con criterios sostenibles, con una mezcla de cáñamo y poliéster reciclado (e incluye además un juego de cordones adicionales en la caja).

COL. MIGUEL EXCRIG

Puntos fuertes: su combinación de ligereza y comodidad, sin dejar de lado la seguridad y estabilidad, la convierten en una buena elección para cómodos trekking e incluso para actividades más técnicas.

www.salewa.com

PRODUCTO PROBADO *Por Jesús VELASCO*

SCRAMBLER MID II DE XERO SHOES

Bota "barefoot", minimalista y ligera

Lo que más destaca de esta bota de senderismo es su minimalismo y ligereza; de hecho, cuando la tuve en las manos lo primero que pensé es "con esto voy a terminar con dolor de pies después de varias horas de marcha", pero, sorprendentemente, la construcción de los distintos elementos de la bota le proporciona dureza y flexibilidad, aportando buena amortiguación y en definitiva haciendo que sea cómoda. La explicación para esto principalmente está en la suela, que está realizada con la colaboración del conocido fabricante de ruedas Michelín. Incluye una plantilla TrailFoam™ que le aporta amortiguación y tiene unos tacos pequeños que, según indica la firma, están diseñados para que sea eficaz en los puntos de mayor fricción de la pisada. He podido comprobar que esto es cierto especialmente en terreno rocoso y de piedra suelta, donde funciona bien, aun manteniendo la tradicional suela delgada, marca de la casa.

En cuanto a su horma, es una bota que encajará especialmente bien para quienes tengan pie tipo cuadrado y egipcio, logrando una transmisión más efectiva de la pisada. En mi caso, que tengo pie griego, he notado que me sobra algo de espacio en la puntera. Esto no es problema porque con los cordones, con el paso por las trabillas textiles, se consigue un ajuste óptimo, haciendo que la bota se adapte bien al pie y a la zona del tobillo, que queda bien protegido y firme. Incluye además un enganche para la polaina, si bien hay que tener en cuenta que, al no llevar membrana impermeable, la zona de los dedos no quedará protegida.

Que no lleve membrana, además de aligerar la bota, es una ventaja en cuanto a su transpirabilidad. La he utilizado en días de calor y he notado que la humedad generada por el pie no se queda dentro. Es un calzado para temperaturas estivales, no para días de lluvia o nieve.

Me ha gustado también las protecciones que tiene en la puntera y los laterales, que ayuda a evitar el desgaste prematuro de la bota, ya sea por las irregularidades del terreno o por los posibles impactos que se puedan producir durante la marcha. También la zona del tobillo viene acolchada para mayor confort. El upper es resistente a la abrasión y está laminado, por lo que se evita las debilidades de las costuras.

Por dentro está forrada con un tejido en forma de celdas que resulta muy cómodo, que ayuda a conservar el calor del pie sin impedir la transpirabilidad. Aunque no es lo recomendable, este tejido interior agradable al tacto podría servirnos incluso para llevar la bota sin calcetín en caso de necesidad. La lengüeta está acolchada y cosida al cuerpo de la bota con tejido elástico proporcionando el ajuste necesario y evitando que se mueva. La plantilla es fina y está preformada, para adaptarse bien al pie, y también es extraíble para su lavado, con orificios en la cara inferior para mejorar la transpirabilidad y la ligereza.

Puntos fuertes: una bota con peso aún inferior a la media de las zapatillas que se adapta bien al pie y con una buena suela.

VALORACIÓN GENERAL	★★★★☆		
Ligereza	★★★★★	Transpirabilidad	★★★★☆
Comodidad	★★★★☆	Agarre	★★★★☆
Impermeabilidad	★★☆☆☆	Precio	★★★☆☆

COL. JESÚS VELASCO

Fabricante: Xero Shoes (EE.UU.).
Distribuidor: Xero Shoes.
Actividad recomendada: senderismo y trekking.
Materiales: upper sintético, TrailFoam™, suela Michelin.
Peso: 332 g medio par (nº 42).
Tallas: 39,5 a 48 EU en versión masculina, y 35 a 42,5 en femenina.
Colores: marrón, gris y negro (masc); marrón y crema (fem).
PVP aprox: 180 €.

PRODUCTO PROBADO *Por Dioni SERRANO*

ZAPATILLA TALAIA DE BESTARD

El sabor de lo tradicional

Fabricante: Bestard (España). **Distribuidor:** Bestard. **Actividad recomendada:** senderismo, montañismo de nivel medio bajo, aproximaciones, viajes y uso en ciudad. **Materiales:** cuerpo piel serraje con protección de goma natural en la punta con Megagrip. Suela Vibram® Tubava más EVA. Forro Gore-Tex Most Breathable. **Peso:** 965 g/par (EU 42). **Tallas:** 36 a 48. **PVP aprox:** 172,90 €.

SI fuera juez tendría que haber rechazado esta prueba por un conflicto de intereses. Me explico. Durante muchos años he venido utilizando unas zapatillas de la marca mallorquina muy parecida a la que traemos entre manos –o, para ser más exactos, entre pies–; un calzado que conservo en el zapatero ya más por motivos sentimentales que prácticos. Las compré porque me gustan las zapatillas –y el calzado en general– "discretas" y con un aspecto tradicional. Las Talaia (un nombre que en castellano significa atalaya) responden a todos estos adjetivos, así que ¡cómo ser objetivo a la hora de juzgarlas!

Calzarlas y caminar con ellas fue un déjà vu: la misma sensación de consistencia, comodidad y confianza, pero con un punto de ligereza y flexibilidad mayor que la del viejo modelo cuyo nombre no recuerdo. Todo en la Talaia rezuma tradición: su horma algo asimétrica, su cuerpo de piel serraje (salvo la lengüeta que es sintética y, por fortuna, no excesivamente gruesa), su cordonaje continuado hasta la puntera con los clásicos ojales metálicos, su protector de goma en la puntera, su sufrido color –la única excentricidad que se permite es un pespunte de color rojo–... pero, si tengo que destacar algo, destacaría su excelente agarre que debe a la suela Vibram Tubava (una suela que utiliza una goma con unas excepcionales propiedades de adherencia incluso en terreno mojado, llamada Megagrip), unido a una magnífica estabilidad. El asunto de la amortiguación está delegado a una media suela de EVA algo sobre elevada en el talón (drop).

VALORACIÓN GENERAL	★★★★☆		
Comodidad	★★★★★	Ligereza	★★★☆☆
Polivalencia	★★★★★	Agarre	★★★★★
Diseño	★★★★☆	Precio	★★★★☆

FOTOS: DIONI SERRANO

Resumiendo, las Talaia son unas zapatillas muy fiables que sirven tanto para un roto como para un descosido. Satisfarán tanto al caminante de larga distancia como al escalador que necesita un calzado relativamente ligero pero con buena capacidad de agarre para llegar al pie de vía, pasando por los que suben a montañas de media entidad por un terreno escabroso, sin dejar de lado que, por su elegante clasicismo, pasará desapercibida en la ciudad, si es que así se desea. Sólo pongo un pero –un pero que podríamos hacer extensible a muchas otras zapatillas de montaña– ¿Por qué sí o sí tiene que llevar Gore-Tex? Personalmente, creo que esto reduce mucho su comodidad en verano, aunque innegablemente estaremos más protegidos en caso de tormenta.

Puntos fuertes: muy buen agarre, comodidad y un diseño elegante y clásico.

https://bestard.com

PRODUCTO PROBADO *Por Eva MARTOS*

ZAPATILLAS KONOS TRS OUTDRY DE COLUMBIA

Muy cómodas y ligeras

LA casa estadounidense Columbia ha lanzado bajo la denominación de "Omni-Max" una gama de calzado de senderismo que engloba una serie de tecnologías que buscan una mayor comodidad, estabilidad y agarre. Esta zapatilla Konos forma parte de esa gama y por tanto incluye todas esas funcionalidades, que cumplen los objetivos propuestos, como hemos podido comprobar durante unas cuantas horas de agradables caminatas primaverales por la sierra de Guadarrama.

En primer lugar salta a la vista lo gruesa que es su suela, que se aprecia cuando te la calzas y te pones a caminar con ella, sintiendo una total amortiguación y absorción de los impactos. Además, por el especial diseño de la plantilla, te ayuda a la propulsión de la pisada, es decir, notas que te "ayuda" a caminar. Es un calzado orientado al senderismo por terrenos no excesivamente técnicos (no dispone de elementos como refuerzos laterales o de puntera, más propios de una zapatilla de trekking o de aproximación). Su bajo peso se siente en los pies, facilitándote ir rápido y ligero (para los nuevos adeptos al "fast-hiking" tan de moda), pero también para disfrutar tranquilamente de cada paso.

VALORACIÓN GENERAL	★★★★☆		
Ligereza	★★★★★	Impermeabilidad	★★★★☆
Amortiguación	★★★★★	Polivalencia	★★★☆☆
Transpirabilidad	★★★★☆	Precio	★★★★☆

FOTOS: @JORCHALON

Lleva el sistema impermeable y transpirable OutDry el cual, a diferencia de la más conocida membrana Gore-Tex, es un sistema de construcción en el que la membrana va adherida directamente al tejido del calzado (no a modo de botín independiente), con lo que la integración que logra es completa, sin costuras ni pliegues y aportando además mayor transpirabilidad. Esto lo he podido comprobar en jornadas de caminatas con calor, en las que el pie se ha mantenido fresco (también ayuda llevar un calcetín adecuado) y seco, incluso pisando los charcos o ríos intencionadamente, para comprobar su eficacia.

La suela AdapTrax (100% de caucho) no tiene unos tacos excesivamente pronunciados. Ha demostrado un buen agarre por caminos de tierra, praderas de hierba y placas de roca.

Su estética, con un diseño elegante y sobrio, hace que sea un calzado muy ponible para cualquier actividad diaria.

Puntos fuertes: una zapatilla súper cómoda y ligera que no nos querremos quitar en nuestras caminatas por el monte y en el día a día.

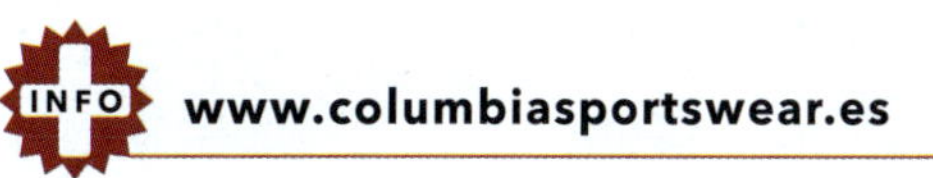

www.columbiasportswear.es

Fabricante: Columbia (EEUU).
Distribuidor: Columbia.
Actividad recomendada: senderismo, uso diario.
Materiales: Empeine: 100 % poliéster; mediasuela: 100 % POE (elastómero de poliolefina); suela: 100 % caucho; plantilla: 100 % PU; forro: 100 % poliéster.
Peso: 269 g (medio par talla 38).
Tallas: 36 a 43 EU.
Colores: azul oscuro, negro y blanco/rosa.
Versiones: también disponibles sin Outdry, en versión masculina (más tallas y colores).
PVP aprox: 120 €.

PRODUCTO PROBADO *Por Rafael GÓMEZ*

ZAPATILLAS ANACAPA 2 MID GTX DE HOKA

Senderismo cómodo y con buena amortiguación

Fabricante: Deckers Brands (EE.UU).
Distribuidor: RUNNING KING S.A.U..
Actividad recomendada: trekking, senderismo, aproximaciones, uso diario...
Materiales: Nobuk impermeable, membrana Gore Tex, Suela Vibram Megagrip, entresuela goma EVA (30% materiales reciclados).
Peso: 510 g (44 eu).
Tallas: 40 a 49 (hombre) y 36 a 42 EU (mujer).
Colores: 2 colores distintos en cada versión.
PVP aprox: 180 €.

LAS nuevas botas de senderismo HOKA Anacapa 2 Mid GTX se presentan como unas excelentes compañeras para nuestras salidas al monte. Con un diseño innovador, muy fáciles de calzar gracias al talón Swallow-Tail (diseñado por la marca) proporcionando un ajuste firme del pie. A pesar de ser unas botas de caña media, gracias a la mejora de los materiales y diseño respetuoso con el medio ambiente, hacen que la bota sea más cómoda, ligera y resistente que sus predecesoras.

Las zonas que sufren mayor desgaste vienen reforzadas con piel de Nobuck impermeable (Con el sello Gold del Leather Working Group), el resto de la zona superior (Upper) está confeccionada con malla reciclada de tipo botín de GORE-TEX con un 71% de poliéster reciclado, proporcionando la máxima impermeabilidad y transpiración. La entresuelo ligera de EVA con 30% de caña de azúcar aporta gran absorción y estabilidad en la pisada. Para el contacto con el suelo han elegido la suela VIBRAM Megagrip que indudablemente ofrece un agarre excelente en cualquier tipo de terreno, incluso en mojado. Acabadas con ganchos metálicos para los cordones y puntera reforzada con caucho.

Durante la primera semana de usarlas lo que más me sorprendió fue su absorción del impacto y su ligereza. Se agradece la cinta que tienen en el talón para poderlas colgar en el arnés durante las escaladas. Por la suela que llevaban no dudaba de su agarre en tierra pero también respondieron más de lo que esperaba en la la roca, incluso mojada. Tras cruzar varios arroyos y atravesar praderas con el rocío de la mañana puedo confirmar que no entra el agua. La segunda semana me acompañaron a escalar en el Pirineo, haciendo aproximaciones y los descensos a la Peña Montañesa y Peña de Sin. Este terreno es todavía un poco más agresivo que el de la Sierra del Guadarrama, donde hemos caminado por bosques con fuerte inclinación y pedreras de calizas afiladas. Las botas han respondido muy bien a estas semanas de actividad y parece que durarán bastante más tiempo.

VALORACIÓN GENERAL ★★★★☆

Ligereza	★★★★☆	Impermeabilidad	★★★★★
Comodidad	★★★★★	Ajuste	★★★★☆
Sostenibilidad	★★★★★	Precio	★★★☆☆

COL. RAFA GÓMEZ

Puntos fuertes: Botas muy cómodas, impermeables y transpirables. Proporcionan una gran absorción de la pisada además de una firme sujeción del tobillo. Son muy ligeras y con un diseño innovador. Perfectas compañeras para todo tipo de rutas en media montaña.

PRODUCTO PROBADO *Por Josito FERNÁNDEZ*

ZAPATILLAS FLASH-TRAIL DE HI-TEC

Versátil, para caminar o correr por terreno sencillo

DURANTE varias semanas he estado probando las nuevas zapatillas Flash Trail de la marca Hi-Tec, ideales para realizar senderismo e iniciarte en las carreras de montaña. Por su ligereza también las he utilizado como zapatilla de aproximación, para facilitar la bajada y después realizar alguna vía larga de escalada.

A destacar la comodidad en la pisada y el agarre en todo tipo de terreno, tanto en tierra como en hierba o roca. La entresuela de EVA moldeada junto con la plantilla Ortholite de recuperación lenta ofrece una amortiguación suave y receptiva en cada paso. La anchura de la base del talón y el sobredimensionamiento de la entresuela en la zona del puente dan una buena estabilidad en la pisada. Su suela de caucho con la tecnología M-D Traction y el diseño de los tacos ofrecen un agarre destacable en todo tipo de terrenos.

En general transpiran bastante bien, gracias al tejido de la malla y el forro interior en la zona del talón y sobre la plantilla, los pies se mantienen bastantes frescos y cómodos durante todo el recorrido. Incluyen un refuerzo de caucho en la puntera y talón para una mayor durabilidad y protección contra impactos.

VALORACIÓN GENERAL ★★★★☆			
Ligereza	★★★★☆	Transpirabilidad	★★★★☆
Comodidad	★★★★☆	Ajuste	★★★☆☆
Polivalencia	★★★☆☆	Precio	★★★★☆

COL. JOSITO FERNÁNDEZ

La lengüeta para mi gusto es demasiado fina, aunque está sobredimensionada en los puntos estratégicos de contacto, pero personalmente las prefiero que sean más gruesas. Por su relación de calidad-precio son unas zapatillas ideales para comenzar a caminar/correr por la naturaleza y ofrecen un rendimiento muy bueno en terrenos variados de montaña.

La conjunción de colores y la composición del diseño de la zapatilla es divertido y atrevido, ideal para personas *"fashion"*.

Puntos fuertes: Agarre perfecto en terreno de tierra y hierba. Comodidad en la pisada. Para todos los bolsillos.

INFO **www.hi-tec.com**

Fabricante: Hi-Tec (EE.UU.).
Distribuidor: Hi-tec.
Actividad recomendada: senderismo, iniciación al trail.
Materiales: M-D Traction.
Peso: 345 g (nº 42).
Tallas: 9-47 EU en versión masculina, y 35 a 42,5 en femenina.
Colores: Negro, Gris/azul/naranja.
PVP aprox: 63 €.

PRODUCTO PROBADO *Por Jesús VELASCO*

ZAPATILLAS MOAB SPEED 2 GTX DE MERRELL

Caminatas rápidas con seguridad

Fabricante: Merrell (España).
Distribuidor: Merrell
Actividad recomendada: trekking, fast-hiking, senderismo.
Materiales: empeine de nailon ripstop y TPU, membrana GORE-TEX®, suela Vibram® TC5+.
Peso: 350 gramos.
Tallas: 40 a 50 EU.
Drop: 10 mm.
Versiones: amplia variedad de colores, tanto para hombre como para mujer, con o sin Gore-Tex.
PVP aprox: 170 €.

YA la primera versión de estas zapatillas, la Moab Speed, estaba orientada a los trekkings largos, en los que necesitamos amortiguación y estabilidad para caminar mucho tiempo. Esta nueva versión ha incluido alguna mejora que toma del mundo del trail running, consiguiendo un calzado ligero y con buena propulsión, que te permite ir rápido pero a la vez te da el agarre y estabilidad de una zapatilla de trekking.

Entre otras cosas, incorpora una mediasuela con un 30% más de espuma. También lleva una placa "FlexPlate" que aporta estabilidad en terrenos irregulares, evitando la torsión. Por ejemplo cuando vamos por una pedrera o en alguna aproximación. La lengüeta es de tipo fuelle, de forma que impide la entrada de tierra o piedrecitas por esa zona.

Los materiales del upper son muy resistentes, de nailon ripstop y TPU, lo que he podido comprobar caminando por terreno rocoso, con vegetación... sin que la zapatilla haya sufrido daños. Todas estas mejoras hacen que las Moab Speed 2 sean un poco más pesadas que la versión anterior pero siguen estando dentro de la categoría de zapatillas ligeras.

VALORACIÓN GENERAL	★★★★☆		
Ligereza	★★★★☆	Confort	★★★★★
Ajuste	★★★★☆	Agarre	★★★★☆
Transpirabilidad	★★★★☆	Precio	★★★★☆

FOTOS: COL. JESÚS VELASCO

La suela es Vibram® con un diseño de Traction Lug de tacos pequeños se agarra muy bien al terreno, especialmente por rocas, senderos de tierra suelta o hierba... Su forro de Gore-Tex funciona como se espera en cuanto a su impermeabilidad y buena transpirabilidad.

Desde el punto de vista medioambiental me ha gustado ver que gran parte de los materiales con los que está fabricada son reciclados: desde los cordones, los refuerzos, el forro de malla (todo 100% reciclado) y la plantilla extraíble de espuma EVA (50 % reciclada).

El sistema de ajuste mediante cordones incorpora un ojal adicional en la parte superior que logra ese punto más de ajuste para que la zapatilla nos quede perfectamente.

Las he podido probar caminando tanto sin peso como cargado con una mochila por senderos principalmente de la sierra de Guadarrama y de Gredos, comprobando su comodidad tras horas de caminata.

Puntos fuertes: a medio camino entre zapatilla de trekking y de trail running, con buen agarre y estabilidad.

www.merrell.com/ES

PRODUCTO PROBADO *Por Curro GONZÁLEZ*

BOTAS LOWA RENEGADE EVO GTX DE LOWA

Para llegar a cualquier lado

EL modelo Renegade es todo un clásico de la casa Lowa, que la firma lanzó hace más de 25 años. Probablemente es su modelo más exitoso en cuanto a botas de trekking porque es un calzado versátil para montaña que reúne las características necesarias de comodidad, estabilidad, impermeabilidad/ transpirabilidad y buen agarre de la suela. A todo esto se añade un diseño clásico y elegante, estando por tanto destinado a un público amplio.

Esta nueva versión «Renegade Evo GTX» añade algunas mejoras respecto al modelo anterior: han cambiado un poco la construcción del upper haciendo que la zona del empeine vaya con una sola pieza, lo cual elimina muchas costuras y hace que el cuero Nobuk con el que está fabricado se adapte perfectamente al pie, sin generar roces. Además, de esta forma elimina los puntos débiles de las costuras. También es nueva la suela, con dos componentes que absorben los impactos y con goma Vibram® Rene-Trac, que consigue muy buen agarre, incluso en terreno húmedo y embarrado.

Durante las actividades (en aproximaciones de escalada, algunas bastante largas y por terreno irrgular) realizadas me han sorprendido las botas sobre todo por su buena amortiguación. Esto es gracias a su entresuela, que está construida con un plástico que favorece el efecto rebote, además de hacerlas ligeras y funcionalmente flexibles.

VALORACIÓN GENERAL ★★★★☆

Ligereza	★★★★☆	Agarre	★★★★☆
Ajuste	★★★★☆	Impermeabilidad	★★★★☆
Protección	★★★★☆	Precio	★★★☆☆

FOTOS: COL. CURRO GONZÁLEZ

Han demostrado buena estabilidad incluso en terreno irregular, gracias al marco especial que rodea la entresuela (al que la firma llama Cross Over Frame). Cuentan también con la garantía de la membrana Gore-Tex, que las hacen impermeables y resistentes al viento, a la vez que no compromete su transpirabilidad. Por su altura, protegen muy bien la zona del tobillo, sujetándolo eficazmente.

Tras caminar durante horas con ellas subiendo y bajando por caminos de tierra y pedreras, he podido apreciar su comodidad, estabilidad y buen agarre. En cuanto al ajuste, yo tengo una horma de pie estrecha pero, gracias al preciso cierre de cordones que ofrecen, me quedan perfectas.

Puntos fuertes: una bota multifuncional, de corte clásico, para realizar actividades de trekking o senderismo de uno o varios días, que combina la comodidad y la ligereza.

Fabricante: Lowa (Alemania).
Distribuidor: Megasport.
Actividad recomendada: trekking, aproximaciones...
Materiales: Material superior piel Nobuk, forro Gore-Tex y suela Vibram® Rene Trac.
Peso: 1150 g/par (8 UK).
Colores: marrón, gris, negra y ocre.
Tallas: 40 a 51 EU.
Versiones: disponible tanto en versión masculina como femenina, así como en versión de caña baja.
PVP aprox: 230 €.

www.lowaboots.com

PRODUCTO PROBADO *Por Rafael GÓMEZ*

SANDALIAS HYDRATREK DE TEVA

Buen agarre en terrenos acuáticos

Fabricante: Teva (EE.UU).
Distribuidor: OUTDOOR KING.
Actividad recomendada: senderismo ligero, actividades acuáticas, uso diario...
Materiales: plástico reciclado REPREVE, entresuela y suela exterior Regrind.
Peso: 270 g.
Colores: negro, marrón y camuflaje. También disponible en versión femenina con otras tallas y colores.
Tallas: 38,5 a 48,5 eu.
PVP aprox: 90 €.

SANDALIAS que destacan por su tracción en terrenos acuáticos, que se debe a la incorporación de una tecnología innovadora de suela. Inspirada en el agarre de la rana arbórea, la suela exterior presenta un diseño único que maximiza la superficie de contacto y facilita la dispersión del agua bajo los pies. Su textura proporciona buen agarre del pie en la sandalia, rematado con correas de secado rápido hechas de plástico 100% reciclado utilizando hilo de poliéster REPREVE® rastreable y verificable. Además las correas están acolchadas en las zonas de mayor fricción, manteniendo el confort incluso cuando las ajustas con firmeza.

Cierre mediante velcro que se pone y se quita rápidamente para conseguir el ajuste deseado. La correa en la talonera me gusta especialmente porque te ayuda a personalizar el ajuste de la sandalia, pudiendo adelantar o atrasar el pie a placer. Excelentes aliadas para la temporada estival, perfectas para nuestras tardes de río y paseos tranquilos

He podido disfrutar estas sandalias durante un par de semanas haciendo pequeños paseos por el Valle de la Fuenfría, algún recorrido acuático por ríos de la sierra madrileña y las pozas de la sierra de Gredos. Además hice dos aproximaciones cortas en la Pedriza. Evidentemente, no es el mejor calzado para hacer senderismo, pues no ofrece la protección de los dedos ni cumple con los requisitos de sujeción y refuerzo que se le exigen una zapatilla de trekking. Pero teniendo en cuenta el uso para el que está destinado, es un calzado fiable y cómodo, con una suela que agarra bien en terreno mojado o dentro del agua. Lleva además una plantilla de espuma EVA (hecha un 30% de material reciclado),que aporta buena amortiguación. Agradeceremos ponérnoslas después de actividades intensas donde necesitemos darles un buen descanso y respiro a nuestros pies. Su comodidad y estética hace que sean igualmente muy útiles para el día a día en los calurosos días de ciudad, garantizando la frescura en los pies.

VALORACIÓN GENERAL	★★★★☆		
Comodidad	★★★★☆	Agarre	★★★★☆
Ajuste	★★★★☆	Amortiguación	★★★★☆
Resistencia	★★★★★	Precio	★★★☆☆

FOTOS: RAFA GÓMEZ

Puntos fuertes: sandalias muy cómodas y rápidas de ajustar. Suela innovadora con buen agarre en terrenos acuáticos. Utilización de materiales reciclados y verificados.

www.elcorteingles.es/teva/deportes

CALZADO

www.aku.it

ALTERRA II GTX

Una todo-terreno, diseñada para terreno mixto de dificultad media y hikings de largo recorrido. **Características:** El sistema de cordones asimétrico, combinado con la construcción de la lengüeta en tejido Gore-Tex stretch, garantiza una gran precisión de ajuste y confort. Suela con tecnología Vibram Weave bi-material que combina la durabilidad del poliuretano con la amortiguación de la goma EVA reciclada para una excelente adherencia y comodidad por superficies irregulares. La horma y plataforma están diseñadas con la exclusiva tecnología Elica Natural Stride System que optimiza el movimiento natural del pie. Fabricadas en Europa. Upper: piel gamuza 1.6 mm + tejido stretch. Protecciones: Liba® Smart PU. Membrana: Gore-Tex® More Seasons. Suela: Vibram® Alterra II. Media-suela: Poliuretano + EVA. Plantilla interior: Custom Fit Soft. **Peso (½ par):** 655 g (H) / 540 g (M). **PVPR:** 269,90 €

LEVIA GTX

Propuesta para fast-hiking y senderismo por terreno poco exigente o actividades de ocio en la naturaleza. Agilidad, ligereza y transpiración forman parte del ADN de esta zapatilla.

Características: Empeine confeccionado en rejilla 3D ultra-ligera y transpirable. Suela Tenuta Grip de gran adherencia con diseño y compuesto exclusivo de AKU. Protecciones: bandas PU termosoldadas y relieves 3D. Membrana Gore-Tex® More Seasons. Media-suela EVA doble-densidad. Plantilla montada: 2 mm nylon (rigidez), EVA microporosa (amortiguación). Plantilla interior Ortholite® Hybrid – parcialmente reciclada.

Peso (½ par): 395 g (H) / 330 g (M). **PVPR:** 149,90 €

LINK GTX

Calzado outdoor ligero y dinámico perfecto para hikings por senderos o terreno compactado. **Características:** Diseño depurado con horma confortable en la zona frontal y talón recogido. Banda de protección de goma en puntera y talón resistente a la abrasión. El empeine cuenta con lengüeta independiente y linner interior en Gore-Tex stretch para mayor confort y ajuste al pie del usuario. Talón con estructura asimétrica en TPU para aportar firmeza y amortiguación donde es más necesario. Upper: piel gamuza 1,6 mm + tejido transpirable AIR8000®. Protecciones upper: Goma. Membrana: Gore-Tex® More Seasons. Suela: Vibram® Pepe con compuesto MegaGrip. Media-suela: EVA micro-porosa + PU. Plantilla montada: 1,5 mm nylon (rigidez), EVA micro-porosa (flexibilidad). Plantilla interior: Custom Fit Soft. **Peso (½ par):** 460 g (H) / 410 g (M). **PVPR:** 219,90 €

REACTIVE GTX

Calzado outdoor con diseño deportivo para hikings de día por terreno mixto y con poca carga. **Características:** Sistema de cordones asimétrico y bandas en TPU en la base del collarín para conseguir un perfecto ajuste al tobillo. Talón con goma EVA de doble densidad y suela Tenuta Grip desarrollada por AKU para proporcionar un rendimiento efectivo en amortiguación y estabilidad en todo tipo de terreno. La horma y la plataforma están diseñadas con la exclusiva tecnología Elica Natural Stride System. Uppe: piel gamuza 1,6MM + tejido transpirable AIR8000®. Protecciones upper: Goma. Membrana: Gore-Tex® Most Breathable. Suela: Tenuta Grip Reactive. Plantilla interior: Ortholite® Hybrid – parcialmente reciclada. **Peso (½ par):** 515 g (H) / 450 g (M). **PVPR:** 189,90 €

FLYROCK GTX

Zapatillas para fast hiking diseñadas para actividades en las que nos gusta avanzar con rapidez y confort. Ligereza, amortiguación, tracción, protección y durabilidad se reúnen en esta propuesta para afrontar con fiabilidad todo tipo de terreno. **Características:** Equipadas con suela Vibram® con tecnología Traction Lug que aumenta hasta un 25% la adherencia y hasta un 50% la tracción gracias al singular diseño de los tacos. La media suela High Rebound EVA aporta una excelente amortiguación. Para sumarles más tecnicidad, cuentan con la exclusiva tecnología AKU Dynamic Fit que, mediante un sistema de cintas interiores, permite que la zona del talón se adapte dinámicamente a los diferentes grados de inclinación de nuestra pisada. Todo para aportar mayor confort y estabilidad. Plataforma con construcción Elica Natural Stride System que optimiza la biomecánica natural del pie para aportar una menor fatiga. **Peso (½ par):** 367 g. **PVPR:** 179 €

TREKKER PRO II GTX

Las TREKKER PRO II son perfectas para media-alta montaña y terreno exigente, donde se requiere la máxima estabilidad. **Características:** Su alto nivel de comodidad se debe a la exclusiva tecnología AKU Elica Natural Stride System, que incorpora el conjunto de la plantilla, entre-suela y suela. Horma, corte, disposición de las costuras, selección de los materiales y el sistema de lazada, que permite un ajuste rápido de la bota para conseguir una envoltura precisa del pie y del tobillo, contribuyen también al factor comodidad de las nueva TREKKER PRO GTX. Upper: piel gamuza 1.6 mm + tejido transpirable AIR8000® + paneles PU. Protecciones: banda goma. Membrana: Gore-Tex® More Seasons. Suela: Vibram® Curcuma. Media-suela: PU light. Plantilla montada: 6-4 mm nylon (rigidez), EVA microporosa (amortiguación). Plantilla interior: Custom Fit. **Peso (½ par):** 660 g (H) / 560 g (M). **PVPR:** 249 €

ROCK DFS GTX

Diseñadas con la tecnicidad en mente para contextos de aproximación, escalada ligera, vía ferrata y progresión por senderos de montaña.

Características: Incorpora la nueva tecnología DUAL FIT SYSTEM (DFS) que cuenta con cordones dobles que nos permiten personalizar con mayor efectividad el ajuste, ya sea si buscamos más comodidad o precisión en las diferentes fases de aproximación.Upper: Piel suede 1,6 mm + microfibra + tejido transpirable Air 8000®. Protección empeine: banda de goma. Membrana: Gore-Tex® Extended Comfort. Suela: Vibram® Approcciosa Megagrip. Media-suela: EVA doble densidad + poliuretano. Plantilla: Ortholite® hybrid parcialmente reciclada. Disponible en versión bota y zapatilla. **Peso (½ par):** 400 g (hombre), 320 g (mujer). **PVPR:** 209 € (bota), 199 € (zapatilla).

ROCKET MID DFS GTX

Alta precisión y dinamismo para fast hiking por terreno exigente. **Características:** equipadas con la suela Vibram® con tecnología Traction Lug que aumenta hasta un 25% la adherencia y hasta un 50% la tracción gracias al singular diseño de los tacos que incorpora. El upper está formado por bandas 3D sobreimpresas que abrazan el pie para aportar una mayor estabilidad. La exclusiva tecnología AKU Dual Fit System (DFS), adaptada para esta versión de speed hiking, permite ajustar la regulación (de más confort a más precisión) mediante un sistema de cordones dobles. Además cuenta con la exclusiva tecnología AKU Elica Natural Stride System que optimiza la biomecánica natural del pie en cada pisada. **Peso (½ par):** 367 g. **PVPR:** 199 €

www.bestard.com

CALZADO

ALP FF

Uso: Ascensiones rápidas y semi-técnicas, crestas, trekking alpino, travesías por glaciares etc. **Descripción:** Bota semi-rígida de la serie Fast Forward, fabricada en piel Perwanger. Su diseño minimalista y las tecnologías Close Fit System y TMS-System le proporcionan una ligereza, un confort y una precisión excepcional, así como una combinación óptima entre soporte y libertad de movimientos en el tobillo. **Material:** Piel Perwanger® y microtech hidrófugos + bandoleta de caucho. **Forro:** Gore-Tex® More Seasons. **Suela:** Vibram® New Mulaz + EVA + TPU.**Plantilla:** Bestflex 6: Semi-rígida. **Peso:** 1510 g/par (UK 8). **Tallas:** 4/13 UK, incl. ½ tallas. **PVPR:** 325 €

TR QUANTIC LADY

Uso: Trekking de media montaña, largas travesías con mochila. **Descripción:** Bota de trekking con tecnología Bestard Quantic. Fabricada de piel Perwanger, microtech y Kevlar para mayor resistencia, ligereza y transpirabilidad. Tecnología 360º Flex System en la zona del tobillo y cuello para una excelente libertad de movimientos. Fuelle y cuello elásticos para confort y adaptación al pie. La suela Quantic Tech con Vibram Curcuma ofrece control de estabilidad, absorción de impactos y gran confort en cada paso. Disponible en versión para hombre y en semirígida (AT Quantic). **Material:** Piel Perwanger®, microtech y Kevlar® hidrófugos + puntera de caucho. **Forro:** Gore-Tex® More Seasons. **Suela:** Vibram® Curcuma + Quantic Tech. **Plantilla:** Bestflex 3: Normal. **Peso:** 1229 g/par (UK 5). 1440 g/par (UK 8). **Tallas:** Mujer: 3½/8 UK. Hombre: 6½/13 UK; (incl. ½ tallas). **PVPR:** 225 €

BENGALA

Uso: Zapatilla técnica multiactividad para actividades como trekking de media montaña, aproximaciones y hasta escalada de un nivel técnicamente moderado, sin descartar actividades como senderismo y outdoor en general. **Descripción:** Zapatilla de piel serraje con bandoleta de TPU para protección, robustez y agarre. La suela Vibram Pepe Shelter con Vibram Megagrip ofrece un alto nivel de soporte, estabilidad y agarre para confort y seguridad en terrenos escarpados y complicados. Atado prolongado para mejor adaptación al pie. Disponible en versión unisex, de hombre y de mujer. **Material:** Piel serraje hidrófuga y bandoleta de TPU. **Forro:** Gore-Tex® Most Breathable. **Suela:** Vibram® Pepe Shelter con Megagrip. **Plantilla:** Bestflex 3: Normal. **Peso:** 950 g/par (EU 42). 810 g/par (EU 38). **Tallas:** Hombre: 37-47 EU. Mujer: 37-42 EU. Unisex: 37-47 EU. **PVPR:** 196 €

TREK MID LADY

Uso: Hiking avanzado: actividades de senderismo de baja y media montaña, durante las cuales también se pueden encontrar tramos por zonas escarpadas sin sendero y otras dificultades donde una tradicional bota de senderismo no siempre es suficiente. **Descripción:** Comparte las características de ligereza y confort de una bota de senderismo, pero hemos reforzado la estabilidad y el soporte, la suela y la protección al desgaste y a la abrasión. Bota muy confortable para actividades mixtas entre senderismo y trekking. También disponible en versión de hombre y unisex. **Material:** Piel serraje hidrófuga y bandoleta de TPU. **Forro:** Gore-Tex® Most Breathable. **Suela:** Vibram® Curcuma con Megagrip + Skeleton Tech. **Plantilla:** Bestflex 3: Normal. **Peso:** 910 g/par (EU 38). 1040 g/par (EU 42). **Tallas:** Hombre: 36-47 EU. Mujer: 37-42. **PVPR:** 209 €

CROSSWAVE

Uso: Con un diseño moderno y deportivo, además de con prestaciones técnicas avanzadas, es la nueva incorporación a nuestra familia Hiking Avanzado para actividades de senderismo de baja y media montaña, durante las que se pueden encontrar zonas escarpadas sin sendero. **Descripción:** La potente y estable suela Vibram Bruce con Vibram Megagrip proporciona un alto nivel de seguridad y agarre en tramos complicados, así como confort en senderos más fáciles. Fabricada con un resistente mesh que garantiza una excelente ventilación y confort, y con protección de TPU 360º que proporciona tanto protección como agarre adicional. Disponible en dos versiones unisex. Vienen con dos pares de cordones de diferente color. **Material**: Tech mesh hidrófugo y bandoleta de TPU. **Forro:** Gore-Tex® Most Breathable. **Suela:** Vibram® Bruce con Megagrip + EVA. **Plantilla:** Bestflex 3: Normal. **Peso:** 995 g/par (EU 42). **Tallas:** 36-47 EU. **PVPR:** 189,90 €

TALAIA

Uso: Hiking avanzado: actividades de senderismo de baja y media montaña, durante las cuales también se pueden encontrar tramos por zonas escarpadas sin sendero y otras dificultades donde una tradicional zapatilla de senderismo no siempre es suficiente. **Descripción:** Atractiva zapatilla multiuso, muy confortable y funcional. Fabricada de piel serraje con protección de goma natural en la punta del pie, es una zapatilla relativamente robusta, a la vez que ligera. La suela Vibram® Tubava con Megagrip le proporciona un andar muy estable, natural, así como un agarre superior. **Material:** Piel serraje hidrófuga + puntera de caucho. También disponible versión piel y Cordura (modelo Ruta). **Forro:** Gore-Tex® Most Breathable. **Suela:** Vibram® Tubava con Megagrip + EVA. **Plantilla:** Bestflex 2: Flexible. **Peso:** 965 g/par (EU 42). **Tallas:** 36-48 EU. **PVPR:** 172,90 €

KRYPTON MID LADY

Uso: Senderismo y actividades outdoor en general, así como viajes y un uso diario. **Descripción:** Nueva mediabota multiuso muy ligera y cómoda. Fabricada enteramente en HT PET, un material muy resistente, a la vez que suave y transpirable y que se adapta muy bien a la forma del pie. Reforzada en la puntera y el talón. Disponible también en versión de hombre.
Material: HT PET hidrófugo + puntera de caucho sintético.
Forro: Gore-Tex® Most Breathable.
Suela: Vibram® Impulse.
Plantilla: Bestflex 2: Flexible.
Peso: 700 g/par (EU 38). 615 g/par (EU 38).
Tallas: Mujer: 36-42 EU. Hombre: 39-47 EU.
PVPR: 159,90 €

GUEPARD GTX / GUEPARD

Uso: Diseñada para realizar un gran abanico de actividades atléticas de montaña, como Trail Running, Mountain Running, Speed Hiking y Fastpacking. También es muy buena opción para Nordic Walking, senderismo y excursionismo de baja montaña, así como para viajes o un uso diario. **Descripción:** Fabricada con materiales que proporcionan ligereza, transpirabilidad, absorción de impactos y confort, combinado con prestaciones técnicas para garantizar estabilidad, agarre, tracción y protección del pie. Disponibles en versión con Gore-Tex (Hombre y mujer) y sin Gore-Tex (unisex). **Material:** Mesh + TPU. **Forro:** Gore-Tex® Most Breathable/Air-Mesh (unisex). **Suela:** Vibram® Sphike con Megagrip + EVA Ultralight. **Plantilla:** Bestflex 3: Normal. (Bestflex 2: Flexible. Unisex). **Peso:** 870 g/par (EU 42). 710 g/par (EU 38). 600 g/par (EU 42) - unisex. **Tallas:** Hombre: 39-47 EU. Mujer: 36-42 EU. Unisex: 36-47. **PVPR:** 185 € (GTX). (155 € - unisex).

CALZADO

www.hi-tec.com

TORCA PRO MID WP

Combina la firmeza de una bota y la versatilidad de una zapatilla. Zapatillas de trekking ideales para qienes que buscan ligereza, comodidad y libertad de movimiento, sin comprometer la seguridad. **Características:** Corte de PU y malla hidrófugos. Membrana impermeable y transpirable Dri-Tec®. Sistema de lazado Ghillie con enganches metálicos antióxido. Lengüeta acolchada forrada para protección del empeine. Collar antifricción. Estabilizador trasero. Plantilla termoconformada recambiable de espuma de EVA con forro antihumedad Cambrillón termoplástico. **Tallas:** EU 39-47; US 7-14. **Color** Chocolate/ Taupe. **PVPR:** 89,99 €

GEO FUSE TREK MID

Ideales para quienes buscan un calzado versátil y cómodo; ofrecen ligereza y velocidad tanto en senderos como en la ciudad. Un calzado deportivo muy ligero y transpirable, perfecto para trekking en terrenos fáciles. **Características:** Corte de PU. Forro antihumedad. Cierre de cordones sin ojales metálicos. Lengüeta acolchada forrada para protección del empeine. Collar antifricción. Estabilizador trasero. Plantilla termoconformada recambiable de espuma de EVA con forro antihumedad Cambrillón termoplástico. Planta de montado de nylon. Piso de caucho. **Tallas:** EU 39-47; US 7-14. **Color:** Chocolate /Taupe/Lt Olive. **PVPR:** 74,99 €

GEO FUSE MID WOMEN'S

Zapatilla de senderismo para mujeres activas que buscan combinar estilo y funcionalidad. Ligera y transpirable, es ideal tanto para explorar senderos como para pasear por la ciudad, ofreciendo comodidad y un soporte excelente en todo tipo de terrenos. **Características:** Corte de PU. Forro antihumedad. Cierre de cordones sin ojales metálicos. Lengüeta acolchada forrada para protección del empeine. Collar antifricción. Estabilizador trasero. Plantilla termoconformada de EVA. Piso de caucho. Fabricada con horma especial de señora. **Tallas:** EU 35-42; US 5-10. **Color:** Black/ Blue Fog. **PVPR:** 74,99 €

TOUBKAL LOW WP WOMEN'S

Diseñadas para mujeres aventureras que necesitan calzado resistente y cómodo. Ofrecen rendimiento y protección en diversos terrenos, siendo ligeras y resistentes al agua. Ideales tanto para caminatas ligeras como para rutas más exigentes, garantizando tracción, soporte, estabilidad y comodidad. **Características:** Corte de PU y malla hidrófugos. Membrana impermeable y transpirable Dri-Tec®. Cierre de cordones con ojales metálicos antióxido. Lengüeta acolchada forrada.Tirador trasero. Plantilla de EVA. Planta de montado de nylon. Piso MDT de tracción multidireccional. **Tallas:** EU 35-42; US 5-10. **Color:** Black/Grey /Geranium. **PVPR:** 79,99 €

TEBES

Zapatillas de trekking diseñadas para brindar comodidad y rendimiento en actividades al aire libre. Equipadas con una membrana impermeable y con suela de tracción avanzada que garantiza estabilidad en terrenos difíciles. Su diseño ligero y duradero las hace ideales para caminatas y senderismo, asegurando un confort prolongado durante todo el día. **Características:** Corte de PU. Forro antihumedad. Sistema de lazado con anillas metálicas antióxido. Lengüeta acolchada forrada para protección del empeine. Plantilla termoconformada recambiable de espuma de EVA. Entresuela de EVA moldeada. Piso de caucho. **Tallas:** EU 39-47; US 7-14. **Color:** Chocolate/Teak. **PVPR:** 59,99 €

FLASH TRAIL WOMEN'S

Zapatillas de trekking ligeras y versátiles, ideales para caminatas y senderismo. Cuentan con una membrana impermeable y una suela avanzada que proporciona excelente agarre y estabilidad en superficies resbaladizas. Su combinación de durabilidad y comodidad las hace perfectas para actividades al aire libre que requieren rendimiento y protección. **Características:** Corte de malla transpirable. Forro antihumedad. Lengüeta de malla para mayor transpiración. Collar antifricción. Refuerzo de caucho en puntera. Estabilizador trasero. Plantilla termoconformada recambiable de espuma de EVA con forro antihumedad. Planta de montado de nylon. Piso de caucho carbono. **Tallas:** EU 35-42; US 5-10. **Color:** Grey/Canton. **PVPR:** 64,99 €

NARVAL NG

Sandalias de trekking ligeras y transpirables, ideales para caminatas en climas cálidos. Cuentan con un sistema de ajuste seguro y un diseño antifricción que proporciona comodidad y estabilidad. Excelente tracción y durabilidad. Su soporte y ventilación mantienen los pies frescos y protegidos durante todo el día. **Características:** Corte de PU y malla. Forro de neopreno. Sistema de lazado Ghillie con cordón elástico y cierre de tanka. Collar antifricción. Tirador trasero. Estabilizador trasero. Plantilla recambiable. Cambrillón termoplástico. Planta de montado de EVA. Piso de caucho carbono. **Tallas:** EU 39-47; US 7-14. **Color:** Black/Charcoal/Grey. **PVPR:** 54,99 €

HIKER VENT NG WOMEN'S

Ideales para caminatas en climas cálidos, combinando ligereza y transpirabilidad. Cuentan con una parte superior perforada y materiales transpirables que aseguran una excelente circulación del aire, manteniendo los pies frescos. Con un ajuste seguro y diseño antifricción, garantizan comodidad y estabilidad. **Características:** Corte de PU y malla. Forro de neopreno. Sistema de lazado Ghillie con cordón elástico y cierre de tanka Collar antifricción. Tirador trasero. Estabilizador trasero. Plantilla recambiable. Entresuela de EVA. Piso de caucho carbono. **Tallas:** EU 35-42; US 5-10. **Color:** Warm Grey/Tan/Laurel Oak. **PVPR:** 64,99 €

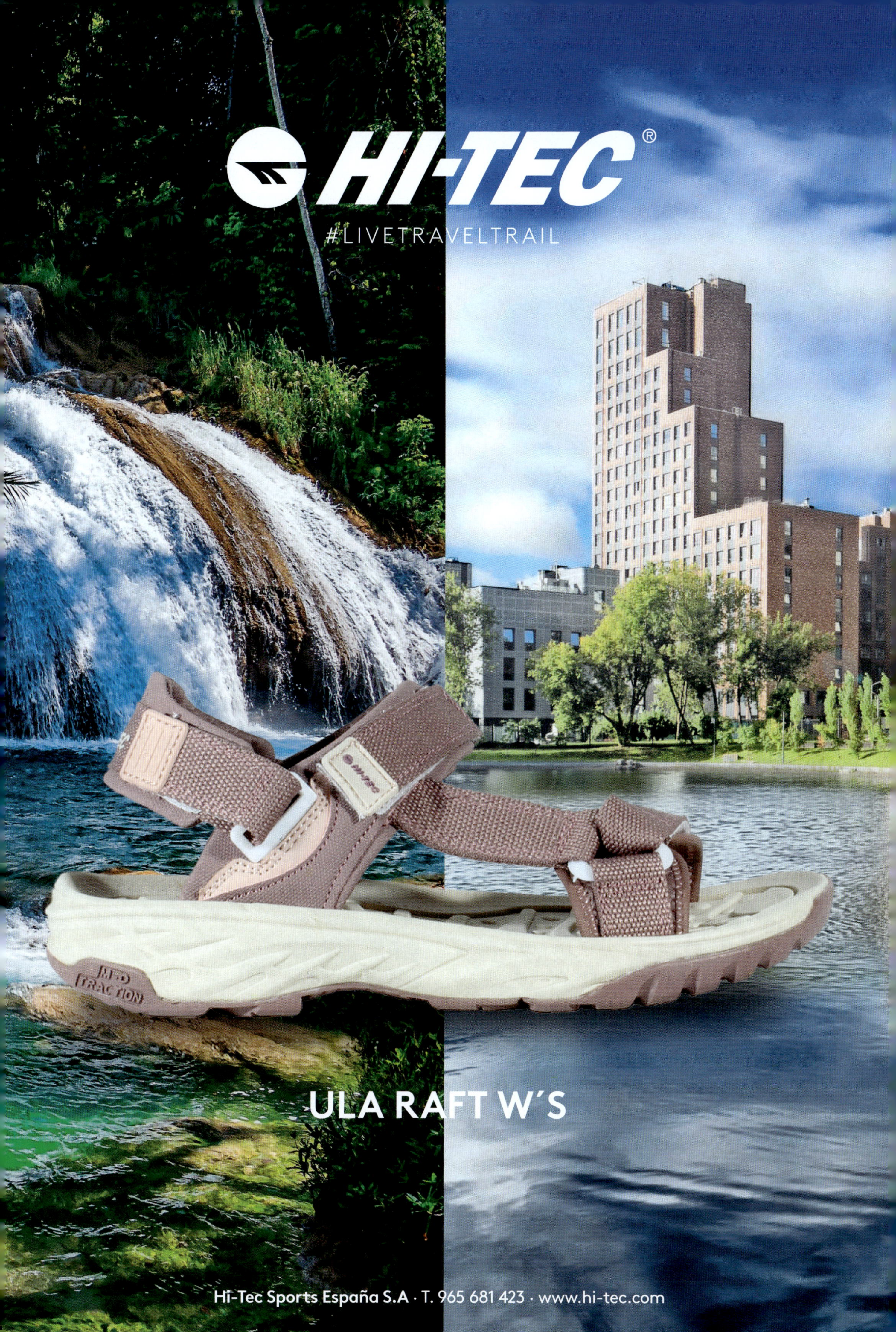
HI-TEC®
#LIVETRAVELTRAIL
HI-TEC
MED TRACTION
ULA RAFT W´S
Hi-Tec Sports España S.A · T. 965 681 423 · www.hi-tec.com

www.garmont.com

9.81 ENGAGE

Una zapatilla versátil y muy ligera, para caminar por la montaña, para los practicantes del fast hiking e incluso para correr. Increíble libertad de movimiento gracias a la ligereza de la parte superior combinada con la suela Vibram Durmast que se agarra excepcionalmente al suelo. Caracteristicas antitorsión y la tecnologia G-Wrap que sujeta el pie, proporcionando una gran estabilidad.

Características:

- Parte superior de malla de poliéster 3D de alta transpirabilidad.
- La lengüeta de microfibra con Gusset de malla bi-elástica proporciona un efecto estabilizador.
- Plantilla de espuma de Garmont 20% PU reciclado.
- La tecnología G-WRAP abraza el pie para una mayor estabilidad en el interior de la caña.
- Refuerzos soldados de doble capa de TPU.
- Mediasuela de EVA monodensidad para mayor amortiguación y capacidad de respuesta.
- Suela VIBRAM DURMAST - compuesto MEGAGRIP + tecnología TRACTION LUG.

Tallas:
Hombre 39,5-48.
Mujer: 35-42,5.
Peso: 325 g.
PVPR: 160 €

9.81 ENGAGE MID GTX®

La versión en media caña de su hermana 9.81 Engage, que cuenta además con una membrana Gore-Tex que añade impermeabilidad, convirtiendolas en unas botas de senderismo ágiles y ligeras, con un diseño moderno inspirado en el trail, con mayor agarre, estabilidad y protección en pendientes resbaladizas. **Características:** Parte superior de poliéster de alta resistencia, protección y transpirabilidad. Refuerzos de TPU de doble capa. La tecnología G-wrap abraza el pie para mejorar la estabilidad. Cuello acolchado asimétrico para una extraordinaria sensación de confort. Plantilla Ortholite® hybrid plus™ con un 50% de espuma reciclada. Entresuela de EVA monodensidad para una mayor amortiguación y capacidad de respuesta. Inserto de TPU antitorsión integrado en la entresuela. Suela exterior Vibram Durmast (Garmont Exclusive), con compuesto Megagrip y tecnología Traction Lug. Certificado Bluesign. **Tallas:** Hombre: 39,5-48. Mujer: 35-42,5. **Peso:** 450 g. **PVPR:** 200 €

DRAGONTAIL TECH GEO®

Un rediseño de la archiconocida Dragontail Tech, las zapatillas Garmont ideales para aproximación técnica, roca, taludes y senderos mixtos en los meses calurosos. La suela Michelin Off Road provee de adherencia extra en la punta y en el talón, lo que permite ascender y descender con seguridad. Modelo galardonado en los Ispo Award 2023 por su excepcional rediseño sostenible, reduciendo la huella de Co_2 hasta un 28,8%. **Características:** Forma estudiada para un calce envolvente, pero que garantice el máximo confort sin renunciar a la precisión. Upper de ante de 1.6 mm con insertos ultraligeros en la puntera y el talón, para una mayor protección. Tecnología Heel Lock para contener de modo óptimo el talón. Cordones hasta la punta para un ajuste preciso. Plantilla Ortholite Ultra Cco-friendly. Suela Michelin Off Road bimezcla con una mayor adherencia en la punta y una mayor resistencia sobre la planta del pie. **Tallas:** Hombre: 39,5-48. Mujer: 35-42,5. **Peso:** 480 g. **PVPR:** 180 €

VETTA TECH GTX®

Botas diseñadas para actividades en las que principalmente vayamos a progresar verticalmente, por lo que es ideal para aproximaciones, crestas, terreno de alta montaña en salidas rápidas o vías ferratas. Perfectas para montañeros expertos o guías de alta montaña que quieran el mejor calzado técnico sin renunciar a la comodidad. Incorporan suela Michelin® Offroad de gran agarre y estabilidad y la impermeabilidad está garantizada gracias a la membrana Gore-Tex® Extended Comfort. **Características**: Ajuste Alpine Tech. Diseñadas con piel de gamuza de 1,6 mm, repelente al agua. Malla superior en 3D extra resistente. Ojales reforzados y correas de cinta para los cordones. Protector de goma en la puntera y en el talón para aumentar la protección. Tecnología ADD: Anatomically Directed Design. Plantilla Ortholite®. **Tallas:** Hombre 39,5-48. Mujer: 35-42,5. **Peso:** 540 g. **PVPR:** 210 €

9.81 PULSE WP

Zapatillas versátiles capaces de cubrir tanto las exigencias de senderistas activos como las de los que quieren darles un uso más cotidiano. La membrana Garmont G-Dry mantiene los pies secos en condiciones húmedas, mientras que los materiales transpirables facilitan la ventilación evitando el sobrecalentamiento. La suela Garmont GTF garantiza una buena tracción y estabilidad, tanto en terrenos exigentes como en ciudad. **Características:** Upper de tejido sintético sin costuras realizada con PET reciclado. Entresuela de origen biológico de EVA extraída de la caña de azúcar. Sistema de lazada Fast-Lace. Plantilla Garmont con 20% de materiales reciclados. Mediasuela de espuma Plume: amortiguación avanzada y capacidad de respuesta con material Biobased. Suela GTF Magnet: tacos profundos para tracción y confianza en los descensos. Refuerzos termosellados: protección ligera imprescindible. Cordón simple pero resistente que se ajusta con un solo tirón. **Tallas:** Hombre 39,5-48. Mujer: 35-42,5. **Peso:** 385 g. **PVPR:** 150 €

www.lowaboots.com

MANGART GTX MID

La MANGART GTX MID es una bota alpina polivalente y ligera. Aunque no pesa casi nada, la parte superior sintética y textil deportiva es al mismo tiempo robusta y resistente, por lo que es capaz de soportar todos los rigores del terreno alpino. El sistema de cordones de dos zonas garantiza un ajuste óptimo hasta la zona de los dedos y demuestra el alto valor funcional de la MANGART GTX MID. Lo mismo puede decirse de la suela VIBRAM ALP TRAC® NUMEN de gran agarre con su Climbing Zone especial para facilitar la escalada en roca.
PVPR: 320 €

TIBET EVO GTX

¿Quién no ha soñado alguna vez con completar un trekking con los pies secos y alcanzar por fin la cima? Haz realidad ese sueño con las TIBET EVO GTX. Ya se trate de vías ferratas, expediciones de varios días en los Alpes o terrenos difíciles, la suela de goma VIBRAM APPTRAIL DIVO convierte el reto de enfrentarse a una gran variedad de superficies en un auténtico placer. La suela de goma envolvente también mantiene a raya las piedras y la suciedad, para que puedas concentrarte plenamente en la aventura.
PVPR: 320 €

RENEGADE EVO GTX LO

Durante décadas, la RENEGADE ha sido sinónimo de un atributo: el ajuste perfecto. Para llevar esta característica al siguiente nivel, LOWA ha añadido algunos detalles especiales que hacen que la nueva RENEGADE EVO GTX LO sea aún más refinada. Se ha prestado atención a proporcionar un confort adicional utilizando una sola pieza de material para el interior del antepié. Esto eliminó la necesidad de costuras superfluas, de modo que el cuero nobuk puede ajustarse con flexibilidad a la forma del pie del usuario, evitando la fricción y aliviando la presión. Además, incorpora una suela de nuevo diseño: la entresuela inyectada consta de dos componentes que absorben los impactos. La primera capa está hecha de LOWA® DYNAPU® y la segunda de un elemento más firme que trabaja con el CROSS OVER FRAME para proporcionar un guiado óptimo. La nueva suela VIBRAM RENVALE aporta un agarre sólido. **PVPR:** 200 €

INNOX EVO II GTX

"Ligera y rápida" es el lema de esta bota multifuncional, cuyas numerosas características la convierten en la elección perfecta para las actividades atléticas al aire libre. La parte superior de material textil y microfibra de alta calidad, combinada con la membrana GORE-TEX de alto rendimiento, garantiza ligereza y el mejor clima posible en el interior de la bota. Como resultado, la INNOX EVO II GTX es la elección perfecta para tu próxima excursión casual o senderismo de velocidad.
PVPR: 165 €

INNOVO GTX MID

La ultramoderna bota de senderismo INNOVO GTX MID no sólo tiene una entresuela LOWA® DYNAPU® de doble inyección y cómoda amortiguación, sino que también se basa en una suela de estilo grueso con altura extra en el talón que ofrece una tracción óptima, gracias al diseño de tacos multidireccionales y a la mayor superficie de contacto resultante. También es pionera en términos de confort, con una robusta mezcla de piel de plena flor y tejido, una membrana GORE-TEX impermeable y numerosas superficies transpirables. Todo combinado con un cuello en forma de alerón, cordones extendidos y ganchos de bloqueo, garantiza un ajuste óptimo. Puntera elevada y tiradores para facilitar la entrada y la salida.
PVPR: 200 €

RENEGADE EVO GTX MID

En la nueva RENEGADE EVO GTX MID se ha prestado atención a dotar a la parte superior de un confort adicional utilizando una sola pieza de material para el interior del antepié. Esto eliminó la necesidad de costuras superfluas, de modo que el cuero nobuk puede ahora ajustarse con flexibilidad a la forma individual del pie. El sistema de cordones de doble zona facilita aún más el ajuste personalizado. Membrana GORE-TEX impermeable y transpirable. La entresuela inyectada directamente consta de dos componentes: LOWA® DYNAPU® y la segunda de un elemento más firme que trabaja en tándem con el CROSS OVER FRAME para proporcionar una guía óptima. Agarre fiable con la nueva suela VIBRAM-RENE-TRAC®. **PVPR:** 230 €

MERRELL

CALZADO

www.merrell.com

MOAB SPEED 2 GORE-TEX®

Las Moab Speed 2 GTX son la última innovación en calzado de senderismo de Merrell y combinan el conocimiento y la experiencia en montaña del calzado de senderimo más vendido de Merrell, la Moab, con las más recientes innovaciones en calzado deportivo para trail running. Diseñadas para rutas mayormente de tierra y con algunos obstáculos. Cambios ocasionales de velocidad, dirección e inclinación.

Características: Cuello acolchado. Lengüeta de fuelle para que no entre tierra. Puntera y talón de goma protectora resistente a la abrasión. Tira textil en talón y lengüeta para facilitar la colocación y retirada del calzado. Tratamiento Cleansport NXT™ para un control natural de los olores. La placa FlexPlate™ ligera proporciona rigidez en la torsión y estabilidad en el antepié. Media suela de espuma FloatPro™ para una comodidad ligera y duradera. La suela Vibram® TC5+, diseñada exclusivamente para Merrell, proporciona un agarre excepcional para diferentes actividades deportivas al aire libre. Tacos de tracción Vibram® diseñados específicamente para aumentar el agarre y la tracción en cada paso. Membrana impermeable de GORE-TEX®, con excepcionales propiedades transpirables e impermeables. Empeine de nailon ripstop y TPU. Cordones y refuerzos 100% reciclados. Forro de malla transpirable 100% reciclada. Revestimiento de plantilla en malla 100% reciclada. Plantilla extraíble de espuma EVA.

Peso: 350 g (1/2 par).
Drop: 10 mm. **Tacos:** 4 mm.
Altura: 34-24 mm.
PVPR: 170 €

MTL MQM

Las MTL MQM (siglas que significan «*Moving Quickly over Mountains*», «desplazarse rápido en la montaña») son las zapatillas de montaña más versátiles. Estas híbridas tan competentes son tres zapatillas en una: calzado de escalada por delante, calzado de montaña por detrás y ágiles como unas zapatillas de running todoterreno. En terrenos resbaladizos, la MQM incorpora dos suelas de goma Vibram® que ofrecen el mejor agarre del mercado. Estas zapatillas han sido diseñadas en Merrell Test Lab, el laboratorio que desarrolla los productos más avanzados de Merrell. Se han reducido las capas de materiales no sólo para que sea de secado rápido sino también para reducir el peso hasta los 290 gramos, realmente ligero para una zapatilla técnica como esta y que nos permitirá correr si fuera necesario. Además, también se ha reforzado la parte delantera del upper y la media suela con una capa de TPU más gruesa que nos dará un extra de rigidez y protección para los terrenos más rocosos y verticales. En la parte delantera de la suela se utiliza Vibram® Idrogrip, un compuesto de escalada que permite el mejor agarre, y Vibram® Megagrip en el talón.

Características: Empeine de malla transpirable y TPU. Cordones y refuerzos 100% reciclados. Botín interno para una sujeción total. Forro de microfibra. Plantilla de PU extraíble. Revestimiento de plantilla en malla 100% reciclada. Chasis protector. La media suela Super Rebound Compound ofrece una absorción duradera de los impactos para reducir la torsión y permitir una transición fluida al mediopié. Combinación de gomas Vibram® en la suela para mayor agarre y tracción.

PVPR: 160 €

MOAB 3

Para ser la bota de senderismo líder del mundo es imprescindible saber un par de cosas sobre el terreno. Te presentamos la compañera multiusos para todo tipo de terrenos: la Moab 3. Un diseño duradero tan robusto como el terreno que pisa. No se trata de una bota de montaña más, sino de la próxima generación de la legendaria Moab.

Características: Diseñada con piel de categoría Gold de Wolverine que le confiere durabilidad y estilo, lo que resulta en una bota de alta calidad. Plantilla moldeada Kinetic Fit™ Advanced para una pisada más cómoda y un ajuste perfecto. La suela Vibram® TC5+ proporciona el mejor agarre y rendimiento sobre cualquier terreno, haga el tiempo que haga. La tecnología Merrell Air Cushion absorbe los impactos. Mayor sujeción en el tobillo para favorecer la estabilidad en terrenos irregulares. Puntera y talón de goma protectora para moverse sin problemas. Todo ello, nos proporciona una mayor protección ante lesiones. Elaboración con cordones, refuerzos y forro de malla 100% reciclados para garantizar que el modelo Moab sea el más respetuoso con el medioambiente.

Peso: 425 g (1/2 par).
Drop: 10 mm. **Tacos:** 5 mm. **Altura:** 30-20 mm.
PVPR: 155 €

TRAIL GLOVE 7

El liderazgo de Merrell en la categoría de zapatillas barefoot sigue vigente con las Trail Glove 7. Entre las novedades más importantes encontramos un posicionamiento más natural del pie para una sensación realmente minimalista, una suela Vibram® EcoStep que envuelve el pie para maximizar el agarre y la adherencia, y una media suela mínima de espuma FloatPro™ donde se ha integrado los surcos FLEXconnect™ para una mayor flexibilidad bidireccional, que favorecen la adherencia. El modelo Trail Glove 7 viene con una altura total de 14 mm y una media suela un poco más acolchada que el modelo Vapor Glove 6, por lo que es una buena apuesta para corredores que buscan un poco más de sujeción.

Características: Las Trail Glove 7 cuentan con materiales 100% reciclados en su empeine, forro y plantilla de malla transpirable, así como en los cordones y refuerzos. Incorpora una plantilla de espuma EVA integrada y una media suela de espuma FloatPro™ para conseguir una comodidad, ligereza y durabilidad optima. Cuenta con una lengüeta cerrada por los laterales para que no entre tierra. Incorpora el tratamiento NTX que evita los malos olores. Gracias al diseño Merrell Barefoot 2, mantiene el pie en su posición natural. En la suela, encontramos la Vibram® EcoStep diseñada con un 30% de goma reciclada, que proporciona un aporte extra de resistencia y adherencia en superficies mojadas y secas.

Peso: 225 g (1/2 par).
Drop: 0 mm. **Tacos:** 2,5 mm. **Altura:** 14-14 mm.
PVPR: 135 €

WANAKA GTX M

Llevamos dos horas abriéndonos paso por los abruptos caminos rocosos. Las zapatillas de fast hiking WANAKA GTX nos garantizan un agarre eficaz gracias a sus suelas Michelin. Avanzamos rápidamente y con ligereza. Nuestras zapatillas bajas de senderismo de GORE-TEX impermeable y transpirable, nos acompañan con cualquier tiempo y en cualquier terreno. La caña de poliéster ripstop y el refuerzo de protección de TPU dan una gran resistencia a la fricción. Son muy confortables y tienen una amortiguación óptima para acelerar cómodamente en las bajadas. **Características:** Caña de poliéster ripstop transpirable y resistente a la abrasión. Suela Michelin Calenca, agarre todoterreno ultraestable. Entresuela de EVA, que ofrece comodidad y ligereza. Suela Top Comfort que brinda un gran nivel de bienestar anatómico. Membrana GORE-TEX impermeable y transpirable. Sistema de cordones preciso. Drop: 6 mm. **Peso:** 395 g (por zapatilla). **PVPR:** 180 €

WANAKA GTX W

Después de atravesar varias zonas pedregosas y embarradas, tenemos claro que nuestras zapatillas de fast hiking de GORE-TEX nos brindan una protección y un agarre fiables haga el tiempo que haga. Sea cual sea el terreno, incluso en los más técnicos, contamos con un agarre eficaz gracias a la suela Michelin. Su ligereza y la óptima amortiguación nos permiten avanzar rápida y cómodamente. Y los pies están perfectamente protegidos por el refuerzo de TPU de la puntera y la caña de poliéster ripstop superresistente. **Características:** Caña de poliéster ripstop transpirable y resistente a la abrasión. Suela Michelin Calenca, agarre todoterreno ultraestable. Entresuela de EVA, que ofrece comodidad y ligereza. Suela Top Comfort que brinda un gran nivel de bienestar anatómico. Membrana GORE-TEX impermeable y transpirable. Sistema de cordones preciso. Drop: 6 mm. **Peso:** 345 g (por zapatilla). **PVPR:** 180 €

WANAKA BOA M

Salimos a hacer una ruta de senderismo rápido. Nos ponemos las zapatillas de fast hiking de hombre WANAKA BOA. El sistema de cordones de precisión BOA nos garantiza una sujeción y comodidad sin igual. Agradecemos la ligereza global de este calzado y su amortiguación de calidad. La suela Michelin se adhiere a la perfección a todos los terrenos, ofreciéndonos una gran estabilidad, mientras que el refuerzo de la puntera nos protege eficazmente. Nuestros pies respiran gracias a la caña de malla ventilada y reforzada en los puntos estratégicos. Unas zapatillas ideales para practicar senderismo deportivo cuando hace calor. **Características:** Tailored Air Mesh. Suela Michelin Calenca, agarre todoterreno ultraestable. Entresuela de EVA, que ofrece comodidad y ligereza. Suela Top Comfort. Protector de TPU ligero y robusto. BOA Fit System. Drop: 6 mm. **Peso:** 395 g (por zapatilla). **PVPR:** 200 €

WANAKA BOA W

Caminamos a un ritmo intenso. Nuestras zapatillas de fast hiking de mujer WANAKA BOA son ligeras y precisas gracias al sistema BOA con solapas laterales. El pie se sujeta con gran precisión y comodidad. La suela interior brinda una amortiguación óptima, mientras que la suela Michelin garantiza un agarre perfecto en cualquier terreno. Avanzamos con el pie firme y protegido por el refuerzo de TPU. Cuando hace calor, agradecemos la caña de malla 3D aireada que garantiza una buena ventilación e incluye zonas reforzadas en los puntos estratégicos. Unas zapatillas para el senderismo deportivo estival. **Características:** Tailored Air Mesh. Suela Michelin Calenca, agarre todoterreno ultraestable. Entresuela de EVA. Suela Top Comfort que brinda un gran nivel de bienestar anatómico. Protector de piedras de TPU ligero y robusto. BOA Fit System. Drop: 6 mm. **Peso:** 345 g (por zapatilla). **PVPR:** 200 €

CIMAÏ M

Para llegar hasta el punto de escalada, nos ponemos las zapatillas de aproximación CIMAÏ. El cierre de cordones hasta la punta del pie nos garantiza una precisión óptima. La suela Vibram y la climbing zone brindan un agarre perfecto que nos permite avanzar tranquilamente por terrenos accidentados. Agradecemos su comodidad y ligereza gracias a la suela interior termoformada y al uso de EVA en la entresuela. Pensadas para moverse por terrenos rocosos, estas zapatillas llevan un refuerzo de protección de goma y una caña de malla balística que las hacen muy resistentes a la abrasión y a los desgarros. Con su moderno estilo, son perfectas para ponérselas también en el día a día. **Características:** Mesh Ballistic X2. Suela Vibram® de aproximación precisa y con agarre. Entresuela de EVA, que ofrece comodidad y ligereza. Suela Superior que brinda un excelente nivel de bienestar anatómico. Cordones con ajuste optimizado para más precisión. Drop: 12 mm. **Peso:** 400 g (por zapatilla). **PVPR:** 170 €

CIMAÏ W

En las rutas de aproximación por diversos y accidentados terrenos, las zapatillas de senderismo de mujer CIMAÏ nos dan precisión y estabilidad. Con el cierre de cordones hasta la punta, el pie queda perfectamente sujeto. Mientras que la suela Vibram con crampones y la climbing zone en la parte delantera nos garantizan un agarre fiable a las rocas. En las bajadas, agradecemos la eficaz amortiguación y la sujeción de este calzado de aproximación. El refuerzo en la punta y la caña de malla balística se han estudiado para garantizar una óptima durabilidad frente a las fricciones y al mayor riesgo de desgarro de la práctica intensa. También son muy ponibles en la vida cotidiana por su comodidad y estilo. **Características:** Mesh Ballistic X2. Suela Vibram® de aproximación precisa y con agarre. Entresuela de EVA, que ofrece comodidad y ligereza. Parapiedras de caucho. Cordones con ajuste optimizado. Drop: 12 mm. **Peso:** 335 g (por zapatilla). **PVPR:** 170 €

CIMAÏ GTX M

El acceso a las paredes es técnico. Nuestras zapatillas de aproximación CIMAÏ GTX resultan muy eficaces. Damos cada paso con precisión gracias a la sujeción de los cordones hasta la punta del pie. La suela Vibram con climbing zone en la parte delantera se agarra perfectamente a la roca. Mientras que la caña baja de malla balística nos garantiza una gran resistencia, aumentada por el refuerzo de goma de la punta. Agradecemos el confort y la amortiguación de la entresuela y de la suela interior. La parte de GORE-TEX brinda un aislamiento y una impermeabilidad ideales a este calzado de senderismo de hombre. Su look urbano es perfecto para disfrutar de su confort en nuestro día a día. **Características:** Mesh Ballistic X2. Suela Vibram®. Entresuela de EVA. Membrana GORE-TEX, Cordones con ajuste optimizado para más precisión. Drop: 12 mm. **Peso:** 430 g (por zapatilla). **PVPR:** 190 €

CIMAÏ GTX W

Ponemos rumbo a las paredes. Las zapatillas de aproximaciónCIMAÏ GTX nos garantizan una protección y una precisión óptimas. Se acabaron los pies mojados por el rocío de la mañana gracias a la parte de GORE-TEX que nos brinda un aislamiento adicional, sin dejar de ser transpirable. Los cordones hasta la punta del pie hacen que el ajuste sea preciso. Igual que la suela Vibram con climbing zone en la parte delantera, que permite un agarre fiable y milimétrico. La caña baja de malla balística junto con el refuerzo de protección de goma de la punta hace que sea especialmente resistente a las fricciones y a los desgarros. La suela interior y la entresuela están diseñadas para brindarnos el máximo confort. Su look urbano hace que sean muy polivalentes. **Características:** Mesh Ballistic X2. Suela Vibram®. Entresuela de EVA. Membrana GORE-TEX, Drop: 12 mm. **Peso:** 360 g (por zapatilla). **PVPR:** 190 €

OOFOS

www.oofos.es

OORIGINAL

Nuestras emblemáticas y más populares sandalias alivian y revitalizan tus pies después de un entrenamiento, dejándolos como nuevos y listo para tu siguiente aventura. La tecnología OOfoam y nuestro diseño plantar patentado proporciona una mayor absorción del impacto de la pisada, gracias al soporte en el arco del pie, además de nuestras plantillas patentadas para proporcionar un movimiento natural y confort. Tus pies notarán la diferencia. El calzado deportivo tradicional ofrece un efecto rebote para conseguir mayor impulso durante las actividades físicas/deportivas. La tecnología OOfoam hace lo contrario, absorbiendo un 37% más el impacto, reduciendo así la carga en tus pies y ayudando a una rápida recuperación de tu cuerpo. Sujeta el arco del pie. Diseño biomecánico que permite un movimiento natural del pie. La punta suave se ajusta perfectamente al pie, evitando las rozaduras en los dedos. Anti-deslizantes en superficies secas y mojadas, resistente a las bacterias y transpirable, evita el mal olor. Ligeras y flexibles como una pluma. **PVPR:** 59,95 €

OOAHH

Nuestras emblemáticas y más populares sandalias de pala modelo OOAHH son la elección perfecta. Gracias a la tecnología OOfoam y nuestro diseño patentado, estas sandalias proporcionan una absorción de impacto superior y soporte en el arco del pie, combinado con nuestras plantillas también patentadas que ofrecen un movimiento natural y confort. Tus pies notarán la diferencia al usar estas sandalias, ya que no sólo reducen la carga en tus pies y ayudan en la rápida recuperación del cuerpo, sino que también previenen lesiones en la rodilla y la parte baja de la espalda. Nuestro diseño biomecánico permite un movimiento natural del pie y lo estabiliza. Estas sandalias de pala tienen una punta suave que se ajusta perfectamente al pie, evitando las rozaduras en los dedos. También son anti-deslizantes tanto en superficies secas como mojadas, resistentes a las bacterias, transpirables y evitan el mal olor. Son lavables a máquina, resistentes y amortiguadoras, pero al mismo tiempo, ligeras y flexibles como una pluma. **PVPR:** 59,95 €

OOCLOG

Nuestros zuecos con tecnología OOfoam son la opción perfecta para la recuperación después de un día agotador, para trabajar o simplemente dar un paseo relajante. Su diseño único ofrece soporte al arco del pie y una sensación natural al caminar. A diferencia del calzado deportivo tradicional, la tecnología OOfoam absorbe el impacto en lugar de proporcionar un efecto rebote, reduciendo la carga en los pies y ayudando a una recuperación más rápida del cuerpo. Además, son anti-deslizantes en superficies secas y mojadas, resistentes a las bacterias, transpirables y evitan el mal olor. Estos zuecos son ligeros y flexibles para un mayor confort. La punta suave se ajusta perfectamente al pie, evitando las rozaduras en los dedos.
PVPR: 79,95 €

OOMG SPORT

La zapatilla OOmg Sport es un calzado de recuperación inspirado en los atletas, diseñado para la recuperación después del juego, pero listo para cualquier ocasión en la calle. Construido sobre la misma base de tecnología OOfoam™ y geometría patentada de la plantilla que otros modelos de OOFOS. La entresuela del OOmg Sport está resaltada por un lateral cónico combinado con nuestro exclusivo tejido elástico de 4 direcciones llamado FibreFlex, que se adapta a cada uno de tus movimientos, proporcionando una máxima movilidad en un silueta atlética y cerrada que está lista para enfrentar cualquier temporada. Ligero, flexible y listo para ayudarte a volver a tu mejor estado, el OOmg Sport es un imprescindible para el estilo de vida de cualquier atleta.
PVPR: 139,95 €

www.mas8000.es

TOVIR

Corte con membrana transpirable e impermeabele. Mediasuela de phylon con máximo poder de absorción, que reduce los impactos sobre las articulaciones. Plantilla de alta ventilación para una práctica deportiva más confortable, termoformada y recambiable. Lengueta fuelle con una construcción de lengüeta que aisla completamente el empeine de las inclemencias del tiempo. Planta cosida al corte y unida directamente a la mediasuela proporcionando mayor estabilidad y comodidad. Suela de caucho con acabado especial antideslizante que mejora la tracción y el agarre y puntera que refuerza la parte delantera de la bota.
Tallas: 39-46.
PVPR: 93,50 €

TUXOR

Skintex: Recubrimiento interior del corte que nos proporciona una primera gama de protección frente al agua. Mediasuela de phylon: Mediasuela de phylon con máximo poder de absorción, reduce los impactos sobre las articulaciones. SIS: Plantilla de alta ventilación para una práctica deportiva más confortable, termoformada y recambiable. Lengüeta fuelle: Construcción de lengüeta que aisla completamente el empeine de las inclemencias del tiempo. California lasting: Planta cosida al corte y unida directamente a la mediasuela proporcionando mayor estabilidad y comodidad. Rubbergrip: Suela de caucho con acabado especial antideslizante, mejora la tracción y el agarre.
Colores: negro, tierra.
Tallas: 39-46.
PVPR: 84 €

TERUX 24I

Zapatilla todoterreno perfecta para trail running o senderismo. Suela Vibram muy resistente que mejora la tracción y el agarre, reduce el cansancio y evita rozaduras. Skintex: Recubrimiento interior del corte que proporciona protección frente al agua. Termosoldado: Tecnología especial de fijación de piezas mediante calor y presión. Sin costuras, aporta confort y ligereza. Mediasuela de phylon con máximo poder de absorción, reduce los impactos sobre las articulaciones. SIS: Plantilla de alta ventilación, termoformada y recambiable. Guidance line: Grietas de flexibilidad en la suela que proporcionan estabilidad y eficiencia en la pisada. Construcción de lengüeta que aisla completamente el empeine de las inclemencias del tiempo. Planta cosida al corte y unida directamente a la mediasuela.
Colores: negro, negro/naranja, kaki.
Tallas: 39-46. **PVPR:** 102,50 €

TIGOR 24I

Zapatillas concebidas para trail running. Resaltar su suela Rubbergrip, que proporciona una gran amortiguacion y que gracias a su diseño taqueado, nos aporta una tracción y un agarre óptimo. Termosoldado: Tecnología especial de fijación de piezas mediante calor y presión. Sin costuras, aporta confort y ligereza Mediasuela de phylon con máximo poder de absorción. SIS: Plantilla de alta ventilación. Construcción de lengüeta que aísla completamente el empeine de las inclemencias del tiempo. Planta cosida al corte y unida directamente a la mediasuela proporcionando mayor estabilidad y comodidad. Flextep: Diseño de corte que favorece la flexión natural del pie. Mesh: Material de corte de rejilla, que aporta confort y mejora la transpirabilidad. **Colores:** azul claro, crudo, gris medio, verde naranja/negro.
Tallas: 39-46. **PVPR:** 90 €

PUEZ MID PTX BOOT W

Bota de trekking de media caña con la parte superior impermeable y transpirable, fabricada para ofrecer un confort duradero en terrenos escarpados. La Puez Mid Powertex tiene un diseño moderno y cautivador que proporciona una pisada suave y una versatilidad y comodidad duraderas tanto en terrenos salvajes de montaña como por las calles de la ciudad. La parte superior de media caña de poliéster ripstop es resistente a la abrasión y está reforzada con una puntera externa y una banda protectora de goma, todo recubierto con una membrana Powertex® impermeable y transpirable. Presentan una suela exterior Pomoca™ Alpine Trekker para brindar agarre y tracción en terreno técnico.

Características: Suela Pomoca. Edging Plate 2. Estabilizador de talón. Contera de Punta Externa. POMOCA® S Path. Talonera anti-roca. Borde Protectivo. Overlap Closing. Climbing Lacing. Sistema 3F.

Peso: 385 g (size 9UK). ½ par.

PVPR: 200 €

ORTLES LIGHT MID PTX BOOT M

Bota de media caña, ligera y ágil, para alpinismo técnico. La suela Pomoca Alpine Light garantiza un mayor agarre y tracción en terrenos variados, mientras que su entresuela de EVA amortiguadora proporciona un mayor confort para actividades de alta intensidad. El sistema de protección del tobillo envuelve el pie, aportando estabilidad y protección frente a rocas y pedregales. La nueva tecnología Edging Plate 2 de Salewa combina una rigidez específica para conseguir una mayor estabilidad en los bordes y un mayor rendimiento en la escalada con una flexión y un rebote equilibrados para ofrecer comodidad en las excursiones, y un estabilizador del talón compatible con crampones que mejora la sujeción en los senderos inclinados.

Características: Suela Pomoca. Edging Plate 2. Bolsillo de ocultación de cincha. Red superior de cables de kevlar. APS (Ankle Protector System). Punta de goma. Estabilizador de talón. Polaina elástica antideslizante. POMOCA® S Path. Borde Protectivo. MFF+ Plantilla. Climbing Lacing. Sistema 3F. 3D-Lacing.

Peso: 600 g (size 9 UK). ½ par.

PVPR: 300 €

El calzado que deja menos huella

Algunos fabricantes de calzado para la montaña han implementado diversas iniciativas sostenibles para reducir su impacto ambiental, destacando el uso de materiales reciclados y tecnologías avanzadas que promueven la durabilidad y la eficiencia. Cada vez más partes del calzado se fabrican con materiales reciclados, desde el material sintético del upper (introduciendo poliéster u otros tejidos sintéticos reciclados), a los cordones, la plantilla o incluso la suela, que también puede ser parcialmente reciclada (como ejemplos, zapatillas como la Moab Speed de Merrell emplea cordones y mallas 100% reciclados). Además, ha aumentado el uso de materiales orgánicos, fácilmente reciclables. Un ejemplo es la línea Alpine Hemp de Salewa, que utiliza cáñamo, un material biodegradable. Muchas otras firmas han introducido materiales reciclados o fácilmente reciclables en su fabricación. Otro buen ejemplo es la zapatilla Mojito de Scarpa, que emplea un proceso de producción que recupera la piel Suede, reutilizándola, sin incorporar productos químicos contaminantes.

Igualmente firmas como la italiana Aku o la alemana Lowa utilizan un cuero con certificación ecológica, procedente de proveedores certificados o que cuenta con sellos independientes como el otorgado por la auditoría Leather Working Group, que trabaja para promover prácticas sostenibles y aumentar la trazabilidad en la cadena de suministro del cuero.

Aún más destacables son las iniciativas que se dedican a aumentar la durabilidad de un producto, y en este caso del calzado, pues prolonga su vida útil, reduce la frecuencia de reemplazo y minimiza el desperdicio. Unas botas o zapatillas duraderas soportarán los terrenos difíciles y condiciones climáticas adversas, evitando de esta forma el consumo de recursos naturales y energía necesarios para producir nuevos pares. // **Redacción Desnivel**

COL. LOWA

COL. MILET

MATERIAL

MOCHILAS PARA ESCALADA

Elegir la más adecuada

Las mochilas para escalada han evolucionado notablemente en las últimas temporadas. Desde sus formas a su peso, pasando por sus accesorios, son productos donde el minimalismo ha ido ocupando un papel predominante. Este artículo ayuda a elegir la más adecuada y aporta consejos para reducir la carga.

En la montaña necesitaremos una mochila que sea estrecha y se adapte bien a nuestro cuerpo, sin restringir los movimientos.

EL sector de las mochilas para escalada es apasionante. Y lo es porque incluye aquellas que solo sirven como contenedores para el transporte del equipo con el que se escalará a posteriori, pero también las que se utilizan exclusivamente para progresar en pared y, por supuesto, las que deben rendir en ambos decorados: suelo y mundo vertical.

Para cumplir con los requisitos del transporte de material deben tener la capacidad idónea, pero también la estructura que ofrezca suficiente comodidad para repartir la carga a lo largo y ancho de la espalda de los usuarios, protegiendo sus hombros. La robustez debe ser alta, pero conservando un peso bajo que no lastre los movimientos de su porteador o porteadora.

La evolución en pared requiere de una mochila compacta y ligera, pero resistente en caso de ser izada. Debe incorporar anclajes fiables para este último propósito, pero de la suficiente discreción como para no engancharse constantemente mientras se progrese.

FERNANDO CALVO

Estructura

Tradicionalmente, las mochilas para escalada han tenido una forma más o menos cilíndrica con pocos apósitos externos. Tal vez un pequeño bolsillo en la tapa, pero poco más. Los voluminosos contenedores exteriores, tan habituales en otras disciplinas como el senderismo o el trekking, se convierten aquí en elementos que pueden engancharse impidiendo la progresión del escalador o escaladora, sobre todo en pasajes estrechos como chimeneas.

Portapiolets, generalmente dos, y, en ocasiones, un portacrampones frontal, son los escasos accesorios que cuelgan o adornan "por fuera", además de compresores laterales para comprimir la carga y reducir su volumen al extraer elementos.

Los dorsos suelen tener acolchados de poco espesor, unas veces termoformados y otros compuestos por planchas de espuma que en ocasiones se desmontan y pueden servir como base para sentarse en la nieve o en rocas mojadas, o hacer las veces de pequeñas colchonetas de vivac.

Capacidad

Las mochilas diseñadas para escalada no tienen una enorme capacidad, ante todo por estos motivos:

- Las actividades son generalmente de una jornada, máximo dos.
- Se supone que con ellas se superarán pasajes técnicos, con lo que un gran volumen podría desequilibrar a su usuario.
- Quizás no se queden en la base de la pared, sino que acompañen, casi vacías, durante toda la escalada. Si el volumen es reducido será necesario comprimir mucho menos, y también será menor el bulto que se transporte a la espalda.

Por tanto, los litrajes comprendidos entre 20 (para actividades rápidas de una jornada) y 50-55 litros (las más utilizadas en alpinismo invernal o para portear relativas grandes cargas a la base de escaladas largas) son los más empleados.

Verano e invierno

Escalar en roca o en hielo y mixto implica requisitos muy distintos. Desde la cantidad y especificidad de las prendas que se transportan a los propios útiles, que ocupan espacios diferentes y necesitan anclajes determinados, pasando por la impermeabilidad del tejido constructivo o/y de la cámara de transporte.

Eso significa que una buena mochila para escalar en invierno debería tener algo más de capacidad que una de uso en verano logrando así, entre otros factores, que la ropa de recambio se mantenga seca por transportarse en su interior y no colgando por fuera. Si unimos que, salvo para escalar en alta montaña (algunos lugares del Pirineo, Los Alpes…) será difícil que una mochila para actividades estivales precise tener portapiolets, etc., estaríamos hablando de productos relativamente distintos para cada época aunque nuestra actividad reciba el mismo nombre todo el año: escalada.

Igualmente es bueno escoger mochilas con formas limpias y materiales resistentes al agua si se pretende hacer actividad en ambientes húmedos o alpinismo invernal. Las hay, incluso, con costuras termo-

PRECAUCIONES

Del mismo modo que decíamos que la ropa de recambio y la documentación pueden ir protegidas en bolsas estancas, el transporte de material como friends, fisureros, tornillos de hielo, crampones… impondrá usar bolsas robustas que impidan la perforación del propio tejido de la mochila y de los elementos que en ella se transporten. // **JIG**

MARINA FERNÁNDEZ

CAMP/ MARCIN TOMASZEWSKI

En esta foto, Marcin Tomaszewski con una mochila minimalista abriendo un big wall en Groenlandia. A la izquierda, en ambas fotos, utilizando mochilas ideadas para alpinismo, con complementos como porta-cuerda, porta-piolets o bolsillo superior con cremallera para objetos pequeños.

MOCHILAS DE TIPO HÍBRIDO

En estos tiempos donde se ha impuesto la velocidad en todos los campos, y por supuesto también en las montañas, los diseños se dirigen a combinar lo mejor de los diferentes mundos implicados. El alpinismo y la escalada no son ajenos a esta evolución y algunos fabricantes ofrecen mochilas híbridas con el "cuerpo" habitual de un sistema de transporte clásico para escalada, pero el dorso y los tirantes de un chaleco de trail running.

El resultado ofrece máximo contacto con el cuerpo, lo que permite progresar a mayor velocidad, evita desequilibrios para el usuario y añade la garantía de contar, siempre a mano, con un botellín flexible de hidratación, bolsillos elásticos para barritas, geles, teléfono móvil... // **JIG**

JUAN RAMÓN MORÁN

selladas, lo que complementado con un cierre eficiente de la boca desembocará en que no penetre nada de agua en el interior y todo lo que se transporte permanezca seco y a buen recaudo.

Superespecialización

Aunque la corriente de ofrecer productos versátiles sigue estando presente en los catálogos de todos los fabricantes, la tónica de ofrecer mochilas especializadas es cada día más importante. Mochilas para alpinismo invernal rápido y mochilas para escalada deportiva forman parte de las últimas ofertas de las marcas más prestigiosas.

• **Para escalada en general** no se llevan elementos a la espalda durante muchas horas, por lo que ofrecer comodidad a base de hombreras muy acolchadas y dorsos ventilados es poco habitual. Los cinturones tampoco tienden a ir demasiado acolchados, al contrario, aunque sigan presentes para estabilizar la carga.

• **Las dirigidas al alpinismo** llevan casi de manera general compresores para reducir su tamaño cuando no están llenas, doble portapiolet y, tal vez, un bolsillo portadocumentos en su parte superior, aunque la tendencia apunta a la desaparición de las hasta ahora conocidas "tapas" en favor de leves apósitos que ciñen la boca principal cuando se tracciona del cordón de cierre. Algunas, incluso, se cierran y comprimen con un sistema enrollable heredado de las bolsas secas que además sirve para incrementar su estanqueidad especialmente si, como decíamos antes, sus costuras han sido termoselladas en la cara interna (ideales para alpinismo invernal, escaladas en zonas húmedas, lluvias inesperadas...). Pueden tener algún accesorio para inmovilizar y transportar una cuerda o un casco en el exterior. Pero, atención, porque dichos elementos de seguridad deberían ir, a ser posible, protegido de los rayos ultravioleta y eventuales roces y enganchones con rocas, ramas... También pueden contar con un bolsillo o correas donde transportar unos crampones, si bien generalmente destacan por una limpieza de líneas que pretende evitar roturas y que no se impida el movimiento de su usuario por lugares accidentados o pasos estrechos.

• **Las diseñadas para escalada deportiva** también suelen tener cintas para bloquear la cuerda en el exterior, pero las bocas (enrollables o no) acostumbran a estar sustituidas por amplias cremalleras que ofrecen un acceso completo a la cámara de transporte.

ÍÑIGO AYLLÓN

TOÑO GUERRA

Arriba, bolsillo con cremallera en el cinturón; y mochila con un compartimento específico para el equipo de seguridad en nieve. A la derecha, con una mochila de alpinismo ligera en las cascadas de Gavarnie.

Aunque los materiales de unas y otras son similares, las de escalada o alpinismo invernal van contando, adicionalmente y como se decía con anterioridad, con áreas termoselladas en busca de estanqueidad sin necesidad de complementos como cubremochilas.

En oposición a las rejillas transpirables de los dorsos de las de trekking, senderismo y excursionismo, las mochilas para actividades de escalada tanto invernal como estival suelen construirse, como se citaba previamente, con dorsos termoformados o espaldas que no cuentan siquiera con canales de ventilación, constituyendo lo que se conoce como "de contacto". La transpiración se ve comprometida, pero la solidaridad de la mochila con el cuerpo del escalador es máxima, lo que aumenta la estabilidad en la vertical. Los materiales robustos con un ligero acolchado interior (que en ocasiones puede extraerse para ser utilizado como pequeña colchoneta de vivac, como también decíamos con anterioridad) son lo más habitual para reducir el riesgo de enganchones y roturas, más susceptibles en los dorsos de rejilla "tensa" tan extendidos en la actualidad para mantener fresco al senderista.

Los excursionistas gustan de llevar sus botellas "a mano" en bolsillos laterales. En cambio, los escaladores y alpinistas prefieren un departamento interior para un depósito flexible que facilita ir bebiendo a través de una tubería sin necesidad de quitarse la mochila.

MARINA FERNÁNDEZ

Otros detalles distintivos e ingeniosos

Diversas mochilas ideadas para escalada deportiva incluyen una funda para cuerda, que puede estar integrada mediante unas costuras o ser un accesorio que la acompaña de forma separada. Configuraría algo así como un híbrido entre una mochila y una bolsa para cuerda, entendida esta como la tela que se extiende en el suelo para evitar el contacto del elemento de seguridad con la superficie, en ocasiones polvorienta, con rocas cortantes o poblada de hojas y ramas que además son susceptibles de estar húmedas.

Algunos modelos incorporan portapiolets de acceso rápido, que permiten liberar las herramientas incluso con la mochila puesta. Un sistema muy interesante que aumenta la seguridad de los usuarios.

Otros tienen fuelles de extensión que, más que permitir ganar capacidad, evitan la penetración de nieve en caso de ventisca.

Cómo distribuir la carga

En función de la actividad se pueden dar diferentes consejos para disponer la carga, pero es evidente que acercar lo pesado al centro de gravedad del individuo debe ser la consigna más racional. Personalmente, guardo al fondo lo que no utilizo hasta el final, excepto que lleve mochilas equipadas con múltiples accesos por cremallera. Lo ligero arriba (ropa impermeable, térmica o para cambiarme). En la espalda también un poquito de ropa, evitando así que algo metálico se clave. Pero, ojo, pues la transpiración muchas veces causa estragos (y la lluvia más aún). Para que las prendas no se mojen suelo llevarlas en bolsas estancas o de autocierre. Cuidado también con la documentación, el dinero en papel, el material electrónico: ¡el agua se abre paso por donde menos lo esperas!

No obstante, una correcta distribución de la carga solo es posible si hay una buena adaptabilidad de la mochila a la anatomía de su usuario o usuaria. Las mochilas extremadamente pequeñas se ubican en lugares concretos de la espalda, sin posibilidad de repartir la carga y por tanto congestionando áreas concretas. Los dorsos de gran longitud, con una distancia importante entre el anclaje de las hombreras y el cinturón, tampoco son lo mejor para personas "menudas".

Para finalizar este apartado, un detalle importante: una vez elegida la mochila y distribuida la carga en su interior, la correcta regulación de las hombreras y el cinturón permitirán un reparto equilibrado, que deberá variarse en función de lo que exija el recorrido: el compresor de pecho podrá ir más suelto en ascenso, para permitir una mejor oxigenación de los pulmones, pero deberá ir más apretado si se afrontan escaladas técnicas. Con el resto de componentes ocurre lo mismo: alterna la presión que reciben hombros y caderas con la finalidad de conservar tu físico.

Mochila dentro de mochila

Sí, igual que las muñecas matrioshka, muchas veces se utiliza esta fórmula: emplear una mochila de escalada de cierta capacidad para transportar el material hasta la base, pero llevar otra de tamaño reducido para la escalada. Mochilas ligeras con sistemas de suspensión para colgar en la reunión, con una daisy chain en la cara frontal (para colgar material) y ningún acolchado en la espalda para plegar en el mínimo espacio. Algunos modelos permiten transportarlas colgadas en el arnés gracias a un anillo y un pequeño bolsillo que incorporan para ser compactadas. Otras son, realmente, portamateriales con una mochila integrada que ofrecen una doble función.

José Isidro GORDITO

PRODUCTO PROBADO *Por Curro GONZÁLEZ*

MOCHILA PARETE 30 DE GRIVEL

Muy resistente y compacta, ideal para escalada

Fabricante: Grivel (Italia). **Distribuidor:** Vertical Sports. **Actividad recomendada:** alpinismo y escalada. **Materiales:** Cordura triple ripstop 305D. **Peso:** 830 g (690 g sin estructura respaldo). **Capacidad:** 30 litros. **PVP aprox:** 119,90 €.

MOCHILA de alpinismo y escalada de tamaño medio, perfecta para los entusiastas de los deportes de montaña que quieren viajar ligeros sin sacrificar su equipo. Nada más verla salta a la vista el resistente tejido con la que está construida, y no nos equivocamos al ponerla a prueba: fabricada en Cordura 305D triple ripstop, es resistente a los golpes, los arañazos y la abrasión en cualquier condición meteorológica. Una muy buena alternativa no sólo para actividades de alpinismo, sino para aquellos escaladores en roca que les den un uso intensivo a sus mochilas, metiéndose por ejemplo por chimeneas abrasivas.

Es una mochila bastante ligera, así que es muy polivalente en todo tipo de escaladas. Personalmente me gustan mucho las mochilas de diseño limpio con construcción tubular, ya que aportan una mayor libertad de movimientos y estabilidad en la escalada.

En la parte superior encontramos una boca de acceso con cuello enrollable que permite ganar capacidad y con cierre roll-top para asegurar una mayor impermeabilidad y que resulta muy fácil de abrir y cerrar. Encontramos también un acceso desde la tapa mediante clip rápido y cinta tensora para transportar la cuerda (muy importante para fijar la cuerda correctamente).

Un detalle que me parece muy funcional es su acceso adicional al interior de la mochila mediante una amplia cremallera lateral vertical, que te permite coger rápido lo que necesites. También dispone de dos bolsillos laterales elásticos para tener más a mano determinado material, y de un bolsillo interior con cremallera para los objetos pequeños que queramos llevar más seguros.

VALORACIÓN GENERAL ★★★★☆			
Resistencia	★★★★★	Polivalencia	★★★☆☆
Estabilidad	★★★★☆	Diseño	★★★★☆
Ligereza	★★★★☆	Precio	★★★★☆

Otro de los puntos fuertes de esta mochila bajo mi punto de vista es su respaldo termomoldeado y sus hombreras acolchadas; me han parecido muy cómodas (incluso con la mochila totalmente cargada) tanto en aproximaciones como en las escaladas en las que la he utilizado. Además, si queremos aligerar el peso de la mochila, su estructura interior es amovible (se puede quitar), al igual que el cinturón y los portapiolets, que son minimalistas. Igualmente las correas laterales se pueden quitar y las hebillas se guardan en un bolsillito lateral, para que el diseño sea aún más limpio y eliminar el riesgo de enganchones.

FOTOS: CURRO GONZÁLEZ

Puntos fuertes: Una mochila técnica de tamaño medio, compacta, versátil y muy resistente, ideal para practicar alpinismo y escalada en roca.

PRODUCTO PROBADO *Por Josito FERNÁNDEZ*

MOCHILA KAJKA 75L DE FJÄLLRÄVEN

Compañera para grandes travesías

POR su gran capacidad (75 l), la mochila Kajka es ideal para actividades de trekking de varias jornadas, pudiendo transportar cómodamente todo el material que necesitamos en las actividades en las que vamos en autonomía. Incluye multitud de soluciones inteligentes para poder llevar todo a mano y acceder a cualquier elemento sin tener que desmontar la mochila. Resulta muy cómoda con grandes cargas.

La hemos estado probando durante los meses de abril y mayo realizando actividades de senderismo en autonomía de varias jornadas por las sierras de Guadarrama y Gredos. Pero esta mochila pide más, pues está preparada para visitar lugares aislados y remotos. Ante todo destacar su robustez; da la sensación de que tendrás mochila para toda la vida o hasta que te canses de ella. También me ha sorprendido lo versátil que es el ajuste a tu tamaño de espalda y cintura. Todo está estudiado milimétricamente para regularlo con precisión.

A nivel de espalda, la mochila te ofrecerá máximo confort, además de por su perfecto ajuste ya mencionado, también por el generoso acolchado de hombreras y cintura. En la estructura de la espalda incluye dos listones de madera flexible que absorben las vibraciones que puedan producirse durante la marcha cuando vas con mucha carga.

Tambien me ha gustado su accesibilidad al contenido: una amplia cremallera en U invertida que abre la parte frontal de la mochila permite acceder al interior de manera rápida. Está compartimentada en dos pisos (pero tiene la posibilidad de poder unirlo en uno solo); el inferior para llevar el saco de dormir (con su correspondiente cremallera para poder acceder desde el exterior rápidamente).

Incluye una multitud de bolsillos y compartimentos para poder tener todo a mano y localizarlo rápidamente. Dentro dispone de un compartimento específico para el sistema de hidratación. Fuera tiene 2 amplios bolsillos laterales expandibles por las 2 correas de compresión más otros 2 bolsillos inferiores para la botella de agua o acceso rápido de ropa. También tiene 2 pequeños bolsillos en el cinturón.

La tapa o seta se puede extraer y llevarla a la cintura como riñonera independiente. Tiene compartimento externo e interno, además de otro superior donde se incluye la funda para proteger de la lluvia teniéndolo siempre a mano. No la faltan los soportes para llevar los piolets o los bastones de senderismo.

www.fjallraven.com

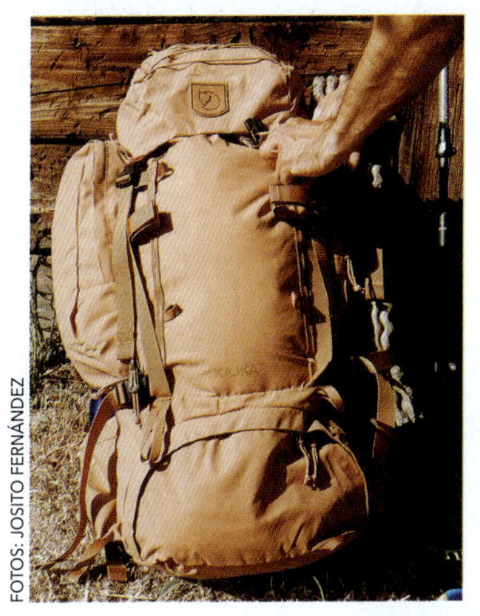

FOTOS: JOSITO FERNÁNDEZ

VALORACIÓN GENERAL	★★★★☆		
Comodidad	★★★★★	Durabilidad	★★★★★
Ajuste	★★★★★	Estabilidad	★★★★☆
Ligereza	★★☆☆☆	Precio	★★★☆☆

Importante también los criterios sostenibles que ha empleado la marca en su fabricación, con tejidos reciclados y sin los contaminantes químicos PFC.

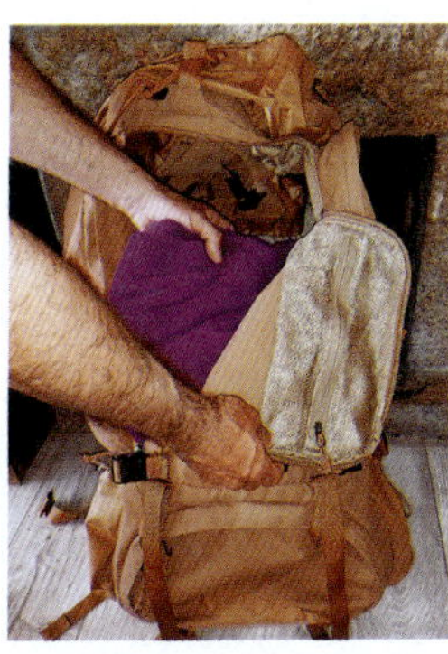

Puntos fuertes: su durabilidad y comodidad para llevar grandes cargas, sus múltiples compartimentos para tener todo a mano, y su buen ajuste, que permite llevar la carga estabilizada.

Fabricante: Fjällräven (Suecia).
Distribuidor: Cap Azul.
Actividad recomendada: alpinismo y trekking.
Materiales: poliamida 500D reciclada, madera trazable. Fabricada sin PFC.
Capacidad: 75 litros (también disponible en 55, 65, 85 y 100).
Peso: 3.390 g.
Tallas: S/M y M/L.
Tallas: 88 (alto) x 54 (ancho) x 28 cm (profundo).
Colores: Azul, verde, ocre y negro.
PVP aprox: 429,95 €.

 Por Roberto LLORENTE

MOCHILA KAMET 35L DE COLUMBUS

Versátil, con muchos detalles

Fabricante: Columbus (España).
Distribuidor: Columbus Outdoor.
Actividad recomendada: alpinismo, escalada, trekking, esquí...
Materiales: N400D 100% RE-NYLON y 20D SO TM DOBBY. Con certificado Bluesign.
Peso: 990 g.
Dimensiones: 59 x 28 x 22cm.
PVP aprox: 124,90 €.

MOCHILA de corte limpio y técnico indicada para prácticamente todas las disciplinas de montaña. La podemos encajar dentro de las actividades de día por su capacidad; al tener cierre de cremallera en la tapa no permite ninguna ampliación de espacio, aunque con sus 35 litros nos dará cobertura suficiente para actividades en las que tengamos que llevar ropa de invierno o material de escalada.

Tiene un diseño sencillo de espalda, con una espuma EVA preformada para facilitar la aireación. Los tirantes están acolchados y son regulables; uno de ellos tiene una malla para portear un soft flask o botella plegable de 500 ml. El cinturón de carga es cómodo, con un portamaterial en un lado y un bolsillo en el otro. La cinta pectoral es regulable en altura, e incluye un silbato de emergencia.

La tapa de cierre con cremallera de gran apertura facilita la carga; tiene dos bolsillos uno exterior y uno interior. Dentro de la mochila encontramos el compartimento para la bolsa de hidratación de gran capacidad.

El exterior es resistente a la abrasión y al desgaste, de corte limpio y con buenos detalles técnicos; tiene dos porta piolets, en la parte central tiene dos Daisy Chain donde podemos articular la altura de las cintas de compresión laterales para, por ejemplo, colocar nuestros esquís. En el frontal también podemos transportar unos bastones de caminar gracias a un pequeño bolsillo donde se colocan las puntas de estos y un enganche elástico para sujetarlos.

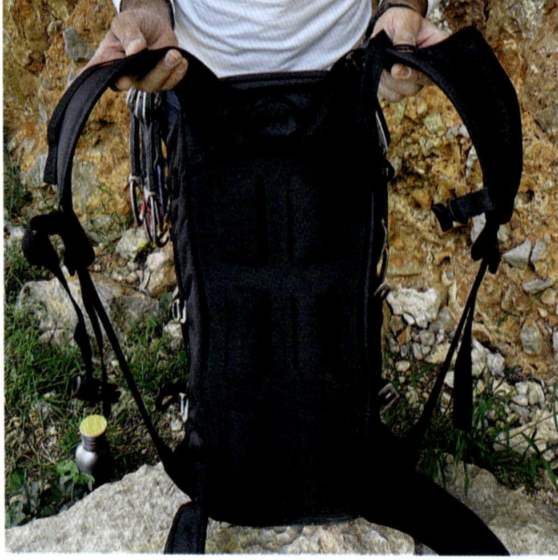

FOTOS: COL. ROBERTO LLORENTE

VALORACIÓN GENERAL	★★★★☆		
Polivalencia	★★★★☆	Durabilidad	★★★☆☆
Comodidad	★★★★☆	Diseño	★★★★☆
Ligereza	★★★☆☆	Precio	★★★★☆

En uno de los laterales de la mochila tiene un bolsillo con cremallera (que en mi opinión se podría sustituir directamente por una cremallera que diera acceso al interior de la mochila) y en el otro una práctica redecilla.

He podido utilizarla durante unas semanas realizando actividades de escalada deportiva y clásica con cierta aproximación. Me ha resultado muy cómoda en cuanto al transporte, así como al acceso a la carga y el vaciado. He usado todos los complementos que trae de serie como el portacasco. Y también ha sido de agradecer el cubremochilas que lleva en la parte inferior, muy útil con las lluvias primaverales. Ahora solo queda descubrir cómo envejece tras el uso intensivo, aunque las impresiones son positivas. He de decir que no conocía las mochilas de esta firma vasca y me ha sorprendido gratamente

Puntos fuertes: mochila muy práctica para las actividades de día o minimalistas de más de una jornada. Es cómoda, ligera y llena de detalles, por lo que se coloca en primera línea para su uso durante todo el año.

www.columbus-outdoor.com

PRODUCTO PROBADO *Por Toño GUERRA*

MOCHILA HIKEMASTER 26 DE FERRINO

Garantía de espalda fresca

EL objetivo del fabricante ha sido crear una mochila que no te haga sudar la gota gorda en verano gracias a un sistema de ventilación muy elaborado. Es una mochila de corte clásico y líneas limpias, adecuada para actividades de un día , o más si se pernocta en refugio o albergue.

Si nos fijamos en la espalda vemos el sistema que han denominado "Dry Net System", que consiste en un marco portante de acero flexible que, además de garantizar una distribución perfecta del peso, permite tensar las dos tiras de malla que separan la mochila de tu espalda 5 cm para garantizar una excelente ventilación, evitando la incomodidad de una espalda sudorosa. La contrapartida de estos sistemas de armadura separadora en el dorso es que restan espacio en el interior de la mochila, reduciendo su potencial capacidad. Pero en este caso el marco es extraíble, con lo cual aumentamos esa capacidad notablemente aun a costa de la pérdida de rigidez, que se puede compensar rellenando y distribuyendo apropiadamente la carga dentro.

La otra tecnología para combatir el exceso de sudoración viene con la utilización como relleno de las hombreras de una espuma denominada Auxetic, que tiende a aumentar de tamaño cuando está sometida a una fuerza. Presenta numerosas y grandes celdas que al estirarse aumentan de tamaño, maximizando la transpiración al tiempo que distribuye la carga sobre un área mayor. La evaporación resulta así un 10% mayor, comparada con otros materiales, y además reduce en segundos la temperatura de contacto con el cuerpo. Hay que decir que estas hombreras resultan realmente cómodas, lo he podido comprobar llevando bastante peso en excursiones y ascensiones por los Pirineos. El ancho cinturón, provisto de 2 bolsillos con cremallera, contribuye igualmente a un transporte confortable.

Los accesorios incluyen 2 portabastones/portapiolets , 4 anillas portamaterial delanteras con cintas adicionales extraíbles que permiten transportar unas raquetas de nieve, una esterilla o ¡incluso esquís!

El cubremochila está incluido, oculto en un bolsillo en la base. Es compatible con una malla para llevar el casco que no viene incluida. También cuenta con cinta de ajuste pectoral con silbato, 2 bolsillos laterales elásticos, bolsillo interior para la bolsa de hidratación y un bolsillo en la tapa superior con llavero. En definitiva, una mochila sencilla, completa, cómoda y sobre todo fresca.

Puntos fuertes: versátil para distintas actividades en montaña, con excelente ventilación en la espalda.

www.ferrino.it

Fabricante: Ferrino (Italia).
Distribuidor: Snow Factory.
Actividad recomendada: montañismo, senderismo...
Materiales: Nylon 210D Hexagonal, Auxetic.
Peso: 930 g (820 g sin armadura ni cubremochila).
Capacidad: 26 litros (también en versión femenina de 24 litros).
Dimensiones: 48 x 29 x 19 cm.
PVP aprox: 149,90 €.

VALORACIÓN GENERAL ★★★★☆			
Ventilación	★★★★★	Comodidad	★★★★★
Ajuste	★★★★☆	Ligereza	★★★★☆
Durabilidad	★★★☆☆	Precio	★★★☆☆

COL. TOÑO GUERRA

Alpina

MOCHILAS

www.esportivaaksa.com

ACTIVE 25

Un modelo de mochila que dispone de un generoso compartimento principal donde almacenar todo el equipamiento necesario para ir a la montaña y disfrutar de la naturaleza las cuatro estaciones del año. Fabricada en Nylon ripstop / Poliéster. Equipada con el cómodo sistema Alpina Air Cool System, un dorso diseñado para favorecer la ventilación entre la mochila y la espalda del usuario creando una bolsa de aire fresco evitando así el molesto sudor que acostumbra a generarse tras unas horas de excursión o escalada. **Características:** Funda para la lluvia, tensor de pecho, silbato de emergencia, cintas compresión lateral, bolsillo rejillas laterales, riñonera con bolsillos, soporte para bastones, acceso hydrobag. **Capacidad:** 25 l. **Peso:** 950 g. **PVPR:** 67,5 €

LISARD 20

Un modelo de diseño sencillo, pero el más ligero y cómodo del catálogo. La Lizard 20 es una elección ideal si practicas excursiones de un día, rutas en bicicleta, escapadas a la naturaleza, y también para ir a trabajar y llevar lo imprescindible. **Características:** Fabricada en Nylon diamond ripstop / Poliéster, está equipada con Alpina Back Contact System Transpirable. Tensor de pecho, silbato de emergencia, gomas compresión lateral, un bolsillo de malla frontal y dos laterales para llevar materiales, soporte para bastones, acceso hydrobag, riñonera con bolsillos. **Capacidad:** 20 l. **Peso:** 550 g. **PVPR:** 73,8 €

FUSION 20

Descripción: Muy versátil, está diseñada para adaptarse a cualquier situación. Una mochila muy agradable de usar, es práctica, resistente y ligera, con capacidad suficiente para llevar lo imprescindible para una jornada de senderismo. **Características:** Fabricada con tejido de alta resistencia Mini Nylon y Poliéster. Equipada con el Alpina Air Cool System en la espalda, un dorso diseñado para favorecer la ventilación entre la mochila y la espalda del usuario creando una bolsa de aire fresco entre esta y la mochila. Dispone de Funda para la lluvia. Tensor de pecho. Silbato de emergencia, Cintas compresión lateral. Bolsillas rejilla lateral. Riñonera con bolsillo. Porta bastones, o acceso hydrobag entre otras características. **Colores:** Verde lima. **Capacidad:** 20 l. **Peso:** 950 g. **PVPR:** 70,56 €

RIDGE 30

Una mochila clásica pensada tanto para un uso más urbano como para una actividad básica de trekking. Dispone de un espacio principal amplio con un compartimento adecuado para llevar una tablet o un ordenador, en la que también puedes almacenar todo el equipamiento necesario para tus actividades outdoor. Fabricada en 80% Nylon Diamond ripstop / 20% Poliéster, está equipada con el cómodo sistema Alpina Back Contact System, con doble acolchado en la espalda que impide que los objetos del interior de la mochila golpeen el cuerpo y permite una óptima transpiración. **Características:** Funda para la lluvia, tensor de pecho, silbato de emergencia, bolsillos de rejillas laterales, riñonera con bolsillos de malla, soporte para bastones, acceso hydrobag. **Capacidad:** 30 l. **Peso:** 750 g. **PVPR:** 57 €

CIVETTA 30

Desde las montañas más altas, hasta los senderos más trillados, la mochila Civetta de 30 litros es la perfecta acompañante para todas tus aventuras. Con capacidad suficiente para hacer frente a todos tus retos, es una de las mochilas más espaciosas y modernas. Dispone de un sistema de transpiración y carga de la mochila que se amolda perfectamente a tu cuerpo. **Características:** Fabricada en Nylon ripstop / Poliéster, está equipada con Alpina Back Contact System Transpirable. Funda para la lluvia, tensor de pecho, silbato de emergencia, cintas compresión lateral, bolsillo rejillas laterales, riñonera con bolsillos, acceso hydrobag. **Capacidad:** 30 l. **Peso:** 850 g. **PVPR:** 82,64 €

PEAK 30

Una mochila para grandes aventuras en tamaño reducido. La Peak 30 será una buena elección si haces caminatas largas y no quieres cargar demasiado peso. Con su capota y su compartimento principal, y su acceso directo inferior, la hacen una mochila excelente para cualquier actividad de más de un día. **Características:** Fabricada en Nylon / Poliéster, equipada con Alpina Air Cool System. Funda para lluvia, acceso inferior con cremallera y separador de carga interior, tensor de pecho, silbato de emergencia, cintas compresión lateral, acceso hydrobag, malla porta material frontal, bolsillos laterales con cremallera, cintas inferiores para transporte de sacos o colchones. **Capacidad:** 30 l. **Peso:** 1300 g. **PVPR:** 95 €

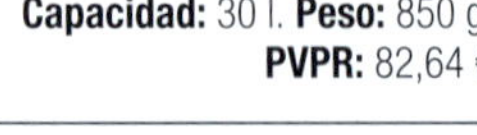

TOR 35

Descripción: La mochila Tor es un modelo resistente y fuerte. Con tres compartimentos de fácil acceso y un sistema de Alpina Air Cool System para mejor transpiración y soporte excelente, la hacen una mochila ideal para el confort. La Tor 35 será el acompañante perfecto para tus aventuras en la montaña y para el día a día. **Características:** Fabricada con tejido Nylon y poliéster. Funda para la lluvia. Tensor de pecho. Silbato de emergencia. Cintas compresión lateral. Bolsillos laterales con rejilla. Riñonera con bolsillo, o acceso hydrobag entre otras características. **Colores:** Verde. **Capacidad:** 35 l. **Peso:** 950 g. **PVPR:** 75 €

SANTIAGO 50

Para todos los públicos, esta mochila se adapta a cualquier cuerpo con su ajuste de sistema de tallas en la espalda. Con un ingenioso compartimiento independiente delantero para llevar equipamiento de montaña cómo cascos y crampones. La Santiago es la acompañante perfecta para salidas en la montaña y disfrutar de la naturaleza. Fabricada en Nylon Rip Stop y equipada en la espalda con el Alpina Multisize System. **Características:** Funda para la lluvia, tensor de pecho, silbato de emergencia, cintas compresión lateral, bolsillo rejillas laterales, riñonera con bolsillos, soporte para bastones, acceso hydrobag, modelo unisex. **Capacidad:** 50 l. **Peso:** 1550 g. **PVPR:** 119,80 €

www.columbus-outdoor.com

MOCHILAS

KAMET 35

Mochila polivalente de 35 litros para actividades en montaña (alpinismo, trekking, escalada o actividades invernales) de diseño limpio y compacto. La versión mejorada de nuestro modelo Peak 35, con el añadido de estar hecha con materiales reciclados con certificado BLUESIGN. **Características:** Espalda preformada con flujo de aire. Compartimento para la bolsa de hidratación. Cinchas de compresión laterales. Tirantes ergonómicos acolchados ajustables. Sistema de transferencia de carga. Bolsillo exterior e interior con cremallera en la tapa superior. Bolsillo lateral de red y otro en el tirante izquierdo. Bolsillo lateral con cremallera. 2 daisy chain. Porta piolets/bastones. Cinta de pecho ajustable con silbato. Porta casco de red. Cremalleras YKK. Elementos reflectantes. Funda de lluvia incorporada. Cinturón acolchado ajustable con bolsillo con cremallera y bucle para mosquetones. **Colores**: Negro. **Dimensiones:** 59 x 28 x 22 cm. **Peso:** 990 g. **PVPR:** 124,90 €

ALPER 18 Y 28

Mochilas de 18 y 28 litros diseñadas para salidas cortas de trekking y senderismo, fabricadas con tejido reciclado rPET (tereftalato de polietileno reciclado), el cual se obtiene a partir del reciclaje de plástico PET, incluyendo botellas, tapas y etiquetas, que se convierten en nuevos productos. **Características:** Tejido reciclado rPET y resistente al agua. Diseño compacto y minimalista, adecuado para actividades de montaña de corta duración. Compartimento principal con bolsillo interior. Bolsillo exterior en la tapa superior. Compatible con bolsa de hidratación. Bolsillos laterales elásticos. Bolsillo frontal con cremallera. Daisy chain. Fijaciones para bastones. Espalda aireada malla tensada. Cinturón acolchado con bolsillos. Tirantes acolchados ajustables. Cinta pectoral con silbato en el cierre. Funda de lluvia incluida.
Colores: Borgoña/Caqui (18l). Caqui (28l).
Dimensiones: 42 x 25 x 15 cm (18l) y 49 x 28 x 17 cm (28l).
Peso: 870 g (18l) y 980 g (28l).
PVPR: 84,90€ (18l) y 94,90€ (28l).

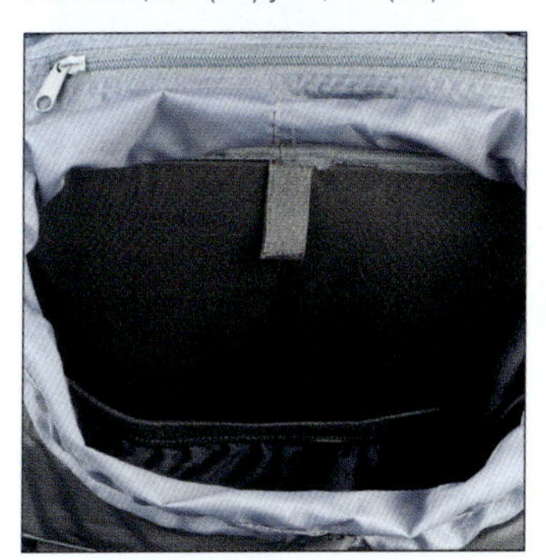

MOCHILAS

www.fjallraven.com

KAJKA 55 S/M

Duradera, cómoda y repleta de funciones: a pesar de su apariencia bastante modesta, la Kajka 55 es una mochila de trekking avanzada con el verdadero espíritu de Fjällräven. Ahora con un diseño completamente nuevo y más liviano con funciones afinadas, el revestimiento y los refuerzos hechos de materiales reciclados y una capacidad de reparación mejorada, pero aún con su estructura de madera innovadora y única. Kajka distribuye bien incluso cargas extremadamente pesadas y ha sido elogiado tanto por la prensa especializada como por excursionistas de todo el mundo. Los modelos S/M tienen tirantes ligeramente cónicos en la parte delantera para adaptarse mejor a las estructuras más pequeñas y dar más espacio para el busto, además de un cinturón lumbar ajustable ligeramente más corto. Los modelos M/L tienen tirantes más largos que no se estrechan en los extremos para adaptarse mejor a torsos más anchos.

Características: Fabricada en Vinailon, nailon 500D reciclado y forro en nailon 210D. Estructura de madera única fabricada con abedul certificado FSC. Sistema de ajuste Perfect Fit que es fácil de adaptar para adaptarse al largo de la espalda y al ancho de los hombros del usuario. Cinturón lumbar más ajustable y de apoyo y correas ergonómicas para los hombros Composición: Vinailon F: 100% vinilal, 100% poliamida 500D (reciclado).

Peso: 2860 g.

PVPR: 399,95 €

KAJKA 75 M/L

Duradera, cómoda y repleta de funciones: a pesar de su apariencia bastante modesta, la Kajka 75 es una mochila de trekking avanzada con el verdadero espíritu de Fjällräven. Ahora con un diseño completamente nuevo y más liviano con funciones afinadas, el revestimiento y los refuerzos hechos de materiales reciclados y una capacidad de reparación mejorada, pero aún con su estructura de madera innovadora y única. Kajka distribuye bien incluso cargas extremadamente pesadas y ha sido elogiado tanto por la prensa especializada como por excursionistas de todo el mundo.Los modelos S/M tienen tirantes ligeramente cónicos en la parte delantera para adaptarse mejor a las estructuras más pequeñas y dar más espacio para el busto, además de un cinturón lumbar ajustable ligeramente más corto. Los modelos M/L tienen tirantes más largos que no se estrechan en los extremos para adaptarse mejor a torsos más anchos.

Características: Fabricada en Vinailon, nailon 500D reciclado y forro en nailon 210D. Estructura de madera única fabricada con abedul certificado FSC. Sistema de ajuste Perfect Fit que es fácil de adaptar para adaptarse al largo de la espalda y al ancho de los hombros del usuario. Cinturón lumbar más ajustable y de apoyo y correas ergonómicas para los hombros. Composición: Vinailon F: 100% vinilal, 100% poliamida 500D (reciclado).

Peso: 3390 g.

PVPR: 429,95 €

ABISKO HIKE 35 S/M

Abisko Hike 35 es una mochila versátil perfecta para caminatas de cabina a cabina y trekking ligero. Fabricada 100% con poliamida reciclada, esta mochila tiene un sistema de longitud de espalda ajustable con malla de ventilación en el panel posterior, correas para los hombros y cinturón de cadera. Tiene un compartimento principal con cremallera frontal y la tapa superior con cordón elástico tiene dos bolsillos con cremallera. Hay dos bolsillos en las mangas dentro del compartimento principal y un bolsillo interior con cremallera al que se puede acceder fácilmente desde la abertura frontal y la parte superior. Los dos bolsillos laterales de gran tamaño son ideales para llevar botellas y también hay dos bolsillos en el cinturón de sujeción de la cadera. Accesorio en la parte delantera de la mochila para bastón de trekking o piolet. Compatible con sistema de hidratación. Funda para lluvia incluida.

Características: Fabricada en nailon ripstop 210D reciclado con un revestimiento de PU de 1500 mm. Base reforzada de nailon 500D reciclado y forro de nailon 100% reciclado. Sistema de ventilación Friluft para un gran confort de transporte en climas cálidos/húmedos. Almacenamiento bien pensado con múltiples bolsillos. Longitud de espalda fija. Composición: 100% poliamida 210D Ripstop (reciclada), 100% poliamida 500D (reciclada)

Peso: 1400 g (S/M).

PVPR: 229,95 €

SKULE 28

Esta mochila de 28 litros es perfecta para viajes diarios a la escuela o al trabajo e igualmente adecuada para caminatas de un día. Confeccionada con tejido Oxford resistente e impermeable en poliéster reciclado. Tiene un bolsillo superior de fácil acceso y un compartimento principal con cremallera con una funda acolchada para computadora portátil de 15". Amplio compartimento frontal con bolsillo interior con cremallera y bolsillos organizadores de malla. Cómodo panel trasero con malla de aire, correas acolchadas para los hombros y correa ajustable para el pecho.

Características: Composición: 100% poliéster reciclado. 7 bolsillos. Tejido Oxford resistente y forro de poliéster reciclado. Cómodas correas acolchadas para los hombros y panel trasero con malla de aire. Compartimento principal con cremallera y funda acolchada para portátil de 15". Sistema de hidratación compatible con abertura para tubo de bebida en la parte superior. Compartimento frontal con cremallera y bolsillos interiores organizadores de malla.

Peso: 750 g. **PVPR:** 99,95 €

www.grivel.com

MOCHILAS

RAPIDO 18

Mochila diseñada para los que valoran avanzar rápido. Fabricada en tejido Nylon 210D ligero y resistente, es perfecta para fast-hiking y alpinismo ligero. Diseño funcional y depurado que incorpora sistema de tirantes tipo chaleco y cintas pectorales dobles para aportar una óptima estabilidad y libertad de movimientos. Acceso desde la tapa mediante cuello con doble cordón tensor y clip rápido. Cremallera lateral vertical para acceder fácilmente al interior. Amplio panel frontal en rejilla stretch para llevar el material a mano. Bolsillo interior con cremallera. Cintas tensoras laterales elásticas que aportan más estabilidad y permiten transportar material adicional. Cintas portamaterial frontales. Interior con forma regular para aprovechar al máximo el espacio de carga de la mochila. Respaldo transpirable en tejido acolchado con micro-malla. 2 porta-piolets/bastones rápidos. **Peso:** 480 g. **Capacidad:** 18 l. **PVPR:** 108,90 €

RADICAL LIGHT 21

Minimalismo en esencia para esta mochila diseñada para la práctica del alpinismo o escalada cuando el factor ligereza es clave. Fabricada en Nylon 210D ligero y de alta resistencia, la ligereza de la nueva RADICAL LIGHT es también resultado de la eliminación de la tapa. En su lugar, cuenta con cierre mediante cinta y hebilla metálica y cuello sobredimensionado con 2 puntos de regulación que permiten modular la capacidad total de la mochila. Para aportar más funcionalidad, en ambos laterales dispone de 2 prácticos bolsillos con cremalleras estancas y abertura lateral para acceder al alojamiento específico para la bolsa de hidratación, u otro material. Tirantes y cinturón ligeros y transpirables que no penalizan peso. 2 porta-piolets amovibles para sumar polivalencia. Cinta pectoral estabilizadora amovible suman más prestaciones a esta mochila. **Peso:** 525 g. **Capacidad:** 21 l. **PVPR:** 98,90 €

ALPINE PRO 40+10

Descripción: Construcción con forma tubular que se adapta a todos nuestros movimientos. Refuerzos frontales para mantener su forma y facilitar el acceso al interior. Cinturón ergonómico amovible. Fabricada en tejido poliéster reciclado. Base reforzada para transportar los crampones. Rejilla amovible porta-casco. Porta-piolets. Cintas porta-esquís laterales. Daisy-chain.Tapa amovible con bolsillo con cremallera. Acceso adicional al compartimento principal desde cremallera lateral. Compartimento interior p ara bolsa de hidratación. Respaldo transpirable pre-formado con nervio de aluminio amovible. Tirantes acolchados con cinta pectoral y silbato de emergencia. **Capacidad:** 40 litros ampliables a 50. **Peso:** 1550 g.

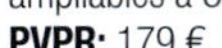

PVPR: 179 €

ROCKER 45

La ROCKER es la completísima y resistente mochila que nos propone Grivel para el público escalador y de bloque. Fabricada en resistente Nylon y Tarpaulin, sus 45 l de capacidad perfectamente optimizados entre sus diferentes compartimento y organizadores, nos permiten transportar ordenadamente en una sola bolsa todo el material para un día de escalada: cuerda, arnés, magnesio, ropa, comida, hidratación, material digital... Incluye una alfombrilla independiente para organizar fuera de la mochila el material y evitar que se ensucie. Apertura integral en 'U' para un práctico acceso. Cinturón envolvente con pequeños bolsillos laterales para material adicional. Cinta de pecho ajustable en altura. Tirantes acolchados. Asas de transporte superior y lateral. Anillos en nylon en la zona superior. **Capacidad:** 45 l. **Peso:** 2130 g. **PVPR:** 143,90 €

SPARTAN 30

La mochila Spartan de Grivel hace honor a su nombre con sus 30 litros de capacidad bajo un diseño altamente minimalista y resistente para alpinismo rápido. Equipada con tapa enrollable con cierre con clip metálico y cuello extensible para aumentar su volumen, está fabricada con materiales duraderos y resistentes a las inclemencias. El interior es totalmente limpio y con diseño tubular para aprovechar al máximo sus 30 litros de capacidad. En el exterior, contamos con dos portapiolets, un panel trasero ergonómico termo-formado para sumar confort y un cinturón y tirantes ajustables con cinta pectoral estabilizadora. **Material:** Nylon de alta tenacidad. **Peso:** 650 g. **Capacidad:** 30 l. **PVPR:** 179,90 €

FREEDOM

Mochila para escalada deportiva y rocódromo con todo el espacio necesario para transportar el material a pie de vía o a tu rocódromo. Su diseño se basa en la idea de combinar el look de una mochila urbana con las prestaciones de una mochila para la práctica de la escalada. Concretamente: En la base, compartimento específico para la cuerda. Esterilla para la cuerda disponible con 2 estampados: pitón o geométrico. Compartimento acolchado para ordenador portátil o lo que necesitemos proteger. Amplia abertura frontal en 'Z' para un acceso rápido al material. 2 prácticas asas de transporte. Tirantes acolchados regulables. **Material:** Nylon. **Colores:** Gris oscuro con esterilla para cuerda en estampado pitón y con formas geométricas. **Capacidad:** 40 l. **Peso:** 1200 g. **PVPR:** 129 €

PARETE 30

Descripción: Mochila polivalente, diseñada para la práctica del alpinismo y escalada cuando el factor durabilidad se impone. Fabricada en resistente Cordura triple ripstop 305D. Diseño limpio con construcción tubular para una mayor libertad de movimientos y estabilidad. Acceso desde la tapa mediante clip rápido y cinta tensora para transportar la cuerda. Cierre roll-top para una mayor impermeabilidad. Acceso adicional mediante cremallera lateral vertical. Respaldo termo-moldeado para aportar confort y estabilidad, con estructura interior amovible. Los 2 porta-piolets y cinturón también son amovibles. 2 bolsillos laterales stretch y bolsillo interior con cremallera. **Capacidad:** 30 l. **Peso:** 830 g / 690 g (sin estructura respaldo). **PVPR:** 119,90 €.

FALESIA

Descripción: Práctica bolsa para cuerda con construcción tubular y tejido de gran durabilidad. Diseñada con un look vintage, la Falesia es una solución perfecta para transportar la cuerda y desplegarla a pie de vía. Se abre y cierra fácilmente y dispone de prácticas asas y cintas de transporte para movernos fácilmente de vía a vía. Cuenta también con un bolsillo exterior con cremallera y un bolsillo interior de rejilla. Sistema de cierre mediante resistente cremallera y clips rápidos. Cinta bandolera convertible en prácticos tirantes. Amplia abertura de acceso, puntos para fijar los cabos de la cuerda y capacidad interior para cuerdas de hasta 80 metros para disfrutar mucho más de nuestras sesiones de escalada. **Peso:** 591 g. **PVPR:** 69,90 €

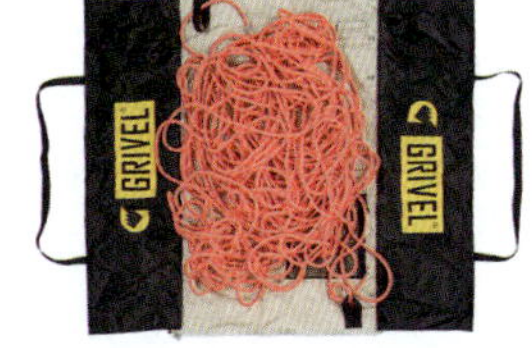

MILLET®

MOCHILAS

www.millet.com

WANAKA 10

Nos movemos por los caminos con total ligereza equipados con la mochila de fast hiking de 10 litros WANAKA 10. Pesa tan solo 400 g y tiene los tirantes ergonómicos y las correas del pecho y la cintura ajustables para que se mantenga en su sitio durante el ejercicio. Su pequeño volumen se organiza a la perfección gracias al compartimento principal con acceso frontal de cremallera y a los tres bolsillos laterales (uno de cremallera y dos de malla). Si hace falta, sujetamos los bastones a la mochila. Es muy funcional a la hora de llevar lo fundamental para el día, sin olvidar la bolsa de hidratación, que se coloca fácilmente en su compartimento.

Características: Correa del pecho ajustable. Cinturón con correa ajustable. Tirantes ergonómicos. Portabastones. Compatible con sistema de hidratación. Acceso delantero con cremallera. 2 bolsillos de malla laterales. 1 bolsillo lateral con cremallera. Compartimento para sistema de hidratación.

Altura de la espalda: 45 cm. **Peso:** 400 g. **PVPR:** 100 €

UBIC 15

Tanto en nuestras rutas de senderismo de unas horas como en los desplazamientos diarios, siempre nos acompaña la mochila de 15 litros UBIC. Con el sistema de sujeción Variloop y un compartimento de protección para un ordenador de 17", nos sirve para llevar todo lo necesario para pasar el día en la montaña o en la ciudad. Organizamos nuestro material fácilmente en sus diversos bolsillos y compartimentos. Podemos llevar la bolsa de hidratación en su compartimento o una botella en el bolsillo lateral de malla. Y ajustamos las correas y los tirantes en función de la actividad con un cinturón que se puede quitar si es necesario. Nuestra mochila de senderismo, fabricada con materiales totalmente reciclados, es impermeable e hidrófuga para salir haga el tiempo que haga.

Características: Correa del pecho ajustable. Cinturón con correa desmontable. Tirantes ergonómicos. Correas reposamanos. Sistema Variloop. Espacio principal de apertura integral. 1 bolsillo de malla lateral. Compartimento de protección para PC 17". Compartimento para sistema de hidratación. 1 bolsillo de cremallera con llavero. Bolsillo delantero elástico con cremallera. Llavero. Doble compresión. Fondo reforzado

Altura de la espalda: 46 cm. **Peso:** 760 g. **PVPR:** 120 €

INTENSE 12

Hidrátate durante tus largas rutas de trail running y llévate lo principal para protegerte de las inclemencias sin cargarte demasiado gracias a la mochila de trail INTENSE 12. Equipada con un arnés de carga para ajustarse cómodamente, se regula con dos cinchas en el pecho. Esta mochila de doce litros y tan solo 245 gramos de peso, desarrollada con el Team Sidas Matryx, permite llevar una chaqueta, algún tentempié, una gorra y una bolsa de hidratación y viene con dos botellas blandas encajables en los bolsillos de los tirantes. Por último, el sistema portabastones desmontable y los cinco bolsillos te brindan una cuidada organización para que te concentres en tu actividad.

Características: 2 correas de pecho ajustables y desmontables. Portabotellas en el tirante. Compatible con sistema de hidratación. Cordón de compresión. Soporte de pértiga extraíble. Apertura con cremallera. 1 bolsillo lateral con cremallera. 1 bolsillo de malla delantero. 2 bolsillos de malla laterales. 1 bolsillo de cremallera con llavero. Silbato de socorro. Accesorios para carros de varilla. 2 frascos de 500 ml incluidos.

Altura de la espalda: 43 cm. **Peso:** 245 g. **PVPR:** 150 g.

WANAKA 30

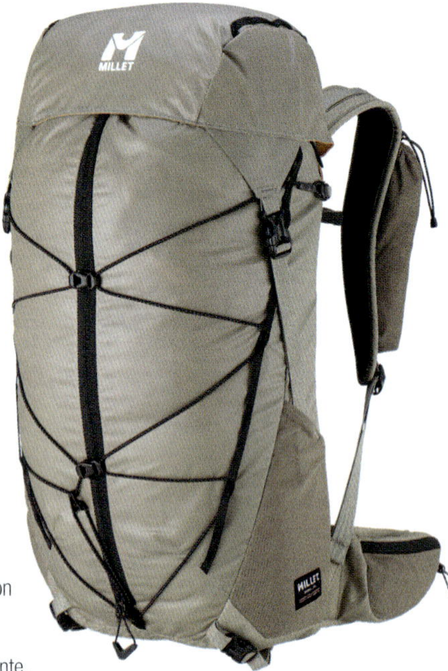

Cuando salimos a hacer fast hiking acampando, optamos por la mochila de 30 litros WANAKA. Su ingenioso diseño minimalista nos permite llevar lo fundamental sin cargarnos. El compartimento principal tiene una cremallera frontal para acceder rápidamente a todo el volumen de la mochila. Y los seis bolsillos que la completan nos sirven para guardar todo lo importante al alcance de la mano. Podemos sujetar los bastones, la tienda y la esterilla gracias a las correas exteriores y al cordón elástico de compresión. Su ergonómica estructura nos permite avanzar cómodamente, aunque vayamos cargados. Y agradecemos poder hidratarnos sin detenernos gracias al portabotellas del tirante y a la pipeta unida a la bolsa de hidratación.

Características: Correa del pecho ajustable. Cinturón ergonómico ajustable. Tirantes ergonómicos. Correas en el fondo de la mochila. Refuerzos de carga en los tirantes. Refuerzos de carga en el cinturón. Portabotellas en el tirante. Tirantes de malla 3D. Cintura transpirable con bolsillo con cremallera. Portabastones. Compatible con sistema de hidratación. Cordón de compresión. Apertura con solapa 2 hebillas. Acceso delantero con cremallera. Faldón de estanqueidad. 2 bolsillos de malla laterales. 1 bolsillo con cremallera bajo solapa. 1 bolsillo de malla con cremallera bajo solapa. 2 bolsillos con cremallera en el cinturón.

Altura de la espalda: 46 cm. **Peso:** 1000 g. **PVPR:** 180 €

www.osprey.com/es/

MOCHILAS

TALON™ VELOCITY 20 / TEMPEST VELOCITY 20

Rápida, ligera y versátil. La nueva Talon Velocity 20 dobla la apuesta: más velocidad y eficiencia en tus objetivos, sea batir una marca personal, coronar nuevas cimas, o sumar descensos en las pistas de esquí. Accede a lo que necesites sin bajar el ritmo con su diseño inspirado en los chalecos de running, el panel posterior flexible y el peso ligero. Un producto con certificación bluesign®.

Características: Cierre superior de cordón que permite comprimir la parte de arriba. Bolsillos compatibles con botellas blandas de 500 ml con cintas estabilizadoras. Amplio bolsillo con cremallera para el móvil y pequeño bolsillo de rápido acceso. Bolsillos laterales elásticos de doble acceso. Dos cintas de compresión laterales con hebilla lateral para sujeción externa. Bolsillo externo para el sistema de hidratación. Dos discretas fijaciones para piolets o bastones. Bolsillo frontal de malla elástica de acceso rápido con capacidad para un casco. Silbato de emergencia en el ajuste pectoral. Portabastones discreto Stow-On-The-Go. Retenedores elásticos para los finales de las correas. Bolsillo con cremallera en el lado derecho del cinturón lumbar. Bolsillo elástico en el lado izquierdo.

Volumen: 20 l
Dimensiones: 52H x 26W x 26D cm.
Peso: 870 g.
Capacidades disponibles: 20/30 l.
PVPR: 160 €

TALON™ PRO 40 / TEMPEST PRO 40

Más rápida, robusta y ligera que nunca, esta mochila te permitirá transportar el equipo en tus rutas alpinas, encarar la vertical con todo el material o emprender una ruta en solitario con la bici. El nuevo ajuste de la longitud de la espalda y el excelente bastidor de moldeado por inyección permiten que se adapte mejor en una amplia variedad de complexiones. El tejido NanoFly™ brinda una resistencia extraordinaria. **Características:** Tapa extensible y desmontable. Cubierta FlapJacket. Cinta de compresión interna. Bolsillo para sistema de hidratació. Portapiolets desmontables. Múltiples bolsillos. **Volumen:** 40 l (también en 20 y 30 l). **Peso:** 1440 g. **PVPR:** 260 €

DOWNBURST™ MENS 26 Y WOMENS 24

Mochila de día que combina la suspensión AirSpeed™ transpirable con un compartimento principal impermeable con protección IPX5. Todo ello con el competente ajuste y la extraordinaria estabilidad que dan nombre a nuestras mochilas. Cuerpo principal de nailon 100% reciclado con certificación Bluesign®. **Características:** Bolsillo interno de malla con cremallera y clip. Cremalleras externas YKK RC. Múltiples bolsillos. Sujeciones para piolets. Portabastones Stow-On-The-Go. Ajuste pectoral con silbato. Se puede enrollar la parte superior con dos vueltas para máxima resistencia al agua. **Volumen:** 26 l (también en 36 l). **Dimensiones:** 61H x 35W x 32D cm. **Peso:** 1460 g. **PVPR:** 300 €

ROOK 50 / RENN™ 50

Con un diseño sencillo y características técnicas, ofrece una calidad de uso que no hará dudar ni al viajero con más experiencia. Ofrece una alternativa cómoda y resistente para travesías tipo el Camino de Santiago. La innovadora estructura escalonada moldeada por inyección para el ajuste de la longitud de la espalda permite una regulación sencilla. Funda para lluvia integrada Certificación Bluesign®. **Características:** Tapa fija con bolsillo con cremallera. Dos cintas de compresión en laterales. Compartimento con cremallera para el saco de dormir. Correas desmontables. Múltiples bolsillos. Compartimento para sistema de hidratación. **Volumen:** 50 l (también en 65 y 65 ext). **Dimensiones:** 75H x 37W x 35D cm. **Peso:** 1650 g. **PVPR:** 190 €

FARPOINT® 70 / FAIRVIEW® 70

Aunque pesa muy poco, esta familia de mochilas para viajeros integra las características de las mochilas de los modelos más técnicos, como el ajuste regulable del torso, el bastidor LightWire y las hombreras y el cinturón lumbar transpirables. Mochila de día desmontable para no cargar con todo si no es necesario. **Características:** Amplio acceso al compartimento principal con cremallera. Hombreras, cinturón y respaldo escamoteables. Compartimento para portátil. Múltiples bolsillos. **Volumen:** 70 l (también en 40, 55 y 80 l). **Dimensiones:** 65H x 38W x 32D cm. **Peso:** 2460 g. **PVPR:** 210 €

MOCHILAS

www.tatonka.com

BAIX 12

Day-pack compacto y polivalente perfecto para hiking y bike. Para mayor estabilidad, la BAIX 12 queda perfectamente acoplada a la espalada gracias a las cintas regulables en pecho y cintura. Incluye compartimento específico para bolsa de hidratación, así como compartimento frontal para casco y material de acceso rápido. Incluye además, bolsillos laterales elásticos, bolsillo con cremallera en el cinturón y bolsillo para gafas accesible desde el exterior para mayor funcionalidad. **Características:** Respaldo acolchado transpirable. Amplio cinturón envolvente. Tirantes con tejido en malla transpirable. Cinta pectoral regulable en altura. Bolsillo frontal con cremallera. Compartimento integrado para casco, para-viento. **Tejido exterior:** T-Snow Crust (100% poliéster)/Nylon 420D. **Capacidad:** 12 l. **Peso:** 520 g. **PVPR:** 85 €

CIMA DI BASSO 35

35 l de capacidad en una mochila que destaca por su funcionalidad y ligereza. **Características:** Respaldo ligero y termo-formado. Tirantes preformados y acolchados con cinta de ajuste pectoral regulable en altura. Tensores laterales regulables para un mejor control de la carga. Confortable cinturón acolchado y amovible para una mejor adaptación con arnés. Acceso principal desde la tapa de la mochila con cinta tensora para comprimir la carga o transportar la cuerda. Diferentes puntos de fijación en la tapa, laterales y cinturón para transportar material diverso: cuerda, material metálico… Resistentes bolsillos laterales stretch. 2 porta-piolets o porta-bastones. Tapa con bolsillo con cremallera y clip porta-llaves. Compartimento específico para bolsa de hidratación. **Tejido:** Nylon HD 420. Refuerzos: CORDURA® 500 den. **Capacidad:** 35 l. **Peso:** 890 g. **PVPR:** 115 €

CIMA DI BASSO 40 RECCO

Mochila ligera para alpinismo con 40 l de capacidad y equipada con reflector RECCO®. Amplio compartimento principal con materiales y acabados diseñados para conseguir que el peso total no supere los 1400 g. Diseño depurado para no limitar nuestros movimientos y transportar ordenadamente todo el material. **Características:** Respaldo ligero y termo-formado. Tirantes preformados y acolchados con cinta de ajuste pectoral regulable en altura. Confortable cinturón acolchado y amovible. 2 accesos al interior para mayor funcionalidad. Amplio compartimento frontal con cremallera y malla elástica. Resistentes bolsillos laterales stretch. 2 porta-piolets. Compartimento específico para bolsa de hidratación. **Tejido:** T-DIA Rip con trama interior de fibras de Nylon. Refuerzos: CORDURA® 500 den. **Capacidad:** 40 l. **Peso:** 1400 g. **PVPR**: 195 €

HIKE 27 DAYPACK

Day-pack ligero para actividades outdoor con respaldo con rejilla, muy confortalbe y ventilado. Los tirantes y cinturón disponen de zonas perforadas que añaden también un extra de ventilación. Diseño que prima la seguridad gracias al reflector RECCO que incorpora y apuesta por una práctica distribución del material: tapa con bolsillo + compartimento principal + organizador frontal + 2 bolsillos laterales + 1 bolsillo con cremallera en el cinturón. Respaldo Frame Vent System que garantiza una óptima ventilación y estabilidad. **Características:** Puntos de fijación para bastones. Tirantes y cinturón ergonómicos y ventilados. Cinta pectoral estabilizadora regulable en altura. Asa de izado. Cinta de regulación lateral. Compartimento frontal stretch de rápido acceso. Compartimento para bolsa de hidratación. Funda cover para lluvia. **Tejidos:** reTex 6.6 (parcialmente reciclado) / T-Snow Crust / Tec Rip 5.0. **Peso:** 915 g. **Capacidad:** 27 l. **PVPR:** 135 €

NORIX 32

Mochila polivalente con respaldo Vent Comfort de rejilla en contacto con la espada que proporciona también una óptima estabilidad de la carga. El diseño del respaldo asegura una confortable ventilación gracias a los canales y al tejido AirMesh. Está provista de bolsillos laterales, tapa con compartimento con cremallera, anillos portamaterial, porta-bastones y amplio acceso frontal al interior. El tirante incluye anillo para fijar el mosquetón en recorridos por vía ferrata y mantener el cabo de anclaje en orden cuando no se utiliza. **Características:** Cintas de regulación de la carga escamoteables. Cinta pectoral regulable en altura. Cinturón que puede regularse y posicionarse con una sola mano. Compartimento para bolsa de hidratación. **Tejido exterior:** T-Snowcrust (100% nylon) / Textreme 6.6 (100% poliéster). **Tejido base:** Textreme 6.6 (100% poliéster). **Respaldo:** Vent Comfort. **Peso:** 1250 g. **Capacidad:** 32 l. **PVPR:** 130 €

PYROX 45+10

Mochila de trekking sin detalles superfluos, con un diseño limpio que prima la funcionalidad y el confort de su respaldo regulable. Destaca por la durabilidad de sus materiales, así como por la transpiración y adaptabilidad del respaldo Frame Comfort Light System a la altura del usuario para transferir eficazmente la carga y conseguir una mayor estabilidad. **Características:** Puntos de fijación para piolets/bastones. Cinturón acolchado envolvente con bolsillos con cremallera. 3 accesos al interior de la mochila: desde la tapa, el frontal y la base. Bolsillos laterales en rejilla stretch. Compartimento frontal elástico de acceso rápido. Cintas de compresión lateral y en el perímetro de la base. Asa de izado. Funda para lluvia incluida. **Tejido exterior:** 100% poliamida Mini Honeycomb Eco 100D sin PFC/PFCAS. **Tejido base:** 420 HD Nylon FD Eco sin PFC/PFCAS. **Peso:** 1930 g. **Capacidad:** 45 litros+10. **PVPR:** 240 €

SKILL 22

Daypack ultra-ligero para los que priman la pura ligereza sin sacrificar la funcionalidad. Equipada con respaldo X Vent Zero para una ventilación óptima y una regulación perfecta de la carga. Reflector RECCO®, extra de seguridad para actividades invernales. **Características:** Construcción con tejido T-DIA Rip, desarrollado por Tatonka, con trama interior con resistentes fibras de polietileno para conseguir un tejido de gran ligereza y durabilidad. Diseño depurado que aporta una gran libertad de movimientos. Tapa con cremallera exterior. Puntos de fijación para bastones. Cintas de regulación laterales amovibles. Cinta de ajuste pectoral regulable en altura. Cinturón envolvente muy ventilado regulable con una sola mano. Asa de izado. Bolsillos laterales en rejilla stretch. Daisy chain frontal. Compartimento interior con cremallera. Compatible con bolsa de hidratación. **Tejido exterior:** T-DIA Rip / Texamid 1.0. **Tejido base:** Nylon 420 HD. **Respaldo:** X Vent Zero. **Peso:** 780 g. **Capacidad:** 22 l. **PVPR:** 148 €

LASTENKRAXE ESTRUCTURA PORTA-CARGA

Combinación de bastidor de aluminio y sistema de respaldo acolchado y transpirable, que proporciona la comodidad necesaria para transportar material pesado. **Características:** Diseñada para una carga de hasta 50 kg, está formada por una base de 25 cm de profundidad para alojar la carga y por bastidor principal con tubos de 24 mm Ø y bastidor transversal con tubos 20 mm Ø. La estabilidad está también garantizada por un total de cuatro puntales diagonales en el bastidor principal. El cinturón está formado por paneles acolchados de una sola pieza para distribuir el peso más uniformemente. La regulación se realiza mediante cinta tensora con una sola mano. **Tejido:** Nylon 420d. **Estructura:** aluminio. **Peso total:** 2700 g. **Carga total:** 50 kg. **PVPR:** 250 €

www.haglofs.com

MOCHILAS

L.I.M 35

Esta mochila para senderismo es increíblemente ligera, pero no dejes que eso te engañe. No se ha sacrificado ni un ápice de confort para reducir el peso. El sistema de suspensión Airback, con un panel trasero especialmente diseñado, ofrece una ventilación esencial para cuando aceleras el paso y te pones a prueba; además, llevarás todos los artículos esenciales en su sitio: guardados de una manera extremadamente ligera y útil. A veces, es cierto que menos es más.
PVPR: 170 €

L.I.M AIRAK 24

Si quieres llegar más lejos y más rápido, opta por el minimalismo. Al menos en lo que respecta a tu mochila. Este modelo compacto te permite mantener el ritmo mientras te mantienes seguro, seco y cómodo. Está fabricada con materiales ligeros y duraderos y un chaleco ceñido al cuerpo para mantener la carga uniformemente distribuida. Para evitar el sobrecalentamiento en el camino, encontrarás un panel trasero bien ventilado y un termo blando Hydroflask™ con válvula de mordida para hidratarte sobre la marcha.
PVPR: 190 €

LATNJA 18

Una mochila de esquí equipada para las pistas de la estación y el fuera pistas. La hemos diseñado para transportar eficazmente tu carga mientras te mueves con seguridad y libertad por la montaña. Está construida con un ajuste ceñido al cuerpo y una distribución optimizada del peso para una excelente movilidad. Cuenta con el espacio y las características suficientes para llevar lo esencial, incluido un espacio dedicado al material de seguridad contra avalanchas. También encontrarás un compartimento para gafas con forro polar, una red para el casco y un enganche para la correa diagonal que te ayudará a transportar los esquís o la tabla de snowboard. **PVPR:** 160 €

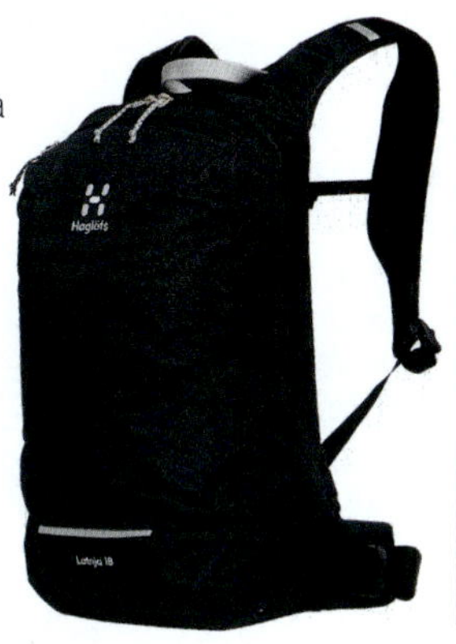

L.I.M TOURING PRO 40

Una mochila superligera y funcional para viajes de esquí de travesía de varios días. La hemos diseñado para ayudarte a transportar cómodamente lo esencial de refugio en refugio mientras te mueves con rapidez en entornos alpinos. Tiene una construcción enrollable, duradera y comprimible, para que puedas adaptar el volumen del compartimento principal en función de tus necesidades. Correas ajustables laterales y de elevación para mantener la carga bien distribuida y equilibrada. El compartimento frontal ofrece fácil acceso al equipo de emergencia para avalanchas. Bolsillos y puntos de sujeción. Sistema de transporte de esquís A-frame. **PVPR:** 250 €

MOCHILAS

www.salewa.com

PUEZ 32+5L BP

Estupenda mochila de 32 litros con cierre enrollable, fácil acceso y un sistema de transporte Dry Back ajustable para que el sudor sea disipado de forma rápida. Diseñada con nailon antidesgarro Robic de 210 deniers resistente y ligero y nailon balístico texturizado de 330 deniers, presenta un diseño inconfundible, moderno y versátil. La apertura superior enrollable y la cremallera Infinity con doble tirador te ofrecen acceso frontal, lateral e inferior, de forma rápida y fácil, a todas las secciones del compartimento principal, incluso para alcanzar los objetos escurridizos que suelen acabar en el fondo de la mochila. La parte superior enrollable también te brinda cinco litros de espacio de almacenamiento adicional para viajes más largos.
Dimensiones: 59 x 26 x 32 cm.
Peso: 1260 g.
PVPR: 170 €

MTN TRAINER 2 22L W

La Mountain Trainer 2 está diseñada con el sistema Dry Back que permite llevarla cerca de la espalda y además cuenta con correas divididas, que ofrecen una mayor transpirabilidad y libertad de movimientos. Esta versión delgada, de 22 litros, presenta un cierre de cremallera superior y un compartimento frontal de fácil acceso. Su sistema de transporte Dry Back Contact mantiene la carga cerca del cuerpo, pero garantiza que la espalda permanezca seca. Lo hace permitiendo una mayor transpiración por cm^2 que las construcciones tradicionales y reduciendo la temperatura en la zona central de la espalda, gracias a su reducida superficie de contacto y a los canales de aire en 3D. El cinturón envolvente en la cadera presenta una presilla adicional para tus mosquetones de vía ferrata y un práctico bolsillo con cremallera.
Dimensiones: 49 x 27 x 24 cm.
Peso: 845 g.
PVPR: 150 €

PRODUCTO PROBADO *Por Miguel ESCRIG*

COLCHONETA INFLABLE MT900 AIR DE FORCLAZ

Fácil inflado/desinflado, mejor descanso

Fabricante: Forclaz - Decathlon (Francia).
Distribuidor: Decathlon.
Actividad recomendada: acampada.
Materiales: 50% Poliamida, 50% Poliuretano.
Peso: 675 g.
Tallas: L (183 x 54 x 9 cm) y XL (195 x 63 x 9 cm).
Colores: Ocre / Gris.
PVP aprox: 134,99 €.

COLCHONETA aislante inflable, diseñada para utilizar en montaña, que ofrece comodidad y durabilidad en cualquier estación del año. Lo primero que me ha llamado la atención, y desde mi punto de vista, por lo cual destaca, es su sistema de inflado y desinflado, intuitivo y eficiente.

Está equipada con dos válvulas, una de inflado (IN) con mecanismo anti-retorno y otra de desinflado (OUT). Gracias a esto, nos permite un inflado rápido sin perder aire y un desinflado fácil. La válvula IN asegura que el aire no se escape mientras se infla, lo que facilita el proceso, especialmente en condiciones más complejas como con viento o frío. El procedimiento de inflado es sencillo, gracias a la bolsa de inflado (es la misma que la de almacenaje) permite inflar la esterilla de manera rápida sin introducir humedad (la acumulación de humedad podría comprometer el aislamiento térmico). Este proceso consiste en abrir la bolsa de inflado y conectar su válvula a la válvula IN (soplando a una distancia de 10-20 cm). Posteriormente debemos enrollarla sobre sí misma para transferir el aire al interior de la colchoneta.

La Forclaz MT900 Air proporciona un excelente aislamiento térmico (valor R=5,4). Se considera que cuanto más elevado sea el valor R, mejor aislamiento. El nivel 6 está dirigido a condiciones extremas, entre 3 y 6 es adecuada para su uso durante todo el año, incluso en condiciones de frío.

VALORACIÓN GENERAL	★★★★☆		
Comodidad	★★★★☆	Polivalencia	★★★★☆
Aislamiento	★★★★☆	Resistencia	★★★★☆
Ligereza	★★★☆☆	Precio	★★★☆☆

COL. MIGUEL ESCTIG

Su diseño asegura un soporte adecuado y una distribución uniforme del peso, minimizando los puntos de presión y maximizando el confort durante la noche.

En ambos lados tiene un revestimiento especial sobre la superficie que evita que el saco de dormir resbale sobre la esterilla y que ésta resbale sobre el suelo.

Una vez está en posición horizontal, es posible ajustar la presión de inflado de la colchoneta presionando ligeramente la válvula IN con el tapón abierto. Esta capacidad de ajuste permite personalizar la firmeza del colchón según las preferencias individuales, mejorando su comodidad.

Está fabricada con poliamida, un material resistente a desgarros y abrasiones, garantizando una larga vida útil incluso en terrenos más irregulares.

Puntos fuertes: buena combinación de comodidad y resistencia. Destaca su fácil inflado y desinflado y su elevada capacidad de aislamiento.

PRODUCTO PROBADO *Por Jesús VELASCO*

TIENDA PIUMA 2 DE FERRINO

Muy ligera y funcional

CLARAMENTE la Piuma 2 es una tienda de dos plazas que destaca por lo ligera que es. Sus escasos 1,30 kg de peso (que se pueden reducir a 1,18 si llevas lo básico: tienda interior, dobletecho y varillas/piquetas) realmente se agradecen cuando tienes que cargarla. Con un diseño tipo túnel, Ferrino ha conseguido que, a pesar de su bajo peso, su capacidad sea adecuada para que dos personas duerman con comodidad y puedan dejar en el ábside las mochilas (que no sean muy grandes) y las zapatillas. Es una tienda tres estaciones (verano, primavera, otoño), no para usar en condiciones extremas ni alta montaña.

Un buen detalle es que en el interior, en la zona de la cabeza, tiene una apertura con cremallera que da acceso directo al dobletecho, de forma que puedes coger fácilmente por ejemplo la botella de agua o alguna otra cosa que hayas dejado guardada en ese espacio, sin tener que abrir toda la tienda.

La impermeabilidad de los tejidos (columna de agua de 2000 mm en el dobletecho, y 3000 mm en el suelo) garantiza que no nos mojemos en caso de lluvia, siempre que el montaje haya sido correcto. Para ello dispone de una varilla grande circular que va delante y otra pequeña varilla que hace de soporte detrás, sosteniéndose el conjunto mediante las piquetas y dándole tensión con los vientos. El montaje es sencillo e intuitivo. Además, en la misma bolsa de embalaje vienen las instrucciones y un código QR que te dirige a un vídeo ilustrativo. El sistema de regulación de los vientos es sencillo y eficaz.

VALORACIÓN GENERAL ★★★★☆			
Ligereza	★★★★★	Ventilación	★★★★☆
Impermeabilidad	★★★★☆	Diseño	★★★★☆
Funcionalidad	★★★★☆	Precio	★★★☆☆

La tienda interior es una mosquitera, súper fresca y ligera. Tiene una única apertura lateral, mediante una cremallera de doble cursor que funciona muy bien. Todas las costuras llevan un termosellado que se nota que es de calidad. También tiene un bolsillo interior para poder guardar lo que queramos tener a mano.

Otra cualidad de la tienda es que te permite montar el dobletecho de forma independiente (sin la tienda interior), para cuando necesitas un refugio de emergencia o por ejemplo para protegerte del sol.

Tanto las varillas como las piquetas son muy ligeras y minimalistas. Hay que señalar que en terreno duro no son fáciles de clavar (tendremos que encontrar una buena piedra para ayudarnos). Incluye un práctico kit para reparaciones.

Cuando está plegada ocupa muy poco; puede ir enganchada por ejemplo en el manillar de la bici cuando hacemos cicloturismo, y además la funda también es impermeable.

Puntos fuertes: tienda muy ligera y funcional que nos dará buen cobijo en los trekking estivales o excursiones de varios días en bici.

www.ferrino.it/es

Fabricante:
Ferrino (Italia).
Distribuidor:
Snow Factory.
Actividad recomendada:
cicloturismo, trekking estival, excursionismo.
Materiales:
Doble techo de NYLON RIPSTOP 20D de silicona 2000 mm.
Suelo de NYLON RIPSTOP 30D de silicona 3000 mm. Varillas de aleación de aluminio templado 7001 T6.
Piquetas de aluminio Superligh.
Peso:
1,18 kg (1,30 kg max).
Dimensiones:
74 x 34 x 30 cm.
PVP aprox: 329,90 €.

PRODUCTO PROBADO *Por Roberto LLORENTE*

TIENDA MAGMA 2 DE COLUMBUS

Minimalismo y ligereza

Fabricante: Columbus (España).
Distribuidor: Columbus Outdoor.
Actividad recomendada: trekking, cicloturismo...
Materiales: Doble techo: 10D Nylon ripstop, doble side silicon, (2000 mm columna agua). Tienda interior: 15D Nylon ripstop, 20D Nylon mesh (transpirable) Suelo: 20D Nylon ripstop, single side silicon PU 3000 mm Accesorios: Cremalleras YKK; Dyneema guyrope, piquetas y varillas de aluminio.
Peso: 1200 gramos.
Capacidad: 2 personas.
Medida tienda interior: 225 x 125 x 96 cm
PVP aprox: 349,90 €.

FOTOS: COL. ROBERTO LLORENTE

TIENDA de campaña para dos personas minimalista y superligera para realizar trekkings y pasar noches protegidos, preferentemente en los meses más templados. La tienda interior y el dobletecho vienen unidos, aunque se pueden separar, quedando espacio entre ambos para no comprometer la impermeabilidad. El soporte principal lo aporta una varilla central y tiene además otra varilla en cruz para darle la amplitud al interior. El montaje es rápido y sencillo.

Es muy luminosa, ya que tanto la tienda como el dobletecho son de tejidos translúcidos. El dobletecho es impermeable y transpirable. El suelo es igualmente impermeable y resistente. En conjunto, la tienda está bien ventilada y resulta muy confortable.

El acceso al interior de la tienda se realiza por los laterales, una característica que hace que sea muy cómoda a la hora de entrar y salir. Las cremalleras de las puertas son estrechas y el dobletecho se remata con unos eficientes velcros.

VALORACIÓN GENERAL ★★★☆☆

Ligereza	★★★★★	Impermeabilidad	★★★★★
Resistencia	★★★☆☆	Diseño	★★★★☆
Polivalencia	★★★☆☆	Precio	★★★☆☆

Incorpora detalles de diseño que son interesantes. Por ejemplo, en las esquinas inferiores tiene unos pequeños palos (de unos 10 cm) que levantan los bordes de la tienda, haciendo que la tela suba unos centímetros y consiguiendo con ello una estructura más firme y mayor protección en caso de lluvia.

Todos los tiradores tienen un sistema de ajuste sencillo y eficiente que da la tensión necesaria para su óptimo montaje. Incluye los vientos necesarios para conseguir la correcta separación entre tienda y dobletecho.

Las varillas son minimalistas, como el resto de la tienda, y el conjunto ocupa un espacio muy reducido una vez plegada y guardada en su funda de transporte. También las piquetas son ligeras y duraderas.

He podido utilizar la tienda durante un trekking de varios días, disfrutando de la comodidad y protección necesarios para este tipo de actividad. Creo que es una tienda pensada para actividades variadas en montaña con temperaturas no extremas. Sin duda una muy buena opción para trekking en época estival, para cicloturismo o para actividades no demasiado técnicas en las que primen la ligereza y el bajo volumen.

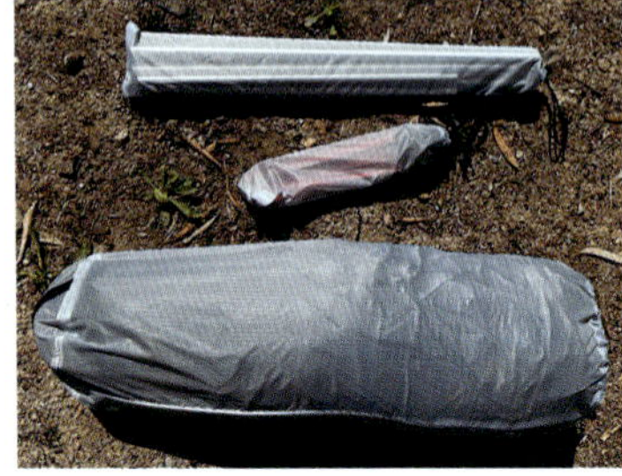

Puntos fuertes: es una tienda ligera, muy compacta y con buenos detalles técnicos.

PRODUCTO PROBADO *Por Miguel ESCRIG*

TIENDA PUEZ TREK 2P DE SALEWA

Estable y de montaje rápido

TIENDA de campaña para dos personas que combina durabilidad, innovación y sostenibilidad, ofreciendo un buen refugio en todo tipo de condiciones climáticas (si bien no es una tienda de alpinismo invernal para grandes altitudes). En mi caso he podido probarla especialmente en primavera, en condiciones de lluvia moderada y temperaturas suaves, valorando la comodidad y refugio que proporciona.

Es un modelo polivalente, cómodo para realizar largas caminatas en un trekking o como zapatilla de aproximación con la que podremos resolver pequeños problemas verticales.

Gracias a su dobletecho antidesgarro de nailon ripstop de 20 deniers, con revestimiento adicional impermeable de silicona/PU (que ofrece una resistencia a una columna de agua de 3000 mm), garantiza su protección frente a la lluvia y la humedad. sus Además, el suelo de nailon reciclado, le aporta más resistencia y durabilidad.

Sus varillas de aluminio Air lite y las piquetas de aluminio (15 cm) aseguran la estabilidad de la tienda, incluso cuando nos encontramos con una tormenta o viento fuerte. A esto contribuye el sistema w-Tension (una especial configuración de los vientos exteriores en forma de W), que afirma la estructura cuando hay mucho viento, pudiendo ser fácilmente guardado cuando no es necesario.

Me ha llamado la atención el montaje, que es realmente rápido e intuitivo, facilitado por las presillas y varillas codificadas por colores. Consiste en un sistema de configuración 3S Speed, con ganchos y presillas, que permiten una instalación rápida incluso en situaciones menos favorables, en las que el tiempo es crucial. También permite el montaje solo del dobletecho, por separado. Tiene una forma semigeodésica autoportante muy estable.

Tiene un diseño compacto que sin embargo deja en su interior un espacio habitable bastante amplio, proporcionando suficiente espacio para que duerman dos personas con su equipo. Ofrece además la zona adicional del vestíbulo, en la que se puede dejar equipo o cocinar protegidos de la lluvia. Ventila bien, gracias a sus paneles laterales de ventilación, con lo que dentro el ambiente es fresco.

FOTOS: COL. MIGUEL ESCRIG

VALORACIÓN GENERAL	★★★★☆		
Ligereza	★★★★☆	Estabilidad	★★★★★
Comodidad	★★★★★	Resistencia	★★★★☆
Transpirabilidad	★★★★★	Precio	★★★☆☆

Valorar también, en el apartado de la sostenibilidad, que está fabricada con tejidos de poliamida reciclada que cumplen estrictos estándares ecológicos. Otro buen detalle es que viene con un juego de reparaciones, tanto de tela como de las varillas.

La bolsa de transporte facilita su almacenaje y además se puede usar como práctico organizador dentro de la tienda.

Puntos fuertes: su resistencia, facilidad de montaje y su generoso espacio habitable.

www.salewa.com/es

Fabricante: Salewa (Italia).
Distribuidor: Salewa Iberia.
Actividad recomendada: trekking alpino, senderismo...
Materiales: 40D Nylon reciclado, 20D Nylon reciclado ripstop.
Peso: 2150 g (máximo 2390 g).
Dimensiones: 43 x 20 x 13 cm.
Área interior: 2.64 m² (+ 0.63 m² de ábside).
PVP aprox: 650 €.

DORMIR

www.columbus-outdoor.com

SANTIAGO 530/900

Saco de dormir tipo momia, versátil y adecuado para tres estaciones, confeccionado en microfibra, ideal para tus aventuras al aire libre o para viajar en familia. Fabricado con materiales reciclados de acuerdo con el nuevo estándar europeo C0 tratamiento. **Características:** Exterior: 50D RECYCLED 300T poly ripstop+W/R(C0treatment) +Double cire. Forro: 50D RECYCLED 300T Polypongee (W/R C0treatment) + Cire. Eco Friendly. Collarín térmico. Cremallera de 2 sentidos, con cinta anti-bloqueo. Capucha con cordón. Solapa antifrío. Bolsillo interior. Diseño 3D en la zona de los pies. Cintas en la base para colgar. Bolsa de transporte de compresión.

Relleno 530: Tª confort: 8°C. Tª límite: -4°C. Tª extrema: -10°C.
Relleno 900: Tª confort: 2°C. Tª límite: -3°C. Tª extrema: -20°C.
Dimensiones: 215 x 80/55 cm.
Colores: Verde caza.
Peso: 1260 g (relleno 530).
1730 g (relleno 900).
PVPR: 129,90 € (relleno 530).
139,90 € (relleno 900).

PYRENESS

Colchoneta hinchable con materiales reciclados para travesías, cicloturismo o acampadas. **Características:** Colchoneta aislante hinchable para travesía o acampada. Materiales reciclados, ligeros y resistentes. Relleno biodegradable Sorona (100 g/m²), excelente aislante térmico, compresible y resistente. Revestimiento de TPU (poliuretano termoplástico). Gran válvula plástica de inflado. Espesor de aprox. 10 cm una vez inflada, lo que mejora el confort y el aislamiento del suelo. Bolsa de transporte con cordón de cierre y tope. Incluye kit de reparación
Colores: Azul.
Dimensiones: 185 x 63 x 10 cm (inflado). Ø15 x 26 cm (plegado).
Peso: 870 g.
PVPR: 114,90 €

PUEZ TREK 2P TENT

Tienda de campaña para 2 personas ligera, confiable y protectora para trekking alpino hasta alturas medias. La Puez Trek presenta una construcción semigeodésica autoportante fuerte y estable y un diseño moderno. El sobretecho de nailon ripstop de 20 deniers duradero tiene un revestimiento adicional impermeable de silicona/PU que le brinda una columna de agua de 3000 mm, mientras que el resistente suelo es de nailon reciclado de 40 deniers. Las seis varillas son de aluminio air lite de alta calidad y las estacas también son de aluminio.
Características: W-Tension system. FreshVent System. Declutter Bag. Footprint disponible. Set para la reparación. Malla portaobjetos y entrada. Bolsillos interiores. Fundas. Puntos de anclaje extensibles y reemplazables. Cierres de cuerdas. **Altura de la tienda interior:** 100 cm. **Peso Max:** 2390 g. **Peso min:** 2150 g. **Tamaño del empaque:** 43 x 20 x 13 cm. **Área tienda interior:** 2.64 m². **PVPR:** 650 €

LITETREK II TENT

La Litetrek II es una tienda de doble pared para 2 personas, diseñada para el trekking ligero en terreno alpino, donde las claves son la protección en la intemperie, la estabilidad con el viento, la ligereza y el tamaño compacto. Su especificación para 3 estaciones está optimizada para usarla durante los meses templados del año. Testada en túnel de viento por la Technical University de Munich para tener estabilidad a 90 km/h.
Características: Footprint disponible. Set para la reparación. Fundas. Diferentes opciones de abertura de puertas. Cremallera con solapa anti captura. Ganchos de nailon para fijar el techo incluso en climas fríos. Puntos de anclaje extensibles y reemplazables. Cierres de cuerdas. Entramado de cuerdas tensoras prolongado. Funda reforzada con material hypalon. Vestíbulo extensible. 100% construcción autoportante.
Altura de la tienda interior: 100 cm. **Peso Max:** 2470 g. **Peso min:** 2100 g. **Tamaño del empaque:** 40 x 19 cm. **Área Tienda interior:** 2.52 m². **PVPR:** 390 €

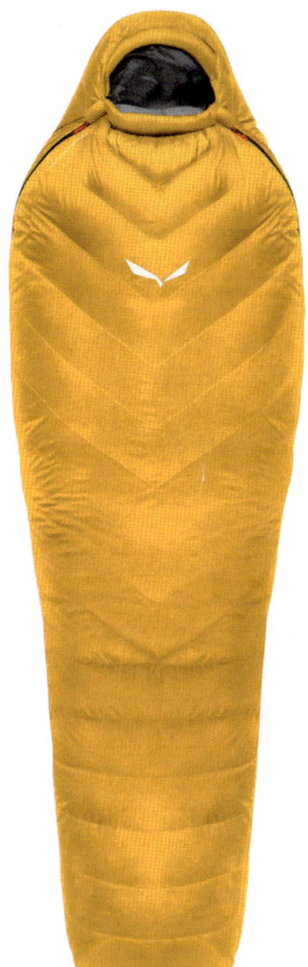

PUEZ RDS DOWN -12 LONG

El Puez RDS Down -12 Long cuenta con una clasificación de temperatura de confort límite de -12°C gracias al plumón de pato 90/10 (con un contenido mínimo de plumón del 90%) y a los 750 cuin de capacidad de expansión. Utilizamos plumón de pato certificado según el Responsible Down Standard (RDS). Esto es garantía de que proviene únicamente de aves criadas en todo momento de acuerdo con altos estándares de bienestar animal. El resistente tejido exterior de nailon ripstop de 15 deniers es impermeable, duradero, cómodo y tiene una construcción de trama densa con un acabado DWR (repelente al agua duradero) sin PFC. En el interior, utilizamos un forro de nailon que retiene el plumón de 20 deniers, suave, agradable y de fácil cuidado.
Características: Cremallera lateral hands-free. Pieza para los pies ergonómica. Capucha con corte funcional. Braga para el cuello preformada. Ajuste con una sola mano de los cordones. Forma óptima. Cremallera con seguro anti bloqueo. Bolsa de compresión. Acoplable. Dry Bag incluida. Libre de PFC. DWR - Tratamiento hidrófugo duradero.
PVPR: 520 €

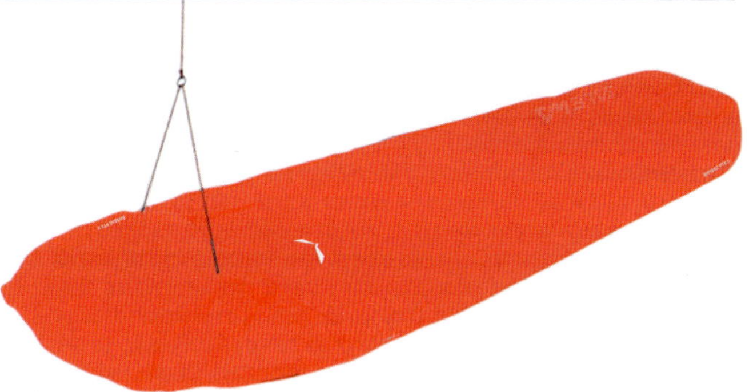

PTX BIVIBAG II

El POWERTEX Bivybag II es un saco de dormir técnico de vivac para dos personas. Hecho de nylon Ripstop impermeable, con costuras termoselladas para proteger contra las inclemencias y tejido transpirable Powertex en la parte superior para reducir la condensación. La capucha incorpora una práctica cuerda para atarlo a las ramas o a la pared rocosa. Viene con un silbato de emergencia.
Características: La parte de arriba es de material Powertex transpirable, que evita la condensación. Todas las costuras están completamente forradas. Material de Nylon impermeable -que garantiza la protección ante el mal tiempo. La capucha se puede atar o tensar por medio de las cuerdas a rocas o a ramas. Silbato para emergencias. Impermeable (columnas de agua de 10 000 mm).
Peso: 790 g.
Medidas: 220 x 140 cm.
PVPR: 160 €

www.robens.de

MOUNTAIN BIVVY

Comodidad y protección contra el agua, viento y frío. Funda de vivac para dormir protegido de la humedad y el viento bajo las estrellas. **Características:** Tejido superior resistente al agua y muy transpirable. Tejido impermeable en contacto con el suelo. Capucha con amplia visera de protección y cierre con velcro. Cremallera lateral en forma de 'L' hasta la base de los pies para poder generar una mayor ventilación y opciones de confort. Compartimento en la zona de la capucha para un acceso rápido a determinado material. Dimensiones interiores para albergar nuestro saco de dormir y esterilla. **Tejido superior:** Nylon 20D 380T + Nylon Ripstop. Tejido suelo: PoliestereTaffeta 75D 185T. **Impermeabilidad suelo:** 6000 mm. **Dimensiones:** 230 x 90 x 60 cm. **Largo interior:** 195 cm. **Peso:** 495 g. **PVPR:** 94,90 €

GULLY 300

Una excelente opción para los que buscan un saco ligero y compresible y no quieren renunciar a unas medidas interiores altamente confortables. **Características:** Construcción momia con perímetro trapezoidal para sacar el máximo partido al espacio interior sin sumar peso. Base de los pies 3D para que puedan expandirse cómodamente. Cremallera lateral integral que abarca hasta debajo de los pies para una mayor customización de la ventilación del saco. O utilizarlo como un duvet. Cremallera YKK con doble cursor y banda anti-enganche con relleno interior. 2 amplios bolsillos interiores en rejilla. Puntos de fijación para ventilar y almacenar el saco. Funda de compresión. Materiales y fibra sin PFCs **Tejido exterior:** 100% poliéster sin PCFs. **Aislamiento interior mixto:** ThermoHybrid Down formado por 25% Plumón de pato + 75% micro-fibras sintéticas MicroThermo Ball 100% poliéster siliconado. Todo para asegurar el mejor ratio ligereza/compresibilidad/aislamiento térmico; además de una alta resistencia a la humedad y propiedades anti-microbianas. **Disposición de la fibra interior:** Una sola capa de fibra distribuida en tabiques con costuras independientes entre el tejido exterior e interior para evitar puntos fríos y asegurar el máximo de compresión. **Medidas:** 220 x 80 x 60 cm. **Peso total:** 875 g. **Peso relleno:** 300 g. **Temp. confort:** 9º (mujer). **Temp. extrema:** -9º. **PVPR:** 168,90 €

MORAINE

Una excelente opción para los que disfrutan de rutas itinerantes por la notable ligereza y compresibilidad de este pequeño-gran saco. Todo, sin renunciar a unas medidas interiores altamente confortables.
Características: Aislamiento sintético MicroThermo formado por micro-fibras entretejidas de poliéster siliconado para asegurar el mejor ratio: ligereza/compresibilidad/aislamiento térmico. Además de una alta resistencia a la humedad y propiedades anti-microbianas. Una sola capa de fibra distribuida en tabiques con costuras independientes entre el tejido exterior e interior para evitar puntos fríos y asegurar el máximo de compresión. Construcción momia con perímetro trapezoidal para sacar el máximo partido al espacio interior sin sumar peso. Base de los pies 3D para que puedan expandirse cómodamente. Cremallera lateral integral, no siempre presente en sacos de gran ligereza de la competencia, que abarca hasta debajo de los pies para una mayor customización de la ventilación del saco. O utilizarlo como un duvet. Cremallera YKK con doble cursor y banda anti-enganche. Puntos de fijación para ventilar y almacenar el saco. Funda de compresión. Materiales y fibra sin PFCs.
Tejido exterior: Nylon Ripstop 290T 40 deniers.
Medidas: 220 x 85 x 52 cm.
MORAINE I: Temp. Extrema: 0º C.
Temp. confort: 14º C. **Peso:** 615 g. **PVPR:** 94,90 €
MORAINE II: Temp. Extrema: -8º C.
Temp. confort: 9º C. **Peso:** 945 g. **PVPR:** 109,90 €
MORAINE III: Temp. Extrema: -18º C.
Temp. confort: 3º C. **Peso:** 1260 g.
PVPR: 133,90 €

SERAC 300

Plumón 600 Fill como elección para el relleno de la serie SERAC de Robens, la gama más polivalente de la marca con relleno en plumón. Sus prestaciones y funcionalidad así lo avalan.
Características: Plumón RDS 600 Fill 85/15 distribuidos entre tabiques con costuras desplazadas para evitar puntos fríos. Construcción momia con diseño optimizado para retener el calor corporal donde es más necesario y eliminar exceso de peso. Zona de los pies preformada y con relleno adicional. Cremallera lateral integral YKK con doble-cursor, banda anti-enganche y tabique de protección. Capucha envolvente para garantizar una mejor cobertura de nuestra cabeza, y collarín térmico. Puntos de fijación para ventilar y almacenar el saco. Bolsa de almacenamiento en rejilla y funda de compresión incluidos. Bolsillo interior de acceso rápido.
Tejido exterior: 100% Nylon Ripstop 400T 20D.
Medidas: 220 x 85 x 53 cm.
Peso total: 846 g.
Peso relleno: 300 g.
Temp. confort: 1º C.
Temp. extrema: -21º C.
PVPR: 244,90 €

www.robens.de

DORMIR

PIONEER 2EX

La PIONEER 2EX es una tienda muy estable y resistente gracias a su diseño túnel. Muy indicada para los que buscan una tienda 2 plazas ligera, rápida de montar y desmontar y con un formato compacto en la bolsa de transporte. **Características:** La amplia zona frontal para alojar el material es perfecta para travesías en auto-suficiencia de varios días o para permitirnos relajarnos cómodamente en la tienda interior cuando el tiempo no acompaña. Su peso controlado hace que sea una buena opción para 2 personas que valoren una tienda de generosas dimensiones. Las aberturas situadas en la zona frontal y posterior ayudarán a crear una excelente ventilación interior. Recubrimiento en poliuretano que garantiza una columna de agua de 3000 mm (doble-techo) y 6000 mm (suelo). Resistente a los rayos UV. Tratamiento Fire Retardant para mayor seguridad. Costuras termo-selladas. **Tejido exterior:** HydroTex® Core desarrollado por Robens que garantiza una excelente ligereza y durabilidad: 100% Poliéster 75 deniers 189T. **Tienda interior:** 100% Poliéster 68D 190T transpirable. **Suelo:** 100% Poliéster Taffeta 75D 210T. **Palería:** Aluminio anodizado 6001-T6, 8.5 mm. **Resistencia al viento:** 195 km/h. **Capacidad:** 2 plazas. **Peso máx/mín:** 2900 g / 2400 g. **PVPR:** 284,95 €

ARCH 2

Destaca por su ligereza y rapidez de montaje. Perfecta para para trekkers, bike-packers o campers que valoran la ligereza y dimensiones compactas en la bolsa de transporte. Su diseño funcional ha sido pensado para aportar el máximo confort interior.
Características: Amplia zona de descanso, ábside generoso para guardar el material, 2 varillas que aportan estabilidad y permiten un montaje rápido y fácil son detalles imprescindibles tras un día duro de ruta. Los canales-guía para las varillas están cosidos en un extremo para facilitar el montaje. Está fabricada en tejido HydroTex® Core. Tejido desarrollado por Robens que garantiza una excelente ligereza y durabilidad: 100% Poliéster 75 deniers 189T. Recubrimiento en poliuretano que garantiza una columna de agua de 3000 mm (doble-techo) y 6000 mm (suelo). Resistente a los rayos UV.Tratamiento Fire Retardant para mayor seguridad. **Tienda interior:** 100% Poliéster 68D 190T transpirable. **Suelo:** 100% Poliéster Taffeta 75D 210T. 6000 mm. Costuras termo-selladas. **Palería:** Aluminio anodizado 6001-T6, 8.5 mm. **Resistencia al viento:** 150 km/h. **Capacidad:** 2 plazas. **Peso máx/mín:** 2000 g / 1800 g. **PVPR:** 220,90 €.

ARROW HEAD 1

La tienda de 1 plaza ARROW HEAD de Robens destaca por su ligereza y rapidez de montaje. Cuenta con entrada lateral para crear una zona de descanso confortable y accesible sin añadir peso y volumen.
Características: Como el resto de tiendas de la serie Route, los canales-guía para las varillas están cosidos en un extremo para facilitar el montaje. La tienda interior está ligeramente desplazada respecto al doble-techo para conseguir un área adicional de almacenamiento. Y la palería pre-curvada permite ganar espacio interior. Los diferentes vientos y aberturas ayudarán a crear una óptima ventilación interior. **Doble-techo:** HydroTex Core: 100% Poliéster 189T 75 denier, con tratamiento Fire Retardant. Impermeabilidad: 3000 mm. **Tienda interior:** 100% Poliéster 68D 190T transpirable. **Suelo:** 100% Poliéster Taffeta 75D 210T. Impermeabilidad 6000 mm. Costuras termo-selladas. **Palería:** Aluminio anodizado 6001-T6, 8 mm. **Resistencia al viento:** 165 km/h. **Capacidad:** 1 plaza. **Peso máx/mín:** 1750 g / 1300 g. **PVPR:** 169,90 €

BOULDER 2

El modelo BOULDER 2 de Robens destaca por su ligereza y rapidez de montaje y por un diseño que apuesta por la funcionalidad y el confort en rutas de varios días.
Características: La forma abovedada de la tienda BOULDER, sumada a la varilla superior, genera una gran habitabilidad interior y altura adecuada para que los 2 ocupantes puedan cocinar, almacenar ordenadamente el material y permanecer sentados cómodamente. Las 2 puertas añaden más flexibilidad de acceso, así como una mejor regulación de la ventilación interior gracias a las doble-puertas con rejilla. Está fabricada en tejido HydroTex® Core. Tejido desarrollado por Robens que garantiza una excelente ligereza y durabilidad: 100% Poliéster 75 deniers 189T. Recubrimiento en poliuretano que garantiza una columna de agua de 3000 mm (doble-techo) y 6000 mm (suelo). Resistente a los rayos UV. Tratamiento Fire Retardant para mayor seguridad.
Tienda interior: 100% Poliéster 68D 190T transpirable.
Suelo: 100% Poliéster Taffeta 75D 210T. 6000 mm. Costuras termo-selladas. **Palería:** Aluminio anodizado 6001-T6, 8.5 mm. **Resistencia al viento:** 150 km/h.
Capacidad: 2 plazas. **Peso máx/mín:** 2200 g / 2000 g. **PVPR:** 200,90 €

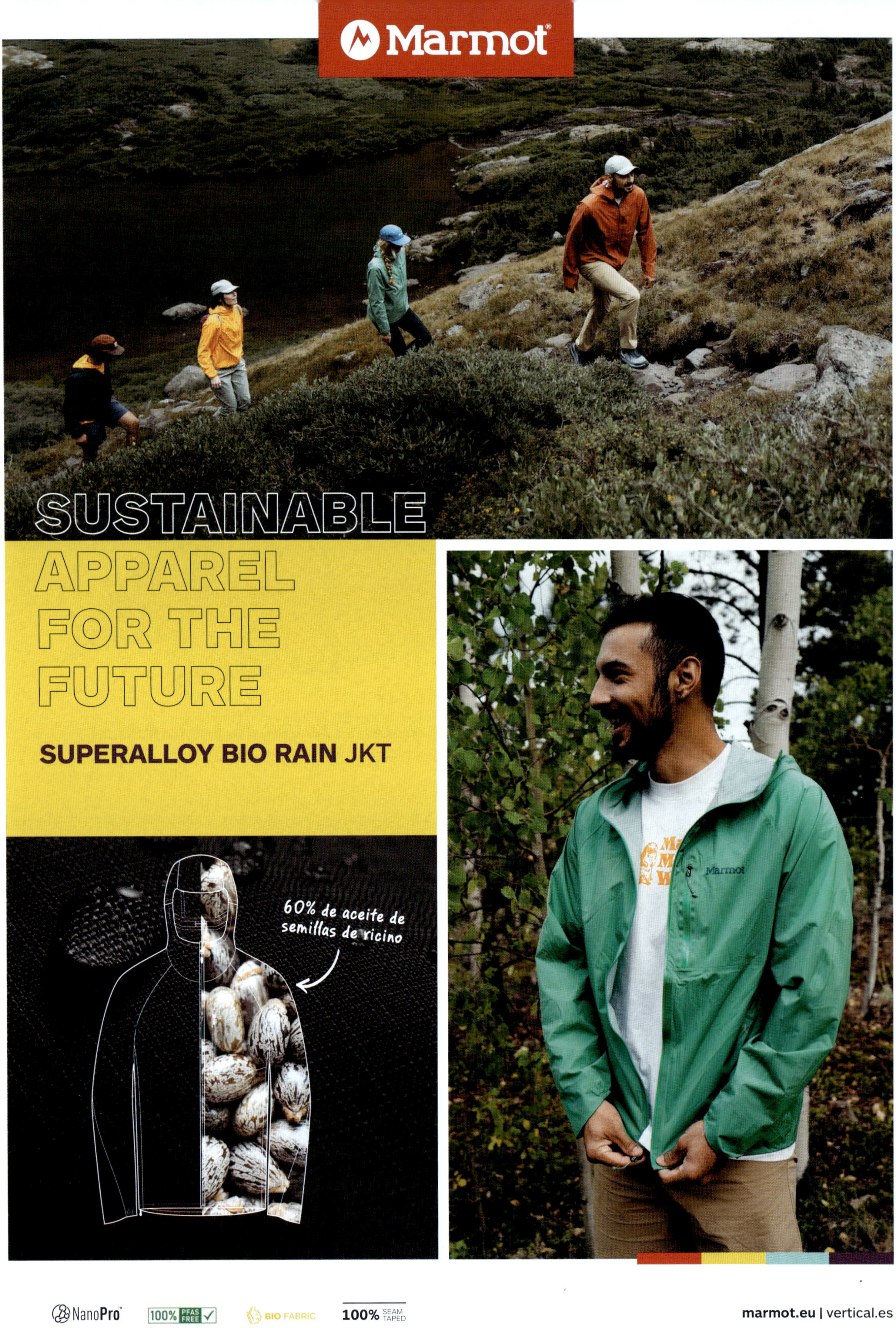
Marmot
SUSTAINABLE
APPAREL
FOR THE
FUTURE
SUPERALLOY BIO RAIN JKT
60% de aceite de
semillas de ricino
NanoPro
100% PFAS FREE
BIO FABRIC
100% SEAM TAPED
marmot.eu | vertical.es

PRODUCTO PROBADO *Por Íñigo AYLLÓN*

LINTERNAL FRONTAL FENIX HM65R-T V2.0

Potente, resistente y fiable

FENIX nos presenta una evolución de sus linternas frontales orientadas al mundo de las carreras por montaña que nos aporta características para satisfacer a muchas personas deportistas, incluso más allá del mundo de las carreras.

A simple vista, lo primero que llama la atención es su "doble ojo" que permite poder trabajar con dos tipos de luces diferentes, el ajuste tipo Boa y quizás un volumen algo grande (dependiendo del tipo de frontal al que estés acostumbrado) a la vez que gran solidez.

Entrando a manejarlo sorprenden positivamente dos cosas: los botones "ocultos" que van a evitar, sin duda, esas situaciones por las que nos ha tocado pasar de encontrarnos la linterna encendida en la mochila. Y también el almacenamiento de la batería, muy protegido, estanco (y con goma de repuesto) y que, estoy seguro, no se abrirá accidentalmente.

La batería de 3400 mAh, con carga mediante USB tipo C, se carga en 3 horas y la duración es "eterna" (salvo que vayamos con "las largas" puestas todo el día). De todos modos, la diversidad de intensidades que ofrece y el indicador de batería nos van a permitir mucho juego en actividades intensas nocturnas o en actividades de varios días con un uso más limitado. También es compatible con 2 pilas CR123A, para casos de emergencia. Con la luz fría, garantiza un modo "carreras por montaña" con duración 24 horas de manera eficaz.

Ofrece dos tipos de luz (ambas de tipo LED) una luz blanca y una luz cálida. La luz blanca es capaz, con sus 1600 lúmenes, de transformar el rincón más oscuro en una bonita zona iluminada incluso a mucha distancia, lo que nos va a permitir más que de sobra el correr, caminar, escalar, hacer alpinismo... Mientras que la luz cálida nos va a dar unas mejores prestaciones en nieve y meteo adversa (niebla, lluvia, nieve...). Ambas opciones tienen diferentes niveles de intensidad, con lo que podemos elegir la intensidad preferida en función de la actividad que practiquemos. Algo importante también es que tiene un modo SOS (parpadeo intermitente) de duración casi infinita.

Mencionar que, con guantes, la falta de tacto complica un poco de inicio el manejo del encendido/apagado y la regulación de las diferentes intensidades. Lógicamente, en el planteamiento de este producto y su posicionamiento en el mundo del trail running, este aspecto de manejabilidad es menos importante. A cambio, el ajuste de la cinta elástica a la cabeza y a varios modelos de cascos es extraordinariamente fiable y estable. E incluso con guante invernal el sistema de regulación (bidireccional) se maneja estupendamente. Un frontal muy recomendable para múltiples actividades en montaña.

FOTOS: COL. ÍÑIGO AYLLÓN

VALORACIÓN GENERAL ★★★★☆

Ligereza	★★★★☆	Duración	★★★★☆
Ajuste	★★★★★	Diseño	★★★★☆
Potencia	★★★★☆	Precio	★★★☆☆

Puntos fuertes: una linterna de grandes prestaciones, con una capacidad de iluminación muy buena en diferentes situaciones (mala meteo, nieve...), con una gran longevidad y con un peso muy reducido sin penalizar su comodidad y resistencia.

www.fenixlinternas.com

Fabricante: Fenix (China).
Distribuidor: Fenix Linternas.
Actividad recomendada: trail running, alpinismo...
Materiales: aluminio, magnesio y PC de calidad.
Distancia máxima iluminación: 170 m (1600 lúmenes máx).
Peso: 140 g (incluyendo batería y diadema).
Resistencia IP: IP68 (resistencia al impacto de hasta 2 metros).
Dimensiones: 80 x 46,8 x 34,9 mm
PVP aprox: 99,90 €.

Black Diamond

ILUMINACIÓN

www.blackdiamondequipment.com

DISTANCE 1100

Ligera y compacta, la Distance LT 1100 está diseñada para brillar en los días de resistencia desde antes del amanecer hasta el anochecer, en los que cada gramo cuenta. El diseño sin rebotes cuenta con un conjunto de lentes delgado y pivotante, mientras que la carcasa principal de la batería recargable permanece fija y estable contra la cinta de la cabeza. El diseño de perfil bajo de la cinta proporciona un ajuste y comodidad superior.

La tecnología PowerTap™ integrada potencia temporalmente la luz hasta 1100 lúmenes con un simple toque para una visión de largo alcance, y se atenúa automáticamente después de 10 segundos para conservar la duración de la batería. Batería recargable de 2200 mAh Li-ion se carga a través de un puerto USB-C y se puede cambiar fácilmente sobre la marcha.

El diseño de la lente de la Distance mantiene una iluminación amplia y difusa y la percepción de la profundidad en toda la gama de niveles de brillo. Luz LED RGB de 3 colores. Resistencia IP67 (resitente al polvo y sumergible hasta 1 metro durante 30 minutos).

PVPR: 110 €

DISTANCE 1500

Diseñada para carreras rápidas de resistencia nocturna y para moverse por terrenos técnicos de noche, la Distance 1500 representa la cúspide de la tecnología de frontales. La tecnología PowerTap™ integrada de la Distance potencia la luz hasta el ajuste máximo de 1500 lúmenes para evaluar el terreno a larga distancia o detectar marcas de senderos. La programación de salida constante proporciona una iluminación continua, y la lente multifacética de la linterna proporciona una luz suave y fiable que mantiene la percepción de la profundidad sin crear sombras ni artefactos. La batería magnética intercambiable tiene capacidad suficiente para durar toda la noche con un ajuste moderado y se cambia fácilmente con una sola mano cuando se necesita más potencia. Distance's Comfort Cradle™ se asienta en una posición baja y contornea la cabeza para eliminar los rebotes, y cuenta con una amortiguación integrada para una mayor comodidad durante toda la noche.

Resistencia: IP67.

PVPR: 200 €

SPOT 400

Este frontal de Black Diamond, el Spot 400 tiene 400 lúmenes de potencia, ahora alojados en un diseño más pequeño y eficiente.

Con un cuerpo compacto, el Spot 400 presenta un perfil bajo para un mejor equilibrio y es más ergonómico para una mayor comodidad.

La interfaz de usuario también cuenta con un segundo interruptor para facilitar la selección del modo de objetivo.

El nuevo Spot 400 también es compatible con Dual-Fuel, lo que permite alimentar la linterna con la batería recargable de iones de litio BD 1500 o con tres pilas AAA estándar. Además, la eficiencia óptica actualizada no sólo proporciona una luz más brillante con más picos de intensidad, sino que también ahorra batería, que ahora puede controlar fácilmente con un medidor de batería de seis ajustes y tres LED.

El Spot 400 ofrece iluminación periférica para actividades a corta distancia, como ordenar el equipo, cocinar o leer en el campamento, y cuenta con una carcasa impermeable (resistencia IPX8).

La función de memoria de brillo permite encender y apagar la linterna con el brillo elegido sin volver a la configuración predeterminada. Además, la tecnología PowerTap del Spot 400 permite ajustar el brillo al instante.

PVPR: 45 €

DEPLOY 325

El Deploy es el frontal ideal para llevarlo en el bolsillo y utilizarlo cuando corres a última hora del día o en los entrenamientos previos al trabajo.

Su capacidad de 325 lúmenes (ilumina hasta 52 metros de distancia a máxima potencia) y su diseño de lente de ángulo variable proporcionan mucha luz y se ajustan con solo pulsar un botón, tanto si estás corriendo por un sendero empinado como por una calle de la ciudad.

Con una batería de litio (750 mAh Li-ion) de carga rápida que utiliza un cable USB-C, el Deploy está listo para funcionar en cualquier momento.

La batería tiene una duración de hasta 30 horas en potencia mínima y 2,5 horas en potencia máxima.

Su forma estilizada cabe bajo el ala de un sombrero, mientras que el ligero acolchado de espuma y la banda flexible proporcionan una comodidad estable y sin rebotes. Los detalles reflectantes en la banda proporcionan una visibilidad de 360º. Resistencia: IPX4.

De diseño compacto y muy ligera, con un peso de solo 38,5 gramos.

PVPR: 60 €

www.silva.se

ILUMINACIÓN

CROSS TRAIL 7

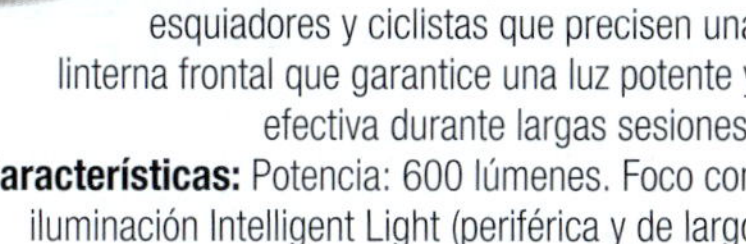

Descripción: Potente, polivalente, fiable y competitiva en cualquier circunstancia. Perfecta para trail-runners, esquiadores y ciclistas que precisen una linterna frontal que garantice una luz potente y efectiva durante largas sesiones.
Características: Potencia: 600 lúmenes. Foco con iluminación Intelligent Light (periférica y de largo alcance a la vez) y Flow Light (regulación de la amplitud del haz de luz). Botón on/off sobre-dimensionado. Alcance máx: 140 m. Resistencia al agua IPX5. 4 modos de iluminación: máx, óptimo, mín., intermitente. Indicador del estado de la batería. Modo reserva que cubre 30 minutos de utilización. **Peso:** 78 g (sin batería).

Disponible en 2 versiones en función de la batería:
CROSS TRAIL 7R: Con batería Ion recargable 2.0 Ah. **Autonomía:** 13 h / 8 h / 5 h. **PVPR:** 120 €
CROSS TRAIL 7XT: Con batería Ion recargable USB 3.5 Ah. **Autonomía:** 16 h / 11 h / 8 h. Incluye soportes de fijación para cuadro bicicleta y casco. **PVPR:** 170 €

TERRA SCOUT

La TERRA SCOUT de SILVA representa una firme evolución de la marca en cuanto a valores sostenibles sin renunciar a la fiabilidad y a la ligereza que se espera de una linterna frontal. Fabricada con plástico reciclado y material Revo procedente de polímeros reciclados de fibras de cáñamo y producido en Suecia por Trifilon. Este material cuenta con un 90% menos emisiones de CO_2 respecto otros materiales plásticos.
Características: Foco con tecnología Intelligent Light®: campo de visión periférico y de largo alcance a la vez. Potencia: 350 / 50 lúmenes. **Alcance máx.:** 65 m. 2 modos de iluminación (máx., mín.). Botón on/off sobredimensionado compatible con guantes. Luz roja: para visión nocturna. **Caja porta-baterías mixta:** permite utilizar batería recargable por USB o bien pilas alcalinas AAA. **Resistencia al agua:** IPX5. **Peso:** 51 g (sin batería). **Autonomía:** 30 h / 70 h (3 pilas AAA). 3 h / 25 h (batería recargable USB 1.25 Ah).

TERRA SCOUT XT: Versión con porta-batería híbrida con 3 pilas AAA, a la que puede añadirse por separado una batería recargable por USB 1.25 Ah. **PVPR:** 50 €
TERRA SCOUT H: Versión con porta-batería híbrida con batería recargable por USB 1.25 Ah, a la que puede añadirse por separado 3 pilas AAA. **PVPR:** 70 €

EXPLORE 4

Descripción: La EXPLORE es la propuesta de SILVA para actividades 100% outdoor en las que las condiciones meteorológicas y del terreno nos harán apreciar su alto nivel de estanqueidad: IPX7.
Características: Formato compacto y ligero con una potencia de 400 lúmenes. Foco con iluminación Intelligent Light (periférica y de largo alcance a la vez). Alcance máx: 85 m. Botón on/off sobre-dimensionado y amplia cinta en la cabeza para mayor confort. 4 modos iluminación: máx, óptimo, mín., intermitente; así como luz roja para visión nocturna y luz naranja para para visualizar todos los detalles de un mapa. Indicador del estado de la batería. Fijación para casco, tirante, cinturón incluida. Funda de transporte que puede utilizarse también para crear luz de ambiente en la tienda. **Peso:** 73 g (sin batería).

Disponible en 2 versiones en función de la batería:
EXPLORE 4: Con 3 pilas AAA.
Autonomía: 100 h / 45 h / 40 h. **PVPR:** 55 €
EXPLORE 4RC: Con batería Ion 700 mAh recargable USB.
Autonomía: 20 h / 3,5 h / 2,5 h. **PVPR:** 70 €

SCOUT 3

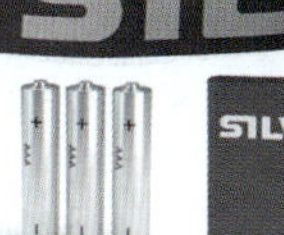

Descripción: Polivalencia, ligereza y resistencia al agua (IPX5) en unos modelos idóneos para un amplio rango de utilizaciones outdoor.
Características: Foco con tecnología Intelligent Light®: campo de visión periférico y de largo alcance a la vez. Alcance máx: 65 m. 2 modos de iluminación (máx., mín.). Botón on/off sobredimensionado compatible con guantes. Luz roja: visión nocturna. La caja porta-baterías es mixta: permite utilizar batería recargable por USB o bien pilas alcalinas. **Peso:** 51 g (sin batería).

Disponible en 4 versiones.
SCOUT 3: Caja porta-batería híbrida con 3 pilas AAA. Se puede añadir una batería recargable de 1.25 Ah. **Potencia:** 220 lm. Autonomía (pilas): 70 h/40 h. **PVPR:** 30 €
SCOUT 3X: Caja porta-batería híbrida con 3 pilas AAA. Se puede añadir por separado una batería recargable de 1.25 Ah. **Potencia:** 320 lúmenes. Autonomía (pilas): 70 h / 35 h. **PVPR:** 35 €
SCOUT 3XT: Caja porta-batería híbrida con 3 pilas AAA. Se puede añadir una batería recargable de 1.25 Ah. **Potencia:** 350 lm. Autonomía (pilas): 70 h/30 h. **PVPR:** 40 €
SCOUT 3XTH: Caja porta-batería con batería recargable de 1.25 Ah, a la que puede añadirse 3 pilas AAA. **Potencia:** 350 lm. Autonomía (batería): 25 h/3 h. **PVPR:** 59 €

FREE 1200 XS

La serie FREE está formada por tres versiones de linternas frontales (1200, 2000, 3000) a las que podemos combinar los focos de cada una de ellas (1200 lm, 2000 lm, 3000 lm) así como cuatro tipos de baterías: 14.4, 24, 36 y 72 Wh. Cada uno de estos elementos es intercambiable para una respuesta mejor adaptada a la potencia y autonomía que necesitamos según la actividad. El foco aporta una gran potencia de iluminación con el mínimo volumen y una óptima ventilación gracias a la construcción AirFlow. También destaca por integrar, en el interior de la cinta de la cabeza, el sistema de conexión por cable (tecnología FREE), proporcionando libertad de movimientos. **Características:** Cinta cabeza con sistema Click para fijar de forma rápida y simple los diferentes focos y baterías. 3 niveles de intensidad de iluminación. Foco con tecnología Intelligent Light®: campo de visión periférico y de largo alcance a la vez. Tecnología Flow Light: regulación de la amplitud del haz de luz. IPX5 – foco y batería water resistant. 5 niveles de indicación de la carga de la batería. Luz roja integrada en la zona posterior. Accesorios aparte para instalar el foco en una GoPro, manillar de bicicleta o casco. La versión FREE 1200 XS incluye batería recargable: 2 Ah / 14,4 Wh USB-C. **Potencia:** 1200 max/500 med/80 min (lm). **Alcance:** 150 m /100 m /45 m. **Autonomía:** 2 h /5 h /15 h. **Peso:** 114 g (sin batería). **PVPR:** 170 €

TRAIL RUNNER FREE 2

Diseñada para trail running, destaca por integrar, en el interior de la cinta de la cabeza, el sistema de conexión por cable. Este detalle, en combinación con la suavidad de la cinta, proporciona un gran confort y una óptima distribución del peso en la cabeza. El haz luminoso del foco está configurado para que la distribución de la luz sea la óptima para correr. La caja porta-baterías tiene integrada una luz de señalización roja.
Características: Potencia máxima: 450 lm. (pilas AAA), 500 lm (batería 1,25 Ah), 550 lm (batería 4 Ah). 4 modos de iluminación: máximo, óptimo, mínimo, intermitente. Alcance máx: 80 m. Foco con tecnología Intelligent Light®: campo de visión 2-en-1, periférico y de largo alcance a la vez. IPX5: preparada para utilizar con altas dosis de lluvia. Cable alargador incluido. **Peso:** 60 g (sin baterías).
Disponible en 3 versiones:
TRAIL RUNNER FREE: Incluye caja porta-batería híbrida con 3 pilas AAA, a la que puede añadirse una batería recargable por USB 1.25 Ah. **PVPR:** 85 €
TRAIL RUNNER FREE H: Incluye caja porta-batería híbrida con batería recargable por USB 1.25 Ah, a la que puede añadirse por separado 3 pilas AAA. **PVPR:** 100 €
TRAIL RUNNER FREE ULTRA: Incluye caja porta-batería híbrida con batería recargable por USB 4.0 Ah, a la que puede añadirse por separado 3 pilas AAA o la batería recargable 1.25 Ah. **PVPR:** 125 €

ILUMINACIÓN

www.fenixdistribucion.com

HM75R

Linterna frontal fabricada en aleación de magnesio. Alimentada por dos baterías recargables: una 21700 de 5000 mAh (trasera) y otra 18650 de 3400 mAh (delantera). Tiene una potencia máxima de 1600 lúmenes a una distancia de hasta 223 m. La función de encendido/apagado y la selección de modo se controlan mediante el interruptor giratorio, y la selección de salida mediante el interruptor electrónico. Foco, reflector y luz roja combinados en uno. La batería de 5000mAh permite una autonomía prolongada (234 horas en su modo de iluminación más baja), que además tiene un estuche para recargar fácilmente, que también puede actuar como banco de energía para otros dispositivos. **Tamaño:** 91,1 x 41 x 53,5 mm (Incluida la diadema). **Peso:** 321 g (con batería y diadema). **PVPR:** 169,90 €

HM65R-T V2.0

La nueva Fenix HM65R-T V2.0 es alimentada por una batería de 3400 mAh (incluida), la linterna ofrece una potencia máxima de 1600 lúmenes., un haz de luz máximo de 170 metros y un tiempo de ejecución máximo de hasta 300 horas en el mod de salida Eco (de 5 lúmenes). Con un cuerpo fabricado en aleación de magnesio, la Fenix HM65R-T V2.0 tiene una protección IP68 ante el agua y la humedad, y una resistencia a impactos y golpes de hasta 2 metros. La diadema ensanchada y ajustable en dos direcciones proporciona mayor comodidad y conveniencia para un ajuste perfecto mientras corres. **Tamaño:** 80 x 46,8 x 34,9 mm. **Peso:** 140 g (incluyendo batería y diadema). **Incluye:** Linterna frontal Fenix HM65R-T V 2.0, batería ARB-L18-3400, cable de carga USB tipo C, anillo sujetador, manual de usaurio, garantía Fenix. **PVPR:** 99,90 €

HL32R-T

La nueva Fenix HL32R-T es una linterna frontal de alto rendimiento especializada para trail running. Emite una salida máxima de 800 lúmenes y tiene un impresionante tiempo de ejecución de 150 horas. El foco y el proyector son controlados por separado por dos interruptores. La distancia máxima del haz de luz es de 132 metros, la protección con clasificación IP66 y su cuerpo liviano de magnesio hacen que la Fenix HL32R-T sea una opción sofisticada para diversos tipos de actividades al aire libre: carreras de montaña, montañismo y trekking. Además de ser compatible con tres baterias AAA, la Fenix HL32R-T incluye un paquete de baterías Fenix ARB-LP1900. **Tamaño:** 66 x 45 x 30 mm. **Peso:** 107 g (incluida la batería). **PVPR:** 69,90 €

HL16

Compacta linterna frontal alimentada por batería AAA que puede alcanzar una salida máxima de 450 lúmenes e iluminar una distancia de hasta 104 metros. El conveniente interruptor dual controla rápidamente cuatro niveles de brillo del modo de luz blanca y luz roja, SOS del modo de luz roja. La Fenix HL16 está hecha de material de PC de alta resistencia, lo que la hace duradera, resistente y liviana. Y la diadema perforada ensanchada brinda comodidad y capacidad de ajuste para adaptarse a cualquier situación. Todos estos aspectos destacados más la protección con clasificación IP66 hacen que esta linterna frontal sea muy adecuada para diversas actividades al aire libre: correr, caminar y acampar. **Tamaño:** 64 x 48 x 27 mm. **Peso:** 97,2 g (incluida la batería). **PVPR:** 29,90 €

Conoce tu frontal

Para comprender las funcionalidades de un frontal es esencial familiarizarse con conceptos que habitualmente vienen especificados en las fichas técnicas de los fabricantes. Estos son algunos de ellos:

Lúmen: Es una unidad de medida del flujo luminoso. Indica la cantidad total de luz visible emitida por una fuente. Cuantos más lúmenes tiene un frontal, más brillante es su luz. Los frontales ofrecen un rango de lúmenes muy amplio, desde solo 50 en su modo de menor potencia (útil para las tareas de proximidad) a más de 1000 para situaciones en las que se requiera una visibilidad a gran distancia.

LED: es una tecnología de iluminación así llamada por sus siglas en inglés (*Light Emitting Diode*, en español Diodo Emisor de Luz) que está basada en semiconductores que emiten luz cuando se aplica una corriente eléctrica. Son los más utilizados en los frontales para montaña por su mayor resistencia a los golpes y vibraciones, por su vida útil más larga y por su tamaño más pequeño y compacto que una bombilla.

Alimentación: Se refiere a la fuente de energía del frontal. Los modelos pueden ser alimentados por baterías desechables (AA, AAA) o recargables. Estas últimas suelen ser las preferidas por su sostenibilidad y coste a largo plazo. Las más comunes son de Ion de Litio (Li-ion), pues es un material ligero y que puede almacenar más energía en un espacio compacto. Se suelen recargar mediante USB.

Tecnología de luz reactiva: La firma francesa Petzl introdujo en 2012 su tecnología Reactive Lighting®, que permite ajustar automáticamente la intensidad de la luz según las condiciones, combinando una luz de largo alcance y una luz cercana

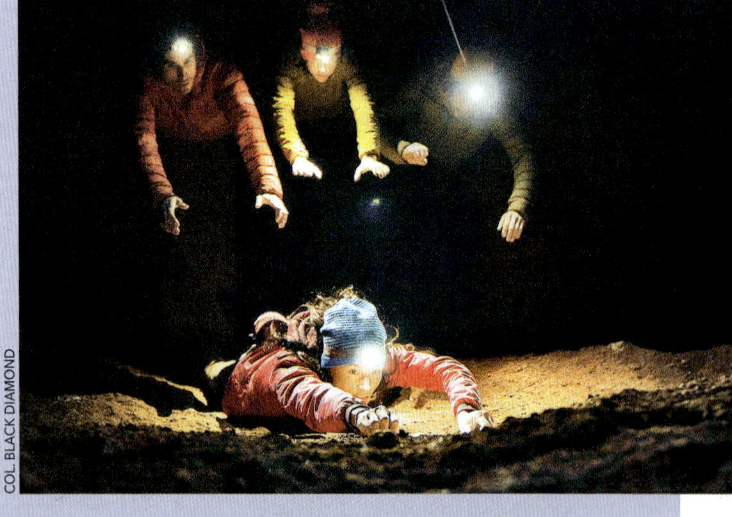

COL. BLACK DIAMOND

en un solo haz, de forma que se consigue una mejor visibilidad en las distintas situaciones. Otras firmas han desarrollado tecnologías similares, como la Intelligent Light® de Silva, la PowerTap™ de Black Diamond o la tecnología de control inteligente de Fenix, entre otras.

Valor IP: Indica la resistencia del frontal al polvo y al agua. El valor IP (*Ingress Protection*, que literalmente se traduce como protección contra la infiltración) se compone de dos números: el primero señala la protección contra el polvo y el segundo contra el agua. Cuanto mayor es la cifra, más protección ofrece, siendo los valores máximos el 6 para el polvo y el 9 para el agua. Por ejemplo, IP67 significa protección total contra el polvo y resistencia al agua hasta un metro de profundidad durante 30 minutos. // **Redacción Desnivel**

FJALLRAVEN / LARS_SCHNEIDER

HORNILLOS DE MONTAÑA

Tipos, usos y consejos

Llevar o no llevar un hornillo a nuestras aventuras en montaña puede marcar la diferencia entre una experiencia a recordar o a olvidar, o incluso puede comprometer nuestra seguridad en el caso de actividades invernales en las que necesitemos derretir nieve. Abordamos aquí cuáles son los tipos más comunes en función del combustible que utilicen y recomendaciones de uso para cada uno.

Desayunando caliente con un hornillo con el quemador separado del cartucho de gas, integrado en el recipiente, lo que mejora su estabilidad y eficiencia, aunque ocupa más.

PRIMUS

PIEZA indispensable de nuestra equipación en actividades de varios días, el hornillo de montaña ofrece un salto cualitativo en las noches alejadas de la civilización. La diferencia entre cenar y desayunar frío o caliente suele ser uno de esos pequeños y escasos placeres que nos permitimos en actividades alejadas de nuestros hogares.

Calentar agua es la base de la comida liofilizada, la cual ha permitido alimentarnos rápido, sano y sabroso en los últimos tiempos más allá de las tradicionales y poco nutritivas sopas de sobre o la tan manida pasta. En actividades invernales, además, es indispensable para derretir nieve y poder llenar las cantimploras.

De los clásicos hornillos compuestos por un acople al cartucho, regulador del caudal de gas, quemador y soporte hemos pasado a versiones más evolucionadas de conjunto integrado de cartucho, hornillo y cazo que, gracias a los difusores de calor y a estar perfectamente aislados del exterior, funcionan con una eficiencia máxima.

Vamos a analizar primero los tipos de hornillos que nos podemos encontrar actualmente en el mercado dividiéndolos por su combustible y uso recomendado de cada uno de ellos.

Tipos de hornillo según el combustible

El tradicional cartucho de gas sigue siendo el rey, pero dependiendo de las características de nuestra actividad podremos necesitar otros tipos de combustibles más accesibles, con mejor rendimiento en frío o buscar otras alternativas si lo que queremos es aprovechar lo que nos da la naturaleza y llevar el mínimo peso posible.

Hornillos de gas. Los hornillos de cartucho con gas licuado son los más comunes y utilizados. Tienen varias ventajas que los hacen totalmente recomendables para un uso en montaña, como la compacidad y la ligereza, pero sobre todo por la facilidad de uso.

Respecto a esta facilidad de uso convendría destacar varias virtudes innegables: es rápido y seguro de instalar, sin prácticamente posibilidades de que existan fugas de gas en el acople; instantáneo de usar, sobre todo si cuenta con encendedor piezoeléctrico; la llama, además, es muy fácil de regular y los residuos de la combustión son inapreciables, por lo que no es tóxico y no precisa de mantenimiento.

No todo es ideal. También existen algunos aspectos que colocan al gas en desventaja respecto a los combustibles líquidos y sólidos, como son su precio alto en comparación con las otras opciones, la dificultad de estimar exactamente cuánto gas queda en el cartucho, el mal funcionamiento con temperaturas excepcionalmente frías y la basura generada, ya que cada vez menos cartuchos son reutilizables.

Los combustibles más comunes son el butano (muy económico), el propano (muy eficiente, sobre todo en condiciones frías) o el isobutano, siendo lo habitual que estos vengan mezclados en el mismo cartucho en diferentes proporciones para aprovechar lo mejor de cada gas.

NICOLAS HOJAC / RED BULL CONTENT POOL

DANIEL PRUDEK 7 ADOBESTOCK

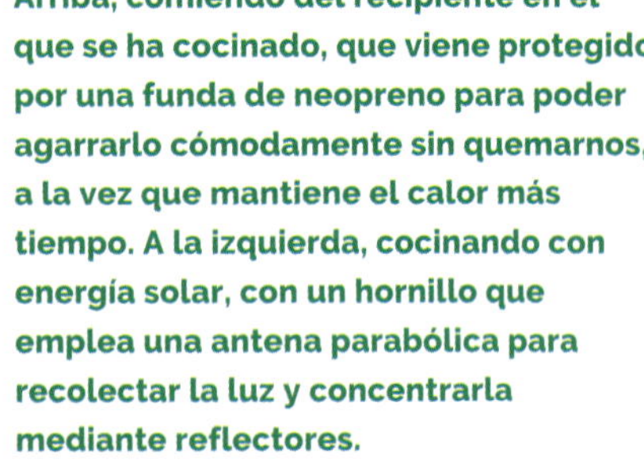

Arriba, comiendo del recipiente en el que se ha cocinado, que viene protegido por una funda de neopreno para poder agarrarlo cómodamente sin quemarnos, a la vez que mantiene el calor más tiempo. A la izquierda, cocinando con energía solar, con un hornillo que emplea una antena parabólica para recolectar la luz y concentrarla mediante reflectores.

Los hornillos de gas pueden ir separados del cartucho de gas, pero esto no es lo habitual salvo en grandes quemadores de camping. Aunque hay varios sistemas que varían según las marcas, el acople habitual es mediante una válvula roscada compatible con la mayor parte de marcas del mercado. Los sistemas integrados cartucho – hornillo – cazo, la opción más eficiente, también utilizan cartuchos de sistema de acople internacional.

Hornillos de combustible líquido. Son la opción preferente cuando las temperaturas son excepcionalmente frías y también cuando se van a utilizar en lugares en los que no tengamos seguro poder encontrar gas. Los hornillos de combustible líquido, más correcto es el término multicombustible, funcionan con una serie amplia de hidrocarburos entre los que destacan gasolina y queroseno, mucho más baratos que el gas y más sencillo de comprobar lo que queda en el depósito. También funcionan mejor en superficies inestables, ya que son hornillos con el depósito separado.

Los problemas más asociados a este tipo de hornillos suelen ser el tamaño, volumen y número de piezas; los gases producidos por la combustión, sobre todo en combustibles no apropiados; el precio mayor del hornillo y el mantenimiento necesario para su correcto funcionamiento, como el cebado previo al encendido y la metódica limpieza necesaria para que no se obturen los conductos por las impurezas.

El hornillo multicombustible no va acoplado directamente sobre el depósito de combustible, sino que se coloca aparte conectado mediante un tubo. Esto ofrece algunas ventajas como la de que la estabilidad del conjunto no dependa del tamaño del depósito, la de poder utilizar soportes grandes o la de poder cambiar el depósito sin tener que retirar el cazo del hornillo.

Dentro de estos combustibles comentamos aparte por sus particularidades los quemadores de alcohol, una opción cada vez más demandada por los amantes del fast&light, ya que con un peso y un tamaño mínimo y un funcionamiento muy sencillo sirve para calentar la comida y el agua de un modo bastante eficiente, aunque nunca tan bien como el gas o los combustibles líquidos tradicionales. Estos quemadores son utilizados como calentador de emergencia debajo de una manta térmica en actividades donde exista riesgo de hipotermia como invernales de alta montaña, espeleología o barranquismo.

Hornillos de combustible sólido y otras alternativas. También muy apreciados por toda persona minimalista, los hornillos de combustible sólido permiten viajar con lo mínimo dada la facilidad de encontrar leña de pequeño tamaño como ramitas o piñas. Hay que confiar, eso sí, en no tener condiciones húmedas, ya que encender el fuego entonces puede ser una labor desesperante.

Existen otras opciones como las pastillas de combustible sólido que funcionan también muy bien en caso de emergencia, aunque no son las mejores opciones por la cantidad de residuos, el olor fuerte de la combustión y la poca eficiencia en la relación entre consumo y potencia.

No queremos dejar pasar la oportunidad de nombrar una de las alternativas más curiosas e interesantes como son las estufas de energía solar. Constan de una parábola que refleja y concentra los rayos del sol en un punto concreto, calentando la superficie de un modo increíble siempre y cuando el día esté despejado, obviamente. Por tamaño y peso no son recomendables más que para camping.

La eficiencia

Vamos a presentar aquí datos objetivos que puedes ver en las especificaciones técnicas de tu hornillo, pero lo cierto es que, desde la aparición de los hornillos integrados, interesa más la relación de eficiencia establecida entre la potencia y el consumo.

Hasta hace unas décadas solo se consideraban el flujo de combustible y el tamaño del quemador los factores determinantes en la potencia de un hornillo, pero no se prestó demasiada atención a datos que afectaban a la eficiencia, como la distancia entre el quemador y el soporte, elementos aislantes como paravientos y difusores, así como todo lo referente al tamaño, dimensiones, accesorios y materiales del cazo.

Hoy en día se sabe que todos esos factores son claves en un uso eficiente del gas o del combustible que utilicemos; que se traduce en un menor tiempo de hervido y

CONSEJOS

Para un buen uso de los hornillos de montaña

ADOBESTOCK

• Elige el lugar adecuado. Evita espacios poco ventilados, sobre todo cuando cocines con combustibles líquidos o sólidos, y toma las más básicas precauciones de seguridad.

• Despeja los alrededores del espacio de cocina para evitar manchas en los casos menos importantes e incendios en los más graves.

• Estabiliza la zona. Es indispensable encontrar la horizontalidad para cocinar y, a veces, las estructuras improvisadas en la base del hornillo son totalmente precarias, arriesgándonos a derramar el contenido antes de ser servido. En los conjuntos separados de depósito y hornillo suele ser más fácil lograr una superficie cómoda, pero un trípode adecuado o artilugios para cocinar en suspensión ayudan a compensar los problemas de estabilidad del resto de sistemas.

• Protégete del viento. El viento es el factor que más va a determinar el tiempo de ebullición, el consumo y la autonomía de nuestro sistema. Si tu conjunto es integrado, no debes preocuparte demasiado por esto, pero en sistemas separados o de acople y menaje aparte, es algo que tenemos que prever. Un sitio a resguardo, pero suficientemente ventilado (sí, son antagonistas, lo sabemos) o un paravientos adecuado nos va a hacer ganar tiempo y ahorrar combustible y paciencia.

• Facilidad de uso y mantenimiento. No esperes a estar a punto de usar tu hornillo multicombustible para darte cuenta de la limpieza que le hace falta o de que no sabes cómo realizar el cebado de la gasolina. Tampoco serías la primera persona que se da cuenta de que el piezoeléctrico se ha estropeado cuando ya tiene el cazo con agua puesta encima. Evita disgustos innecesarios teniendo cierta práctica en el montaje y uso de los hornillos. Lleva mecheros o cerillas de intemperie por si acaso y deja esos cartuchos viejos de gas que pesan sospechosamente poco para usos no esenciales.

• Compatibilidad con el menaje. Un aspecto bastante descuidado a la hora de la considerar la eficiencia energética de un hornillo es conocer con qué tipo de recipiente vamos a calentar el contenido. Tanto las dimensiones del mismo como, sobre todo, el material de fabricación (aluminio o titanio son los materiales más eficientes entre peso y transmisión del calor) y si lo usamos tapado o no, son aspectos que no hay que desdeñar.

KLAUS FENGLER / RED BULL CONTENT POOL

Tomarse un desayuno o una cena caliente establece una diferencia clave para la recuperación, ya sea en un trekking tranquilo o colgados de una pared (arriba, Stefan Glowacz con su hornillo colgante en el Fitz Roy).

por tanto en un menor consumo y mayor autonomía. Si a ello añadimos la ligereza y compacidad de los hornillos y de los conjuntos integrados, descubrimos que podemos llevar el hornillo encima incluso en actividades de día para sorprender a nuestros compañeros y compañeras de ruta con una comida liofilizada delicatessen o un café en la cumbre.

Peso y volumen: un clásico en la organización del siempre escaso espacio en las mochilas. Menor peso significa menor esfuerzo durante el transporte y menor volumen significa poder utilizar mochilas más pequeñas. Los hornillos actuales, sobre todo los integrados, son una auténtica virguería de aprovechamiento del espacio. Las mismas o mejores prestaciones de los hornillos clásicos con una gran facilidad de transporte.

Los conjuntos de hornillo y combustible más minimalistas no sobrepasan los 200 gramos de peso, habiendo también conjuntos de hasta medio kilo de peso con una gran potencia y versatilidad para grupos numerosos.

Potencia: uno de los datos a los que se nos van los ojos cuando queremos adquirir un hornillo es la potencia. Más potencia significa mayor capacidad para calentar la comida o el agua, no hay más. O sí que hay más. En la visión actual, la potencia sigue siendo un valor primordial, aunque no tanto si estamos comparando un sistema tradicional con un sistema integrado, ya que estos últimos pueden dar resultados similares con una eficiencia mayor; es decir, con menor potencia y consumo, consiguen calentar la comida en un tiempo idéntico.

Los hornillos actuales tienen una potencia que va de los 2000 vatios de la gama media (algo menos en los ultraligeros) a los 3500 o 4000. No obstante, no te dejes llevar por los cantos de sirena de la potencia, porque es posible que el consumo excesivo de combustible sea lo que está detrás de potencias extraordinariamente altas.

Autonomía: la autonomía es un valor que hay que mirar con lupa. Los datos teóricos rara vez se corresponden con las condiciones que vamos a encontrar en montaña y lo habitual será que los cartuchos duren menos cuanto más complicadas sean las condiciones de frío, altura (presión atmosférica), viento y otras variables que dependen de nuestra gestión como utilizar tapa (más eficiencia) o no en nuestro cazo. Nos sirve, no obstante, para comparar diferentes opciones y estimar cuál nos conviene más según nuestra actividad habitual prevista.

Tiempo de ebullición: si complicado es fiarnos de la autonomía declarada por el fabricante, la incredulidad con el tiempo de ebullición debe ser aún mayor. Se toma como referencia un litro de agua (a veces medio litro, ojo con esto), pero desconocemos las condiciones en las que se ha obtenido ese valor. Recomendamos un espíritu crítico con este dato a la hora de decidir la compra de un hornillo y no fiarlo todo a las especificaciones de la marca.

Los datos ofrecidos por las marcas hablan de entre 3 y 4 minutos para hervir un litro de agua. La realidad en la montaña pocas veces se asoma a estos datos tan fantásticos; la experiencia nos lleva a asegurar que más del doble de tiempo será lo que nos encontremos de frente en una noche al aire libre en alta montaña con agua fría de manantial o deshielo, pudiendo aumentar aún más dependiendo del tipo de cazo que usemos y la presión inicial del gas dentro del cartucho, si utilizamos este tipo de combustible.

Tamaño del soporte: ten en cuenta las medidas del apoyo del hornillo. A veces nos encontramos con unos brazos de apoyo tremendamente pequeños que no sirven para el tamaño de nuestro recipiente y comprometen la estabilidad. El minimalismo tiene estas cosas, no dejes que te sorprenda en el mismo momento en el que te pones a cocinar.

Redacción DESNIVEL

PRODUCTO PROBADO Por Jesús VELASCO

MULTIHERRAMIENTA SKELETOOL CX DE LEATHERMAN

Herramientas básicas en una sola pieza

Fabricante: Leatherman (EEUU). **Actividad recomendada:** actividades outdoor, bricolaje, reparaciones... **Materiales:** acero inoxidable 154 CM, revestimiento de DLC y Cerakote. **Herramientas:** alicantes de punta delgada, alicates comunes, cortadores de cables, cortadores de alambre, navaja 145 CM, destornillador de puntas grandes, mosquetón y abrebotellas. **Peso:** 142 gramos. **Dimensiones:** largo: 10 cm cerrada, 15.24 cm abierta (6.60 cm longitud de la hoja); ancho: 3.15 cm; grosor: 1.32 cm. **Colores:** verde y azul/ rojo y azul / azul oscuro y azul claro / negro y gris **Garantía:** 25 años. **PVP aprox:** 119 €.

LO primero a destacar de este producto es el juego de palabras que ha realizado la marca con el nombre, combinando las parlabras *skeletoon* y *tool* (esqueleto y herramienta) dando lugar a SKELETOOL: es creativo y representa claramente la imagen de la herramienta, pues puedes ver todas las utilidades que posee sin necesidad de ir sacándolas. El esqueleto sería la carcasa, que tiene unos orificios que la hacen ligera a la par que resistente, y las herramientas son las vísceras, las que hacen que el cuerpo funcione.

Es una multiherramienta concebida para infinidad de actividades, que van desde la construcción a las de medio ambiente. Entre sus usos están la navaja tradicional, unos destornilladores, alicates (de punta fina y comunes), cortadores de cables y de alambre, y hasta un abrebotellas bien integrado en el cuerpo de la multiherramienta. Todos ellos nos sacarán de un apuro o nos facilitarán la jornada laboral o lúdica.

Su combinación de colores vistosos pienso que es un gran acierto por parte de la marca ya que se sale de los cánones de verde oliva o gris metal, haciéndola más atractiva. Está fabricada en acero 154 CM, el cual se compone de 1,05% de cromo, 0,5% de manganeso, 14% de cromo y 4,0% de molibdeno, con una dureza de 58-62HRC. Este tipo de acero no se corroe u oxida al exponerse a la humedad, tal y como sucede con el acero ordinario (claro que dependerá del grado de humedad o salinidad que encontremos). El 154 CM fue desarrollado por Crucible Materials Corporation (actualmente Crucible Industries). Es cercano al VG10 en términos de mantener filo, pero un poco más sensible a la corrosión. Es un gran acero todoterreno, fácil de afilar y puede ser pulido a espejo.

VALORACIÓN GENERAL	★★★★☆		
Ligereza	★★★★☆	Durabilidad	★★★★★
Funcionalidad	★★★★☆	Diseño	★★★★★
Polivalencia	★★★★★	Precio	★★★☆☆

FOTOS: JESÚS VELASCO

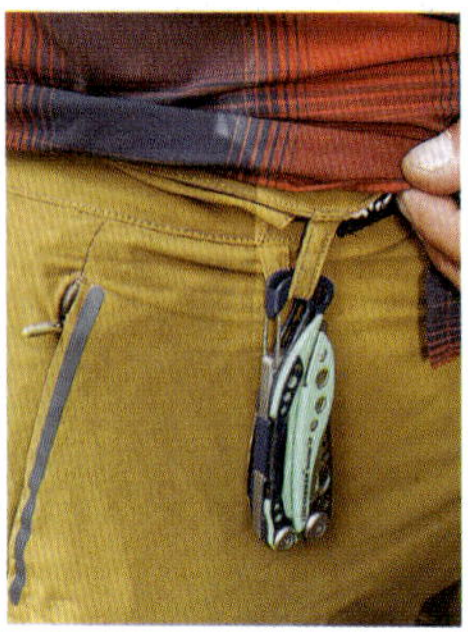

Para los que nos gusta la aventura y los viajes, es una multiherramienta muy útil para llevar en la mochila. Quizás los fanáticos del peso verán que sus 142 gramos son excesivos para colgar en el arnés, pero la verdad es que no es tanto peso y te puede sacar de un buen apuro.

De entre sus herramientas, destaca el alicate, que es robusto y eficiente y cuenta con corta alambre y pela cables. También la hoja de la navaja es dura y fiable, con muy buen filo que corta madera, cuerdas, plástico o el pan para el bocadillo; además tiene un seguro fiable para evitar que se cierre inesperadamente. En cuanto a los destornilladores, se guardan en un lugar en el exterior que me ha dado la sensación que podrían llegar a perderse, si bien esto no me ha ocurrido durante mis actividades.

Posee dos sistemas de transporte una tipo mosquetón que hace a la par de abrebotellas y un clip de cinturón (que puede ser retirado, mediante una llave de torx).

He podido utilizarla en diversas actividades (desde cortar una cuerda, abrir paquetes, ajustar unos crampones, atornillar un dispositivo...), tanto en casa como en el monte y me ha parecido muy útil.

Puntos fuertes: buen equilibrio entre las utilidades que ofrece y su tamaño y peso, en una pieza compacta y fácil de utilizar.

www.leatherman.com

PRODUCTO PROBADO *Por Eva MARTOS*

KIT HORNILLO + CAZO STASH DE JETBOIL

Ligero, estable y eficiente

EL sistema de los hornillos Jetboil es sobradamente conocido como uno de los más eficientes para cocinar en el exterior. Sin embargo, este modelo no es el sistema habitual de Jetboil en el que el cazo se integra en el quemador, actuando como eficaz paravientos. En este caso el cazo y el quemador son independientes, por lo que su resistencia al viento no es tan sobresaliente. Con todo, funciona muy bien y sobre todo es más estable que un sistema de dos piezas (hornillo y cazo) separadas. El cazo tiene unas ranuras en la parte inferior que encajan perfectamente con los "brazos" del quemador. La ebullición es realmente rápida. He comprobado que tarda poco más de dos minutos en hervir medio litro de agua; eso sí, en ambientes cálidos, pues con frío este tiempo aumenta. Además, trae una pieza plástica a modo de "patas" para colocar el cartucho de gas, con distintas ranuras para adaptarse al diámetro del cartucho, que aumentan su estabilidad.

El conjunto es muy compacto y cómodo de transportar. Dentro del mismo cazo se puede meter el quemador, el cartucho de gas, las patas estabilizadoras y un mechero. Es importante esto último, llevar mechero o cerillas, pues el kit no incluye ningún sistema de encendido. Sí que incluye una especie de funda metálica para guardar el cartucho de gas, si bien realmente no lo encuentro muy útil, y solo sirve para los cartuchos de 100 ml. La válvula de regulación del gas es minimalista pero se maneja bien y es muy precisa.

El asa del cazo, con un recubrimiento de silicona, es fácil y agradable de manejar. También es útil que en el interior del cazo lleva unas incisiones que marcan los mililitros del contenido. Y la tapa del cazo, de plástico duro, dispone de un orificio que puede servir por ejemplo para escurrir la pasta, servir la sopa o incluso para beber del mismo sin quemarte los labios.

FOTOS: EVA MARTOS

Según asegura la firma, este kit de hornillo y cazo es un 40% más ligero que sus competidores del mismo tamaño. Lo cierto es que no te da pereza echarlo en la mochila y te permite disfrutar de una sopa o infusión caliente, muy de agradecer tras una jornada de actividad en el monte. Claro que su volumen no da para más de dos raciones, y el cartucho de gas compatible (de cualquier marca) es pequeño, pero lo suficiente para sacarle partido un fin de semana. La marca indica que con un cartucho de 100 g se pueden hervir 12 litros de agua.

Puntos fuertes: un kit que ocupa y pesa muy poco, sencillo de manejar, estable y con un tiempo de ebullición rápido.

Fabricante: Jetboil (EEUU).
Distribuidor: Esportiva Aksa.
Actividad recomendada: cocina outdoor.
Materiales: quemador de titanio (potencia 1.32 kW), cazo con tecnología FluxRing, silicona.
Peso: 282 g (+ 27 g estabilizador).
Capacidad: 0,8 litros.
Dimensiones: 11.2 cm x 13 cm (empaquetado).
PVP aprox: 184 €.

VALORACIÓN GENERAL	★★★★☆		
Ligereza	★★★★☆	Resistencia	★★★★☆
Eficacia	★★★★☆	Polivalencia	★★★☆☆
Compactabilidad	★★★★☆	Precio	★★★☆☆

https://jetboil.johnsonoutdoors.com

PRODUCTO PROBADO *Por Mariángeles TRUJILLO*

BOTELLAS BASIC ALU OASIS DE LAKEN

De aluminio reciclado, un 'plus' en sostenibilidad

Fabricante: Laken (España).
Distribuidor: Laken.
Actividad recomendada: hidratación en todo tipo de actividades.
Materiales: aluminio 100 % reciclado.
Colores: gris, rojo, amarillo, azul, aluminio y verde.
Capacidad y peso: 600 ml (110 g) y 750 ml (140 g).
PVP aprox: desde 8,50 €.

VALORACIÓN GENERAL	★★★★☆		
Ligereza	★★★★☆	Funcionalidad	★★★★☆
Sostenibilidad	★★★★★	Resistencia	★★★☆☆
Diseño	★★★★☆	Precio	★★★★☆

LAKEN nació en Murcia en 1912 con el objetivo de crear recipientes de calidad para transportar alimentos y bebidas. Actualmente fabrica botellas, cantimploras y otros recipientes reutilizables de aluminio, de acero inoxidable y de Tritán. De una sola pared, o dos, térmicas, no térmicas, ligeras, de diversos tamaños, colores, con diferentes sistemas para beber y de transporte y múltiples accesorios, así es que encontrar el producto que se adapte a tus preferencias es fácil y sencillo. Pero, sin duda, uno de los puntos fuertes de la marca es su fabricación española, todos sus productos se hacen en su fábrica de Murcia de manera responsable al medio ambiente, utilizando energía eléctrica de origen renovable certificado. Además, desde 2021, empezaron a fabricar algunos de sus modelos de botellas reutilizables de aluminio con materia prima íntegramente procedente del reciclado de aluminio previamente utilizado por consumidores finales, como tú y yo. Esto tiene múltiples beneficios medioambientales, como la reducción del 55 % de las emisiones de CO_2 y del 95 % de la energía requerida para la obtención de la materia prima (vs. obtención de aluminio primario). Y, todo ello, sin afectar para nada la calidad y prestaciones de las botellas.

En está ocasión ponemos a prueba el modelo BASIC ALU OASIS, que es la última botella de aluminio que han puesto en el mercado. Sus prestaciones no son diferentes al resto de la gama aluminio que tiene disponible Laken, pero su diseño sí que es nuevo.

Es ultraligera, fabricada en aluminio 100% reciclado PCR, equipada con tapón de rosca Oasis con cierre hermético. Libre de BPA, ftalatos, plomo u otras sustancias nocivas. Tras varias salidas al campo y montaña, y utilizarlas con otras bebidas que no eran agua, podemos asegurar que no retienen ni transmiten sabores. Además, me parecen ideales para los más peques de casa, ya que no pesan nada y son totalmente seguras. Su boca ancha facilita a los más pequeños beber sin ayuda. Quizás el único inconveniente que podemos encontrar durante el verano es que no es térmica, pero gracias a su boca ancha podemos introducir unos cubitos de hielo y solucionado. Es una opción muy económica, ligera y práctica de botella reutilizable. Y, sobre todo, muy sostenible por su material.

Puntos fuertes: Si te decantas por su compra, estarás eligiendo experiencia, durabilidad, sostenibilidad, calidad y diseño.

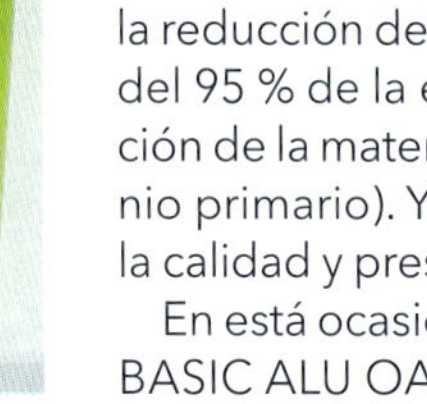

www.laken.es

PRODUCTO PROBADO *Por Mariángeles TRUJILLO*

AURICULARES DE BOTÓN DE DISEÑO ABIERTO BOSE ULTRA

Sonido de calidad sin aislarte del entorno

BOSE Ultra Open, unos auriculares que son diferentes a lo que hay en el resto del mercado, gracias a su diseño "abierto", muy original, con altavoces que emiten sonido a los oídos sin bloquear el sonido que llega del exterior. Actualmente los auriculares han evolucionado de ser simples accesorios que nos acompañan en nuestro viaje, haciendo ejercicio... a convertirse en un complemento casi tan importante como el propio móvil.

El auricular se engancha al lateral de las orejas y consta de dos partes: el cuerpo cilíndrico y el altavoz. Ambas están unidas por una junta de goma flexible. El cuerpo cilíndrico se coloca en la parte posterior de la oreja y la parte de la goma rodea el lateral de la oreja, mientras que el altavoz se coloca en la abertura del canal auditivo, pero sin ser insertado. Se trata de un diseño "pinza" que ofrece muy buena estabilidad durante actividades de fitness, trail running..., permanecen en su lugar sin importar el movimiento, además, son compatibles con el uso de gafas. Según mi experiencia, resultan tan cómodos y ligeros que te olvidas que los llevas puestos.

Están pensados para dos tipos de personas, las que no les gusta tener auriculares aislantes del ruido insertados en los oídos, y aquellas que quieren seguir en contacto con el entorno mientras llevan los auriculares puestos. Esto significa que vamos a poder disfrutar de nuestra música mientras permanecemos alerta a los sonidos del tráfico, naturaleza... Los auriculares pueden ajustar automáticamente el volumen del audio en función del nivel de ruido del entorno. Esto permite mantener el audio a un volumen constante en relación al entorno. Tienen certificación IPX4, que lo hacen resistentes al sudor y la lluvia, ideales para los entrenamientos más intensos.

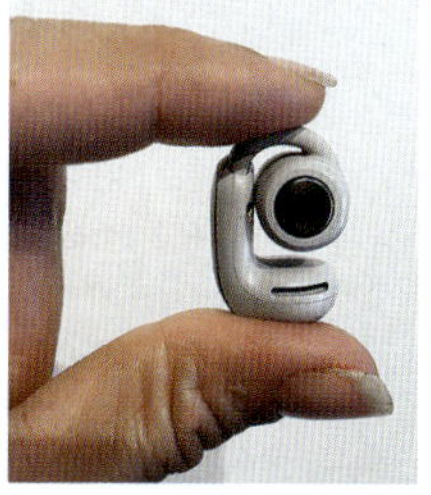

VALORACIÓN GENERAL	★★★★☆		
Sonido	★★★★★	Resistencia	★★★★☆
Autonomía	★★★★☆	Diseño	★★★★★
Comodidad	★★★★☆	Precio	★★★☆☆

Se conectan mediante Bluetooth 5.3, y resulta muy sencillo conectarlos a cualquier dispositivo compatible. El alcance de la conexión es de 9 metros, y se cargan con un cable USB que se conecta al puerto USB-C del estuche y al puerto USB-A de un ordenador o cargador de pared (no cuentan con carga inalámbrica). La carga del estuche dura 3 horas y la carga de los auriculares dura 1 hora. Cuando están completamente cargados, pueden reproducir audio hasta 7,5 horas (hasta 4,5 horas con audio inmersivo o volumen automático activado o hasta 3,5 horas con ambos activos). El estuche de carga incluido amplía la autonomía, ofreciendo 19,5 horas adicionales de batería. Además, con la característica de carga rápida, en solo 10 minutos de carga obtienes 2 horas adicionales de reproducción, perfecto para esos momentos en los que tenemos poco tiempo.

Para configuralos y controlarlos tenemos disponible la app Bose Music, fácil de usar, con un diseño limpio y bonito.

Lo que más me ha gustado ha sido su "Modo inmersivo", ya que te crea una sensación más realista y envolvente del sonido; al utilizarla tienes la sensación de que la música proviene de un plano frontal.

Puntos fuertes: unos auriculares que ponen el foco en la comodidad sin perder su esencia en la calidad sonora.

www.bose.es

Fabricante: Bose (EE.UU).
Distribuidor: Bose.
Materiales: silicona flexible, plástico, acabado metalizado, baño de oro. Estuche de plástico duro.
Peso: 6,4 g (cada auricular).
Resistencia: IPX4.
Dimensiones: 1,9 x 1,7 x 2,7 cm (Caja: 4,2 x 6,5 x 2,6 cm). Cable USB:30,5 cm.
PVP aprox: 379 €.

PRODUCTO PROBADO *Por Josito FERNÁNDEZ*

GAFAS PATHFINDER DE BOLLÉ

Ajuste perfecto y nitidez en la visión

Fabricante: Bollé (Francia).
Distribuidor: Bollé.
Actividad recomendada: deportes outdoor.
Materiales: Montura de Nylon 45% Bio-Based. Lente de policarbonato HD Polarized Offshore Blue 3. (También disponibles con las lentes fotocromáticas Phantom y con las Solace4)
Peso: 36 g.
PVP aprox: 130 €.

LAS Gafas de sol Bollé de la línea Pathfinder están destinadas a un uso en los deportes de exterior y excepcionalmente en alta montaña que no tenga mucha altitud. Las he estado utilizando en distintas actividades de montaña por el Sistema Central, tanto con nieve como sin ella.

Su lente HD Offshore Blue de categoría 3 es un cristal de policarbonato polarizado que elimina los incómodos destellos solares y que funcionan perfectamente en lugares en sombra o con poca luminosidad por la niebla. La sensación que otorgan a la visión es de clara nitidez con una agradable sensación cuando te las pones.

Cabe destacar la buena ventilación que tienen, evitando la molesta aparición de vaho en los cristales. La amplitud de sus lentes, junto con los protectores laterales que lleva incorporados, protege correctamente de la luz externa y del molesto viento. Aunque no sean nivel 4, las lentes solo dejan pasar un 12% de la luz. Cuando las hemos utilizado en nieve a altitudes moderadas (2600 m) han funcionado perfectamente, protegiendo nuestros ojos y con buenas sensaciones al final de la jornada.

FOTOS: COL. JOSITO FERNÁNDEZ

VALORACIÓN GENERAL	★★★★☆		
Ajuste	★★★★★	Comodidad	★★★★☆
Polivalencia	★★★★☆	Resistencia	★★★★☆
Diseño	★★★★☆	Precio	★★★☆☆

En todo momento el ajuste fue perfecto. La comodidad y estabilidad están garantizadas gracias a su forma, a las puntas de las varillas recubiertas de goma Thermogrip® y a su puente nasal, que se puede ajustar en 3 posiciones. La goma termoplástica Thermogrip® está especialmente diseñada para que sus cualidades de adherencia mejoren en contacto con el agua y el sudor. Insertada en zonas de contacto estratégicas, garantiza una sujeción perfecta independientemente de la intensidad de la actividad. No han mostrado ninguna incompatibilidad con el uso del casco. Incorporan un ligero cordón extraíble para evitar la caída accidental de la cabeza, además de bolsa de transporte y funda rígida antigolpes.

Puntos fuertes: unas gafas versátiles que protegen los ojos eficazmente en cualquier actividad exterior, especialmente en montaña. Destaca su buen ajuste, sin movimiento alguno, y la nitidez en la visión que proporcionan.

www.bolle.com

ACCESORIOS

www.columbus-outdoor.com

BIKEPACKING PACK rPET CONJUNTO DE BIKEPACKING

Conjunto diseñado para bikepacking que incluye bolsa de manillar, bolsa de tubo superior del cuadro y una bolsa de sillín de color khaki para una breve escapada. Fabricado con tejido reciclado rPET (tereftalato de polietileno reciclado), que proviene del reciclaje de plástico PET (botellas, tapas y etiquetas) y se convierte en nuevos productos. **Características:** Material ligero y resistente al agua. Tejido rPET. Cremalleras estancas. Correas de velcro con revestimiento de silicona antideslizante. Estable en terrenos accidentados gracias a sus 3 puntos de fijación. **Colores:** Khaki, Navy.

BOLSA MANILLAR A09304 (Khaki), A09299 (Navy).
Dimensiones: 22 x Ø10 cm. **Capacidad:** 1,6 l. **Peso:** 165 g. **PVPR:** 49,90 €
BOLSA DE CUADRO A09305 (Khaki), A09300 (Navy).
Dimensiones: 18 x 8 / 4,5 x 5 cm. **Capacidad:** 0,8 l. **Peso:** 9 g. **PVPR:** 39,90 €
BOLSA DE SILLÍN A09306 (Khaki), A09302 (Navy).
Dimensiones: 17 x 10 / 3 x 8 / 6,5 cm. **Capacidad:** 1 l. **Peso:** 75 g. **PVPR:** 47,90 €

PVPR SET BIKEPACKING: 109,90 €

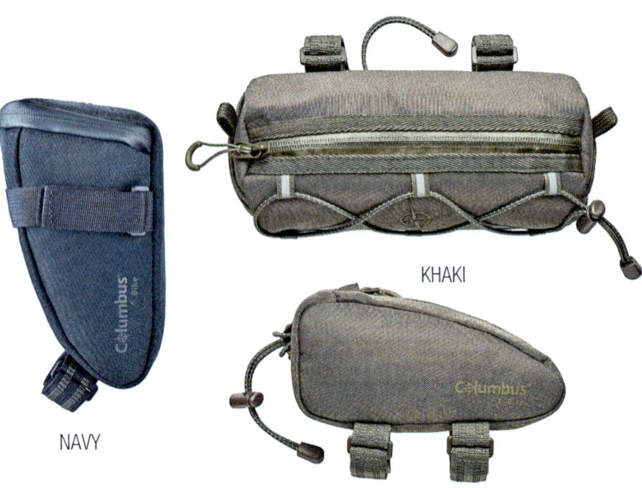

KHAKI

NAVY

BOLSA DE MANILLAR REDONDA IMPERMEABLE

Bolsa de manillar de 2,4 litros marrón diseñada para llevar lo esencial de cada dia, como teléfono, guantes, llaves, herramientas, snacks y demás. Fabricada en tejido reciclable que suele ser procesado por una empresa de reciclaje de forma que pueda transformarse en un nuevo material.
Características: Material ligero y resistente al agua. Tejido reciclable. Cremallera estanca con solapa por encima. Correas de velcro Hypalon para el manillar. Bolsillos laterales de malla. Sistema MOLLE. Cordón elástico frontal.
Colores: Marrón.
Dimensiones: 21 x Ø12 cm.
Capacidad: 2,4 l.
Peso: 130 g.
PVPR: 49,90 €

BOLSA ESTANCA DE CUADRO SUPERIOR CON TORNILLOS

Bolsa de cuadro de fácil colocación y extracción, ideal para llevar lo esencial de cada día: teléfono, guantes, llaves, herramientas, snacks y más. Fabricada en tejido reciclable, lo que significa que está hecha de un material que puede ser procesado por una empresa de reciclaje para transformarse en un nuevo material secundario, apto para la fabricación de nuevos productos.
Características: Material ligero y resistente al agua. Tejido reciclable. Costuras soldadas. 2 sistemas de fijación: 2 tornillos M5 x 0.8 mm x 20 mm y 2 correas de velcro Hypalon.
Cierre con imán. Cordón elástico frontal para fijar a la potencia.
Colores: Marrón.
Dimensiones: 22 x 10 / 6,5 x 6 cm.
Capacidad: 1 l.
Peso: 140 g.
PVPR: 52,90 €

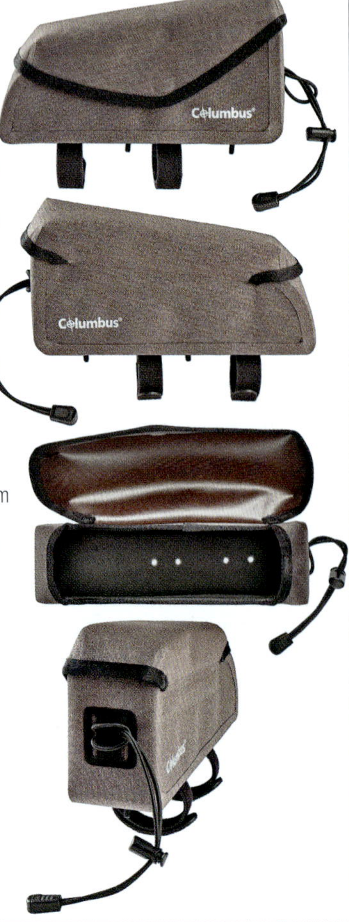

BOLSA DE SILLIN ESTANCA CON FIJACIÓN

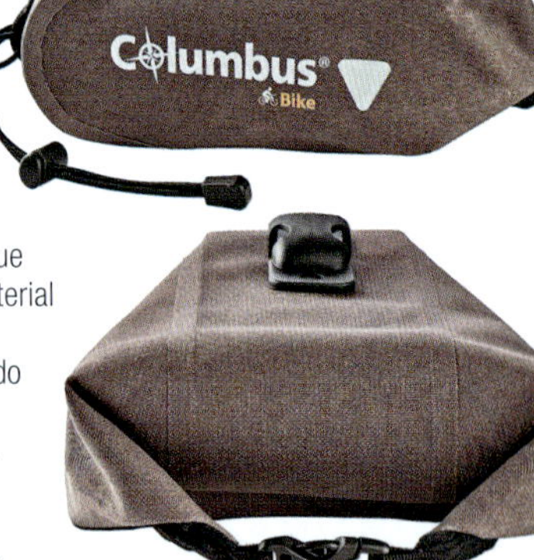

Bolsa de sillín diseñada para llevar lo esencial de cada día, como teléfono, guantes, llaves, herramientas, snacks y más. Fabricada en tejido reciclable, lo que significa que está hecha de un material que puede ser procesado por una empresa de reciclaje y transformado en un nuevo material secundario, apto para la fabricación de nuevos productos.
Características: Material ligero y resistente al agua. Tejido reciclable. Costuras soldadas. Sistema de fijación QR3. Cierre enrollable. Elementos reflectantes. Cordón elástico frontal para fijar al tubo del sillín.
Colores: Marrón.
Dimensiones:
31,5 x 13 / 7 x 30 / 9 cm (abierta) y 19 x 18 / 9 x 7 cm (cerrada).
Capacidad: 1,9 l.
Peso: 220 g.
PVPR: 49,90 €

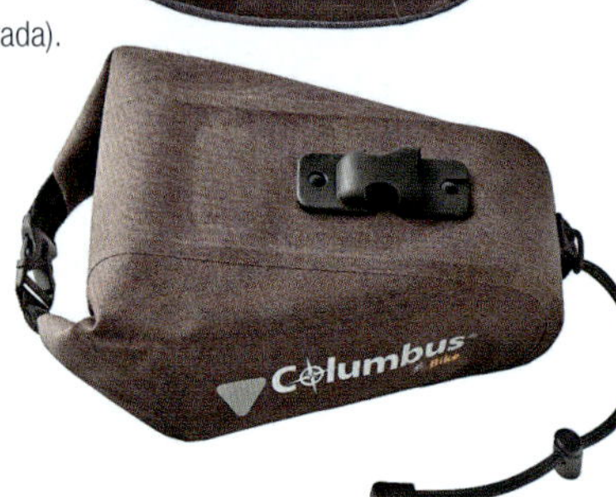

www.laken.es

ACCESORIOS

ACERO TÉRMICA SUMMIT

Descripción: Botella térmica de acero inoxidable 18/8 con tapón SUMMIT que permite abrirla y beber con una mano. Compatible con otros dos modelos de tapón.
Características: Hasta 24 h de frío y 8 de calor. Tapón de propileno y TPU. Totalmente libre de sustancias perjudiciales.
Capacidad: 350 / 500 / 750 / 1.000 ml.
Peso: 270 / 330 / 410 / 520 g.
Colores: 12.
PVPR: desde 21,50 €

BASIC STEEL PLAIN

Descripción: Botella de acero de una sola capa, muy resistente, con tapón PLAIN. Compatible con otros tres modelos de tapón.
Características: Totalmente libre de sustancias perjudiciales. Cuerpo de acero 18/8, tapón de PP.
Capacidad: 350 / 500 / 750 / 1.000 ml.
Peso: 110 / 135 / 160 / 235 g
Colores: 6.
PVPR: desde 10,90 €

BASIC ALU OASIS

Descripción: Botella ultraligera, fabricada por en aluminio 100 % reciclado PCR, equipada con tapón OASIS. Compatible con otros dos modelos de tapón.
Características: Barniz sanitario interior. Totalmente libre de sustancias perjudiciales. No retiene sabores ni olores. Tapón de TPE, PP y acero.
Capacidad: 600 / 750 ml.
Peso: 125 / 140 g.
Colores: 6.
PVPR: desde 8,50 €

CANTIMPLORA 112

Descripción: Un icono del montañismo. Clásica cantimplora de aluminio con funda de fieltro y escudilla.
Características: Barniz sanitario interior. Totalmente libre de sustancias perjudiciales. No retiene sabores ni olores.
Capacidad: 1.000 ml/ Escudilla 600 ml.
Peso: 340 g.
PVPR: 27 €

TERMO ALIMENTOS

Descripción: Termo para alimentos de acero inoxidable con contenedores interiores y válvula de presión. Mantiene las comidas frías hasta 24 h y calientes, hasta 10.
Características: Aislamiento de vacío con doble pared de acero inox. 18/8. Tapa y contenedores de polipropileno. Juntas y válvulas de silicona. Todo libre de Bisfenol A. Incluye funda.
Capacidad: 1.000 / 1.500 ml (2 y 3 contenedores).
Peso: 680 / 850 g.
PVPR: desde 33,50 €

VAJILLAS L88

Descripción: Nueva vajilla compacta de acero para una o dos personas. Con mango de pinza y tapa plato. Todos los elementos se guardan en el interior del recipiente. Incluye una práctica funda.
Características: Cazo de acero 18/8. Vasos, cubiertos y tapa plato en acero 18/8. Mango en PP. Todo libre de Bisfenol A.
Capacidad: 1.300 / 1.900 ml.
Peso: 465 / 725 g.
PVPR: desde 31 €

LAKEN

Fabricando en España accesorios para montañismo desde 1912 / www.laken.es

THE BOTTLE FACTORY

ACCESORIOS

www.leatherman.es

SKELETOOL® CX

La elegante Leatherman Skeletool CX se renueva lanzando nuevos colores inspirados en los elementos en la naturaleza. La multiherramienta cumple con las características de que a veces menos es más. Está equipada con una navaja de acero inoxidable de 154 cm, alicates, destornillador, clip de bolsillo y mosquetón/abrebotellas. Su ligereza la hace idónea para salidas a la montaña y jornadas en bicicleta. Además, se puede enganchar a la mochila o cintura lo que libera espacio de equipaje.

Peso: 142 g.
Longitud de la hoja: 6.6 cm.
Longitud de la herramienta cerrada: 10 cm.
PVPR: 119 €

SKELETOOL® KB

La Leatherman Skeletool KB es una navaja muy ligera de acero inoxidable 420H y con un tamaño compacto fácil de utilizar. Recientemente se ha lanzado en nuevos tonos. Además se puede abrir con una sola mano y cuenta con un práctico abrebotellas incorporado en el clip. Esta familia de productos de la colección Skeletool se centra en lo imprescindible para el outdoor.

Peso: 36.8 g.
Longitud de la hoja: 6.6 cm.
Longitud de la herramienta cerrada: 8.7 cm.
PVPR: 50 €

SIGNAL®

La Signal® lanza un nuevo color turquesa con acabados en acero inoxidable. Esta popular multiherramienta es perfecta para actividades al aire libre y supervivencia, combina 19 útiles funcionalidades. Cuenta con un pedernal para hacer fuego, navaja combinada 420HC y un silbato de emergencia, entre otros usos. Está considerada por la misma firma como "la madre de las herramientas outdoor".

Peso: 212.6 g.
Longitud de la hoja: 6.93 cm.
Longitud de la herramienta cerrada: 11.43 cm.
PVPR: 159 €

FREE® T4

Esta herramienta está dotada de la patentada Tecnología FREE que cuenta con un innovador sistema de uso de imanes que facilita la apertura de todas las funcionalidades con una sola mano. El modelo T4 está disponible en 5 colores inspirados en la costa oeste del Pacífico. Cuenta con navaja, pinzas, tijeras, entre otros usos. Su tamaño compacto la convierte en la multiherramienta ideal para usar en el día a día en el monte.

Peso: 121.9 g.
Longitud de la hoja: 5.6 cm.
Longitud de la herramienta cerrada: 9.3 cm.
PVPR: 89.95€

LifeStraw®

by VESTERGAARD

www.lifestraw.com

ACCESORIOS

PERSONAL STRAW

Descripción: Personal Straw es un versátil filtro de agua diseñado como una pajita con la que se puede sorber agua potable de diferentes fuentes, lagos o recursos de agua que encontremos en el camino. Cabe en cualquier mochila y es perfecto como kit de emergencia. Protege casi al 100 x 100 contra bacterias, parásitos y microplásticos, además de otros contaminantes. **Características:** Los materiales de primera calidad lo hacen resistente y a prueba de fugas. Incorpora una rosca que se adapta a las botellas de bebida estándar. El microfiltro de membrana integrado cumple con los estándares "US EPA y NSF P231". **Colores:** Azul. **Dimensiones:** 3,2 x 19,5 cm. **Peso:** 65 g. **PVPR:** 33,50 €

COLLAPSIBLE SQUEEZE BOTTLE

Descripción: Una botella plegable con filtro de agua integrado. Es ligera, pequeña y por lo tanto mejor para llevar que una botella normal. Gracias al microfiltro de membrana incorporado, puedes usarla para beber agua en cualquier lugar sin preocuparte por el estado, limpieza o claridad de esta. **Características:** La tecnología de filtrado de Peak Squeeze permite rellenar agua de lagos u otras fuentes de agua dulce garantizando agua potable limpia que cumple con los estándares "US EPA & NSF P231". Ligera y robusta, fabricada en plástico resistente al desgarro y libre de BPA. El filtro limpia el 99,99% de bacterias, parásitos y microplásticos. Además, la membrana es impermeable las partículas mayores de 0,2 micras. **Colores:** Azul. **Capacidad:** 650 ml o 1 l. **Peso:** 110 g. **PVPR:** 54 €

PEAK SOLO

El nuevo filtro de agua LifeStraw Peak Series Solo es un dispositivo de filtración de agua portátil ultraligero y compacto, que elimina bacterias (incluyendo E.coli y Salmonella), parásitos (incluyendo Giardia y Cryptosporidium), microplásticos, limo, arena y turbidez del agua, y convierte el agua a potable y limpia. **Características:** La rosca estándar de 28 mm del filtro permite enroscarlo en las botellas de agua más comunes. La tapa abatible con una sola mano hace que la filtración sobre la marcha sea súper fácil y rápida. Fabricado con plástico libre de BPA y 50% reciclado. **Peso:** 48 g. **Dimensiones:** 12.9 cm x 3.30 cm.

3L Y 8L GRAVITY FILTRE

Sistema de almacenamiento de agua por gravedad con filtro incorporado. De 3 u 8 litros de capacidad, es ligero y muy resistente, completamente a prueba de fugas. El filtro también se puede utilizar como pajita o con botellas de agua estándar. Ideal para acampadas de hasta 3 personas. Se cuelga de un árbol o vehículo. Resistente a pinchazos y rasgaduras. **Características:** Longitud de la manguera: 1,2 m. El cartucho de filtración optimizado cuenta con un alto índice de flujo y la capacidad de eliminar arena y sedimentos sin obstruirse. Protege casi al 100 x 100 contra bacterias, parásitos y microplásticos, además de otros contaminantes. Construido de duradero doble laminado de TPU tejido reforzado con nailon de 840 denier. **Capacidad:** 3 l y 8 l. **Peso:** 228 g (3 l), 536 g (8 l). **PVPR:** 93 € (3 l), 120 € (8 l).

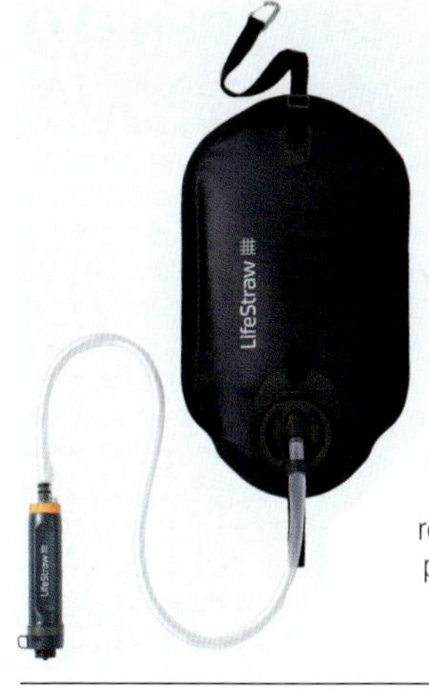

PEAK SERIES 8L GRAVITY PURIFIER

La membrana de purificación de agua a base de ultrafiltro de alta capacidad protege contra virus (rotavirus, hepatitis A), bacterias (incluyendo E.coli + Salmonella), parásitos (incluyendo Giardia y Cryptosporidium), microplásticos, arena, suciedad y nubosidad. **Características:** Bolsa de 8 l con correa de transporte y mosquetón, manguera de 1,2 m, adaptador para permitir el llenado directo de botellas de agua con rosca estándar de 28 mm, tapón antifugas y jeringa de retrolavado. El sistema funciona exclusivamente por gravedad y no requiere bombeo, baterías ni fuentes de energía. **Capacidad:** 8 l. **Peso:** 750 g.

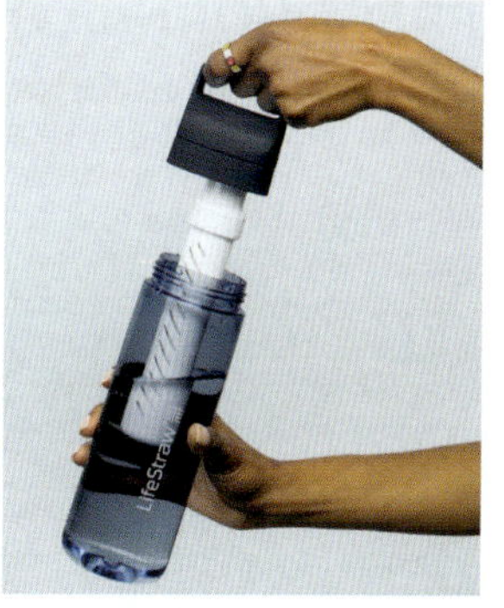

GO SERIES DE 650ML Y 1L

Cantimplora hermética en plástico resistente, de 650 ml o de 1 litro, con filtro purificador de agua. El filtro protege contra bacterias, parásitos, microplásticos, cloro, materia química orgánica, suciedad y arena. Mejora el sabor del agua, y eliminando la necesidad de botellas de plástico de un solo uso. **Características:** El microfiltro de membrana y el filtro de carbón activado protegen contra el cloro, la materia química orgánica y los olores para mejorar el sabor. Filtros y piezas reemplazables. Incluye: microfiltro de membrana, filtro de carbón activado, tapón con boquilla de silicona, mosquetón. En plástico libre de BPA y apta para lavavajillas (sin el filtro). **Capacidad:** 650 ml y 1 l. **Peso:** 221 g (650 ml), 245 g (1 l). **PVPR:** 67,58 € (650 ml).

SIP

LifeStraw Sip es la primera pajita reutilizable, fabricada en acero inoxidable y con filtro de agua, capaz de eliminar microplásticos, bacterias y parásitos del agua potable. Cada LifeStraw Sip incluye un estuche de transporte premium a prueba de fugas para que puedas llevarlo contigo y beber con confianza agua del grifo de hoteles y restaurantes, o durante viajes internacionales. Destaca por ser reutilizable y de larga duración, el filtro incorporado permanece inalterable hasta haber sido utilizado para sorber 1000 litros. Fabricado con materiales de primera calidad en acero inoxidable y silicona sin BPA y aprobados por la FDA, e incluye un elegante y práctico estuche de transporte. Es compacta, delgada y ligera: (25 centímetros y 85 gramos).

GO SERIES STAINLESS STEEL 1 L

Nueva cantimplora hermética en acero inoxidable y con filtro purificador de agua. El filtro protege contra bacterias, parásitos, microplásticos, cloro, materia química orgánica, suciedad y arena. Mejora el sabor del agua, y la mantiene el agua fresca durante horas, gracias al aislamiento al vacío de doble pared. **Características:** El microfiltro de membrana y el filtro de carbón activado protegen contra el cloro, la materia química orgánica y los olores para mejorar el sabor. Filtros y piezas reemplazables. Nuevos colores y acabado para adaptarse a cualquier estilo y necesidad. Nueva boquilla cubierta con mango para proteger contra gérmenes no deseados. **Capacidad:** 1 l. **Peso:** 900 g. **PVPR:** 91,70 €

PRIMUS®

ACCESORIOS

www.primus.se

FIRESTICK HORNILLO

Descripción: Plegado, tiene una forma totalmente cilíndrica que lo hace perfecto para transportarlo fácilmente en el bolsillo lateral o superior de la mochila para un rápido acceso. **Características:** Viene equipado con válvula regulada de gran eficiencia para dosificar de forma óptima el consumo de gas y asegurar en todo momento la necesaria combustión en función de la altitud, la temperatura o cantidad de gas disponible en el cartucho. El quemador y la base plegable para recipientes están fabricados en resistente acero inox. Y el ingenioso sistema de plegado de la zona del quemador aporta una excelente protección al viento y durante el transporte. Está también disponible en versión con base para recipiente en titanio, el Firestick TI. Cuenta también con piezo para facilitar el encendido. **Peso:** 105 g Firestick. 89 g Firestick TI. **Potencia:** 2500 W. **Medidas:** Ø 36 x 103 mm. **PVPR:** 104,90 €. 134,90 € (versión en titanio).

GRAVITY HORNILLO

Descripción: Para los usuarios que buscan un hornillo compacto y de gran estabilidad y que aprecian la simplicidad del combustible de gas. Gracias al conducto pre-calentador, este hornillo también puede utilizarse con bajas temperaturas. **Características:** Incluye encendedor que puede utilizarse también como herramienta ganando en fiabilidad. El ancho quemador es perfecto para recipientes grandes y reposa sobre cuatro amplias patas plegables para aportar estabilidad. Para mayor funcionalidad, todo el conjunto cuenta con para-vientos, reflector de calor, encendedor y funda de transporte. **Peso:** 250 g. **Potencia:** 3000 W. **Tiempo ebullición:** de 2:50 a 3:50 min. **Duración combustible:** 70 min (cartucho de 230 g). **Capacidad:** 1 – 4 personas. **PVPR:** 99,90 €

OMNIFUEL II HORNILLO

Descripción: Resistente, eficaz y potente, diseñado para responder con solvencia en las situaciones más exigentes: elevada altitud, viento,frío... **Características:** Base para recipiente más estable y de menores dimensiones una vez plegada. Las salidas para el combustible están marcadas en función del combustible a utilizar y fijadas a la base. Emplea cualquier tipo de combustible: gas, gasolina, diesel, queroseno... Llave de regulación de potencia ultra-precisa, alejada del quemador, con dimensiones que nos permiten su manipulación con guantes. Se sirve con bomba de combustible (ErgoPump™), aguja para limpieza, reflector de calor y bolsa de transporte. **Peso:** 350 g. **Potencia:** 3000 W. **Tiempo ebullición:** de 2 a 3:10 min. **Duración combustible:** 70 min (cartucho de 230 g). **PVPR:** 244,90 €

MIMER HORNILLO

Descripción: La opción más comercial y todo-terreno de Primus. Sus puntos fuertes: simplicidad de funcionamiento, amplios brazos de la base donde reposa el recipiente dispuesto además en forma de 'X' para operar como para-vientos. Dimensiones aptas para recipientes grandes y regulación precisa de la llama.
Características: Potencia máx: 2800 w.
Autonomía con cartucho 230 g: 70 min.
Comensales: 1-3 personas.
Tiempo ebullición: de 2:30 a 3:40 min. en función de las condiciones.
Peso: 227 g.
PVPR: 31,90 €

EXPRESS HORNILLO

Descripción: La mejor elección para usuarios que buscan ligereza y resistencia en travesías en las que el mínimo peso cuenta. Otro detalle a valorar es el hecho de que sus reducidas dimensiones y su peso de solo 82 gramos se atreven con recipientes de gran capacidad. **Características:** Llave de regulación de la llama ultra-precisa. Base para recipientes antideslizante y super-compacta una vez plegada. Disponible en versión con piezo.
Peso: 82 g. **Potencia:** 2600 W.
Tiempo de ebullición: 2:30 min.
Duración combustible: 85 min (cartucho de 230 g).
Capacidad: 1-2 personas.
PVPR: 44,90 €

LITE HORNILLO

Descripción: diseñado para los incondicionales de las soluciones todo-en-uno. **Características:** eficiencia con la que el quemador y sistema de pre-calentamiento sacan partido al combustible. Quemador LBF patentado que reduce la altura total del hornillo ganando en estabilidad. Junta de conexión triangular que fija el recipiente al quemador con un solo giro. Amplio y preciso mango plegable de regulación del gas que puede utilizarse con guantes. La tapa que contribuye a reducir el tiempo de ebullición y que sirve también para verter dosificadamente el contenido interior. Cuenta con cazo de 0,5 l en aluminio anodizado con capacidad para guardar un cartucho de gas de 100 g y así restar espacio en nuestra mochila. Incluye piezo eléctrico integrado y funda térmica en fieltro para mayor aislamiento. **Peso:** 350 g (set). **Potencia:** 1500 W. **PVPR:** 114 €

KINJIA COCINA

Descripción: La cocina KINJIA es la opción más polivalente y potente con 2 quemadores. Perfecta para recipientes grandes y cocinar de verdad, tiene la ventaja adicional de que es transportable: se pliega fácilmente ocupando poco espacio y cuenta con una cómoda asa de transporte en madera para improvisar un apetitoso manjar en cualquier parte.
Características: Los 2 quemadores en acero inox. de gran potencia permiten cocinar eficazmente hasta para diez comensales. Sus acabados depurados destilan diseño sueco y en ellos han intervenido materiales resistentes de la mejor calidad. La base de cocción y los dos quemadores son amovibles para facilitar su limpieza. La cocina KINJIA funciona con cartuchos Primus de 100 g, 230 g o 450 g así como la mayoría de cartuchos de gas de la competencia. **Peso:** 3700 g. **Potencia:** 3000 W (cada quemador). **Comensales:** 1–10. **Medidas:** 475 x 295 x 78 mm. **PVPR:** 224 €

EXPRESS SPIDER HORNILLO

Descripción: es uno de los hornillos más ligeros, compactos y estables del mercado. Su ligereza no está reñida con su más que probada durabilidad. **Características:** La base de soporte para recipientes aporta una gran estabilidad y cuenta con patillas que quedan perfectamente bloqueadas una vez abierta. Plegado, ha sido diseñado para ocupar el mínimo espacio. Destaca por la fiabilidad de la llama que genera gracias a la precisión de regulación de de la llave del gas, la cual se encuentra alejada del quemador para más seguridad. Centro de gravedad bajo y patas que se adaptan a las irregularidades del terreno. Puede equiparse con el accesorio Multifuel Kit y así convertirlo en un hornillo multi-combustible. **Peso:** 200 g. **Potencia:** 2000 W. **Tiempo ebullición:** 3:35 min. **Duración del combustible:** 119 min (cartucho de 230 g). **PVPR:** 79,90 €

www.sinner.eu

ACCESORIOS

DENALI

El modelo DENALI está pensado para la alta montaña. Tienen una versión en cristal foto crómico 2-4 para una protección optima en altitud y nieve y dos referencias en categoría 3 con cristal con espejo para actividades básicas. Todos los cristales tienen protección 100% UV.

Características: Es un modelo envolvente y cerrado con una varilla ancha y protectores laterales para evitar la entrada de los rayos solares. Las varillas están forradas con goma antideslizante que le da un confort a la sujeción. Incorporan un grip-nose confortable para la nariz. Este modelo se sirve con un estuche de protección rígido.

PVPR: 129,99 € (cristal foto crómico). 59,99 € (cristal categoría 3).

KING PEAK

El modelo KING PEAK es una gafa de estilo moderno que se ajusta a todas las caras y es versátil para las distintas actividades en la montaña. Hay una versión en cristal foto crómico 2-4 para una protección optima en altitud y nieve y dos referencias en categoría 3 con cristal con espejo para actividades básicas. Todos los cristales tienen protección 100% UV.

Características: El diseño de este modelo está pensado para aportar un óptimo confort en tus actividades de montaña. Lleva protectores laterales para evitar la entrada de los rayos solares. Las varillas están forradas con goma antideslizante que le da un confort a la sujeción. Incorporan un grip-nose confortable para la nariz

PVPR: 129,99 € (cristal foto crómico). 59,99 € (cristal categoría 3).

KAPLAN

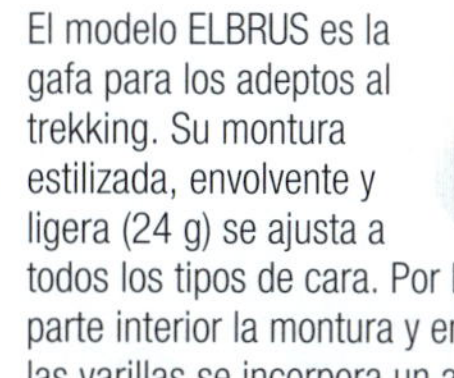

El modelo KAPLAN es una gafa pensada para los amantes de lo clásico. Su montura ancha y sus protectores laterales desmontables hace que sea un modelo polivalente para todo tipo de actividad al aire libre. Hay una versión en cristal foto crómico 2-4 para una protección optima en altitud y nieve, una versión en categoría 4 y otra en categoría 3 con cristales con protección 100% UV.

Características: El diseño de este modelo está pensado como un todoterreno que puede aportar un buen confort en tus actividades. Lleva protectores laterales desmontables para evitar la entrada de los rayos solares. Las varillas están forradas con goma antideslizante que le da un confort a la sujeción. Incorporan un grip-nose confortable para la nariz.

PVPR: 129,99 € (cristal foto crómico). 59,99 € (cristal categoría 3 y 4).

ELBRUS

El modelo ELBRUS es la gafa para los adeptos al trekking. Su montura estilizada, envolvente y ligera (24 g) se ajusta a todos los tipos de cara. Por la parte interior la montura y en las varillas se incorpora un acabado de goma grip que la hacen agradable con el contacto con la piel y mejora la sujeción de las varillas. Ideal para las actividades Outdoor de cada día. Se fabrica en categoría 3 con cristales con protección 100% UV.

Características: Modelo básico para cualquier tipo de actividad. Protectores laterales incorporados en la montura Las varillas están forradas con goma antideslizante que le da un confort a la sujeción. Incorporan un grip-nose confortable para la nariz. Cristal de Policarbonato.

PVPR: 49,99 € (cristal categoría 3).

OASIS

Las llamativas lentes de aceite de las gafas de sol deportivas Oasis brillan, mientras que la montura deportiva y las almohadillas nasales antideslizantes garantizan que estas gafas siempre permanezcan en su lugar. Especialmente pensadas para personas con rostro fino "Asian fit". Lente de policarbonato de categoría 3 ofrecen protección Ultra Violeta al 100%, y marco también en policarbonato. Marco TR90, un material súper elástico que no se deforma, muy resistente a la abrasión y los arañazos.

PVPR: 59,99 €

BOLT

Con lentes de espejo verde y un marco TR90, un material súper elástico que no se deforma, muy resistente a la abrasión y los arañazos. Este modelo ofrece tanto una protección máxima como una apariencia poderosa, listas para cualquier desafío. Almohadillas nasales antideslizantes. Lente de policarbonato de categoría 3 ofrecen protección Ultra Violeta al 100%, y marco también en policarbonato. Libre de níquel.

PVPR: 39,99 €

CASCO MONTBLANC

Los cascos de esquí SINNER destacan por ser ligeros, con carcasa de policarbonato + espuma EPS combinada con tecnología In-Mold de policarbonato que absorbe los impactos. Provistos de visera con una lente con protección 100% contra los rayos UV, tratamiento antivaho y espuma facial suave. Este casco con visera es perfecto si llevas gafas graduadas. Dispone de ventilación, hebilla de liberación rápida y un cómodo sistema de adaptación de talla para un ajuste adecuado. El suave forro interior en tejido polar hipoalergénico es extraíble y lavable.

PVPR: 199,99 €

MASCARA SNOWGHOST

Novedad de este año también en cuanto a material de esquí son las máscaras de gama alta modelo Snowghost, con doble lente cilíndrica de alto contraste Sintrast de categoría 1 a 3 que garantiza protección Ultra Violeta al 100%. Un modelo unisex con tratamiento antivaho para evitar que se empañen la lente, cómoda cinta ajustable disponible en colores: negro, naranja, blanco, gris o azul, suave espuma facial anti alergógena en el marco que contacta con la piel.

PVPR: 159,99 €

ACCESORIOS

www.ticketothemoon.com

HAMACA COMPACT

Descripción: Confeccionadas con tela de paracaídas de alta calidad, nylon súper resistente con triple costura, transpirable, elástico y con tratamiento anti-moho, las hamacas Ticket to The Moon son muy agradables al tacto gracias al tejido OEKO-TEX® Standard 100. Y con 10 años de garantía.
Características: El minimalismo es su hecho diferencial y de gran valor, la hamaca Compact está fabricada sin costuras, ¡es duradera, cómoda, fácil de usar y elegante! Es la hamaca de nivel y perfecta para usuarios jóvenes. Peso máximo de utilización 200 kg.
Colores: Múltiples colores. **Dimensiones:** 320 x 155 cm. **Peso:** 480 g. **PVPR:** 46 €

HAMACA LIGHTEST (ISPO AWARD GOLD WINNER)

Descripción: Cuando realizas una larga caminata o vives una aventura cada gramo cuenta, cuanto más ligero vayas más lejos podrás llegar. Años de investigación han permitido crear la hamaca de tamaño completo más ligera, que se empaqueta extremadamente compacta. Este modelo obtuvo el reconocimiento "ISPO Award Gold Winner".
Características: Está hecha a mano con una tela de nailon arrugado de alta calidad. Esta hamaca de bolsillo utiliza lazos especiales hechos de cuerdas de polietileno con un núcleo de fibras de alta masa, hasta 15 veces más resistentes que las cuerdas normales.
Colores: Múltiples colores. **Dimensiones:** 320 x 140 cm. **Peso:** 228 g. **PVPR:** 80 €

ORIGINAL PRO - CON MOSQUITERA

Descripción:
La gama más nueva del catálogo y están diseñadas como una solución fácil de usar y siempre lista para dormir al aire libre con tela mosquitera para protección contra insectos. Se monta en menos de un minuto, su amplio cuerpo de hamaca brinda espacio adicional para extenderse y disfrutar de una excelente comodidad incluso en una posición diagonal.
Características: Red contra insectos de micromalla premium que proporciona una excelente protección y permite respirar fácilmente y también desvía el viento para proporcionar un espacio interior tranquilo.
Colores: Múltiples colores. **Dimensiones:** 310 x 200 cm. **Peso:** 950 g. **PVPR:** 130 €

CONVERTIBLE BUG NET 360°

Descripción: Red para insectos convertible 360° que nos protege de los mosquitos y otros insectos. Te envuelve en una barrera protectora sin dejar de ser compacta y liviana.
El techo convertible se abre y se cierra en un instante.
Características: Equipada con cremallera doble que abre toda la parte superior. Malla extrafina 100 % poliéster y lavable a 30°C. Tratamiento resistente al moho. Compatible con cualquier modelo de hamaca. El original sistema de correas se instala de manera que no perjudica la corteza del árbol al tiempo que puede ser utilizadas sobre superficies lisas como los postes de metal gracias a su capacidad de agarre. **Colores:** Verde, blanco y negro. **Dimensiones:** 300 x 130 cm. **Peso:** 485 g. **PVPR:** 55 €

HANGING CHAIR

Confeccionada en aluminio y con tela de paracaídas de alta calidad, nylon súper resistente con triple costura, transpirable, elástico y con tratamiento anti-moho. Muy agradables al tacto gracias al tejido OEKO-TEX® Standard 100.
Características: El reposapiés garantiza un estado de bienestar y relajación total instalado cómodamente en tu silla. Es una silla portátil y colgante vertical que es muy fácil de montar. Como beneficio adicional, la silla Hanging Chair solamente requiere un único punto de anclaje, perfecto para soluciones donde las opciones son limitadas.
Peso: 1700 g. **PVPR:** 199 €

HAMMOCK 320, 420 Y 520

Ticket to The Moon presenta la novedosa colección Home Line de las hamacas más prácticas y reconocidas del mercado. Confeccionadas con tela de paracaídas de alta calidad, nylon súper resistente con triple costura, transpirable, elástico y con tratamiento anti-moho.
Características: Las hamacas Ticket to The Moon son muy agradables al tacto gracias al tejido OEKO-TEX® Standard 100. Y con 10 años de garantía. Con su estuche compacto, también es una opción viable para que lo lleves en tus viajes cuando el peso ligero no sea algo esencial.
Dimensiones: Disponibles en 3 longitudes, de 320, 420 y 520 cm.
Peso: entre 1220 y 2280 g. **PVPR:** de 130 a 240 €

MAMMOCK

Descripción:
La Mammock es la hamaca más grande de Ticket to The Moon y fue diseñada pensando en las fiestas y la diversión. El centro de atención en cualquier jardín, evento o escuela, Mammock se adapta fácilmente al entorno y a tus amigos con espacio para charlar o descansar.
Características: La longitud total una vez montada es de 800 cm entre anclajes, se suministra con las correas de sujeción, los mosquetones, la bolsa de compresión. Disponible en colores Azul o Naranja. Soporta hasta 350 kg de peso en su interior.
Dimensiones: 780 x 450 cm. **Peso:** 3,4 kg. **PVPR:** 184,95 €

MOON TARP

Descripción: Una capa adicional de protección cuando es necesaria: contra el viento, la lluvia y la luz solar intensa, perfecta para ofrecer refugio.
La instalación es simple, usando sus cuerdas con árboles u otros elementos, las hebillas favorecen el ajuste y la tensión para enderezar la lona.
Características: Lona en nailon ripstop, ligera e impermeable. Clavijas para asegurar las esquinas y asegurarse de que todas las cuerdas y cables tiren hacia abajo para desviar el agua en caso de lluvia y minimizar el movimiento de la lona.
Dimensiones: 248 x 248 x 350 cm. **Peso:** 660 g. **PVPR:** 88 €

Grangers®

www.grangers.com

ACCESORIOS

DOWN WASH KIT

Cuidar tu plumón es importante, si no lo mantienes limpio no rendirá como el primer día y es por eso que inventamos el kit Down Wash, para quitarte el miedo a lavar tus chaquetas de plumas o el saco de dormir favorito. Además, es compatible con prendas Gore-tex® y eVent®. Este Potente kit de limpieza formulado específicamente para plumón natural y plumón sintético, elimina la suciedad, restaura la suavidad, reduce los tiempos de secado, neutraliza los olores y revitaliza la repelencia al agua. Incluye tres prácticas bolas reutilizables para secadora, lo que hace que la limpieza sea mucho más fácil y evitar que la prenda se apelmace y conseguir que el plumón recupere su volumen. Aprobado por Bluesign® y libre de productos químicos PFC perfluorados y polifluorados. **Contenido:** 300 ml. **PVPR:** 21,50 €

PERFORMANCE WASH + CLOTHING REPEL ECO TWIN PACK

Este Eco Twin Pack se encarga de todas tus necesidades de cuidado de ropa para exteriores y mejora el rendimiento de tus prendas impermeables. Primero limpia y refresca las prendas de exterior con Performance Wash y luego usa Performance Repel Plus para impermeabilizarlas, protegiéndolas de los elementos. Limpieza potente que mejora la transpirabilidad y la repelencia al agua, todo sin dejar residuos. Versátil producto en spray a base de agua aprobado por Bluesign® y libre de productos químicos PFC perfluorados y polifluorados. Debe ser usado en la lavadora en lugar del detergente normal, en un ciclo completo a 30°C. Posteriormente rociar Performance Repel Plus sobre la prenda húmeda y recién lavada, y dejarla secar de forma natural. **Contenido:** 300 ml cada producto. **PVPR:** 28,95 €

PERFORMANCE REPEL PLUS

Tratamiento impermeabilizante duradero en aerosol, para proteger su equipo contra los elementos al restaurar el acabado repelente al agua que se encuentra en todo el equipo técnico, asegurando de que pueda disfrutar del aire libre, haga el tiempo que haga.

Características: Es fácil de usar e inofensivo para el medio ambiente y sus pulmones; todo lo que tiene que hacer es rociar, dejar secar y estará completamente protegido del exterior una vez más. **Consejo importante:** Siempre recomendamos aplicar cualquier tratamiento impermeabilizante al equipo lavando previamente con Performance Wash.

Contenido: 275 ml.

PVPR: 28,95 €

WATERPROOFING WAX

El compañero perfecto para cuidar, mimar y mantener siempre a punto tu calzado de cuero o piel. Con la cera impermeabilizante de Grangers, el calzado de cuero recibirá una nutrición profunda y protección contra el agua, el aceite y las manchas.

Características: Con la adición de cera de abejas, el rendimiento de esta cera mejora, lo que significa que sus botas de cuero le durarán muchos años. Aplicar con un paño limpio antes de frotar sobre el calzado, y asegurarse de que se traten todas las costuras y juntas.

Contenido: 100 ml. **PVPR:** 10,50 €

JETBOIL®

ACCESORIOS

www.jetboil.com

GENESIS BASE CAMP SYSTEM

Este galardonado conjunto es lo último en sistemas de cocina todo en uno para preparar comida al aire libre. El diseño de doble quemador Jetboil Precision Cook funciona de forma independiente o se combina con otros hornillos compatibles o un quemador satélite y crear una cocina para guisar al aire libre. La olla FluxPot de 5 litros y la sartén antiadherente revestida te ofrecen todo lo necesario para ello. Un potente sistema de combustión de 10 000 BTU hierve agua en poco más de tres minutos, perfecto para derretir nieve o preparar café. Una protección acoplable mejora el rendimiento del sistema en cualquier clima, y un rendimiento constante hasta -6 grados C. Fácil de limpiar, se guarda perfectamente dentro de sí mismo e incluye bolsa de transporte. **Dimensiones montado:** 52,1 cm x 24,9 cm. **PVPR:** 390 €

FLASH JAVA KIT

Los tiempos de ebullición vertiginosos son la identidad de este hornillo, que incluye accesorios para preparar una taza de café en el camino. Hierve agua en 100 segundos a 9000 BTU, lo que lo convierte en el Jetboil más rápido jamás creado. La taza FluxRing de 1 litro con funda aislante hace que hervir agua y mantenerla caliente sea muy fácil. La prensa de café de silicona se guarda dentro del recipiente de cocción, por lo que puede preparar café prensado sin tener que cargar equipo adicional. Provisto de un fiable encendedor de botón y un indicador de calor termocromático que cambia de color y verifica que el agua esté lista. La taza inferior funciona como taza medidora y es fácil de empacar. Incluye soporte para colgar y para sartén. **Peso:** 394 g. **PVPR:** 179,15 €

TRAILWARE

El juego de cubiertos perfecto para comer al aire libre. Diseñado para extenderse y alcanzar fácilmente el interior de una olla Jetboil o de un paquete de comida deshidratada.

La exclusiva cuchara con borde de silicona raspará fácilmente cada bocado y minimizará los rayones en la superficie de la olla.

Los tres utensilios se unen para facilitar su almacenamiento y transporte. De diseño ligero de tan solo 42,5 gramos, el kit incluye tenedor, cuchara y cuchillo. El tenedor y la cuchara se extienden hasta más de 25 centímetros con un mango de bloqueo de 3 posiciones. Se encajan para guardarlo fácilmente en la mochila. **PVPR:** 20,59 €

ACCESORIOS

www.esportivaaksa.com/marca/Solar_Brother

SUNMOOVE - CARGADOR SOLAR

Descripción: Cargador de panel solar fotovoltaico y batería externa. Con el que podrás cargar la batería de tu equipo electrónico, dispositivo GPS, teléfono, cámara de foto… de forma autónoma, rápida y sencilla. Plegable, impermeable, robusto y eficiente. En un día soleado se puede cargar un teléfono en 1 hora.

Características: Disponible en versión de 6,5 Watts o 16 Watts de potencia de carga. Indicadores LED muestran la intensidad de las condiciones de luz solar y brindan información sobre la velocidad de carga. Se suministra con mosquetones para sujeción y cable USB-C / Micro USB / iPhone. **Dimensiones:** 14 x 40 x 1 cm. **Peso:** de 190 a 490 g. **PVPR:** de 99,95 a 190 €

SUNGOOD

Descripción: Esta cocina solar se puede considerar un horno portátil que utiliza energía solar, una vez desplegado permite cocinar absolutamente en cualquier parte, y desde los primeros rayos del sol. Muy práctico, se guarda en su bolsa de transporte del tamaño de un ordenador portátil y se monta en segundos de forma sencilla. Su cocción natural respeta el sabor de los alimentos.

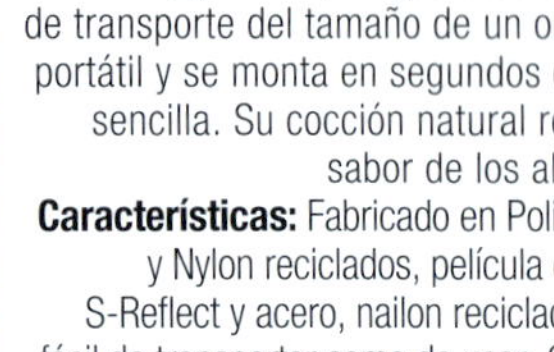

Características: Fabricado en Polipropileno y Nylon reciclados, película de espejo S-Reflect y acero, nailon reciclado. es tan fácil de transportar como de usar. Con sus 8 espejos reflectores esta cocina calienta de 80°C a 120°C. **Dimensiones:** 90 x 58 x 25 cm. **Peso:** 950 g. **PVPR:** 99,95 €

SUN SUN

Descripción: La linterna y batería externa SunSun de Solar Brother es a la vez una batería y una potente linterna LED portátil, ligera, compacta, resistente al agua y al polvo. Podrás cargar de forma rápida y eficiente todos tus dispositivos móviles estés donde estés: ya sea una cámara de fotos, un teléfono móvil hasta 4 veces.
Características: Batería USB de 10.000 mAh. Resistente al agua IP65 y al polvo IP67. Puerto de alimentación USB-C de 18 W de entrada/salida, así como un puerto USB estándar. Potente linterna integrada de 16 LED de 3 W y con 10 horas de gran autonomía. **Dimensiones:** 9,7 x 9,7 x 2,85 cm. **Peso:** 270 g. **PVPR:** 69 €

SUNWATER

Descripción: La ducha solar y acumulador de agua SunWater es un accesorio indispensable en sus actividades al aire libre para garantizar una buena higiene. Gracias a su diseño flexible y compacto, la SunWater puede meterse fácilmente en una bolsa y acompañarle en vivacs, campamentos o excursiones. Para ducharse, lavar la ropa o fregar los platos.
Características: La SunWater está fabricada con material TPU, 100% apto para uso alimentario, y puede almacenar hasta 15 litros de agua potable. SunWater capta y absorbe el calor de los rayos solares para calentar el agua. Su temperatura alcanza los 45°C en 5 horas.
Dimensiones: 58 x 40 cm.
Peso: 375 g.
PVPR: de 35 a 50 €

Ejemplos de alimentos a los que recurre un corredor para optimizar su rendimiento durante el ejercicio.

NUTRICIÓN PARA TRAIL RUNNING

¿Qué comer antes, durante y después de una carrera?

El trail running es un ejercicio de resistencia de cierta duración que exige un funcionamiento óptimo de la máquina que lo realiza. El cuerpo debe estar a punto para afrontar la prueba, pero también para no decaer a lo largo de la misma. Saber qué comer resulta imprescindible en cualquier actividad en montaña, sea un simple entrenamiento o la competición más exigente.

EL campo de la nutrición deportiva genera una importante controversia. Es frecuente la exposición de pautas sin ninguna evidencia científica y de consejos generales que parecen servir a cualquier organismo, en muchas ocasiones lanzados al viento sin tener en cuenta los hábitos diarios del atleta.

El rendimiento en una prueba concreta no es fruto exclusivo del entrenamiento y de la alimentación durante la jornada de su celebración. Implica igualmente el comportamiento en el día a día, la rutina alimenticia del deportista, y su disciplina comiendo los días previos a tomar la salida.

Ahora que son populares ciertas dietas, que existen algunas modas y que cada vez más personas sufren reacciones alérgicas, acertar con una recomendación "general" parece arriesgado. Sin embargo, existen unos básicos que es preciso conocer.

El trail running implica actividad de intensidad media que se alterna con algunas fases explosivas, pero siempre en el contexto de una duración también media o, cada vez más habitual, larga. Es, claramente, una disciplina de resistencia muy difícil de acometer "en ayunas".

Salud metabólica

Se habla mucho de entrenamiento, pero poco de hábitos saludables. Muchas veces se pone el foco en la sobrecarga como la culpable de las lesiones, sin advertir que una alimentación desordenada, carente de algunos elementos o aportadora de toxinas, puede ser el verdadero problema de que sobrevengan.

DARÍO RODRÍGUEZ

El organismo recibe energía de tres macronutrientes que coloquialmente se clasifican por su rentabilidad como fuentes de energía o por su rapidez de asimilación. Hablamos, por supuesto, de los carbohidratos (o hidratos de carbono), de las proteínas y de las grasas.

Los carbohidratos tienen la merecida reputación de fuente rápida de energía gracias a su veloz absorción. Aunque realmente es una simplificación, podemos hablar de ellos como "azúcares" que llegan rápido a la sangre. Las proteínas no son energéticamente interesantes a pesar de su utilidad para ganar músculo. Sin embargo, las grasas no solo sirven como fuente de energía; consumirlas proporciona el mejor almacén del que tirar mientras realizamos actividad en la montaña, pues tanto nuestros músculos como nuestro sistema cardiovascular lo que quemarán y distribuirán serán ácidos grasos, excepto que estemos comiendo constantemente, cosa extremadamente difícil mientras se hace deporte. A pesar de su mala reputación, es un combustible de larga duración y el mejor aporte para no decaer en actividades aeróbicas que se extienden en el tiempo.

Al referirme a las grasas lo hago teniendo en mente las de "calidad", no las procedentes de alimentos procesados industrialmente. Encontrarás grasas buenas en pescados como el salmón, en el aguacate y frutos secos, acompañando algunas carnes, en aceites no hidrogenados, en la mantequilla…

¿Hay que comer carbohidratos?

La idea de asociar el deporte con una dieta rica en hidratos de carbono sigue vigente. Tal vez porque no se tiene en cuenta la obtención de nutrientes de forma natural acudiendo a nuestra despensa, y solo se piensa en ingerirlos y que actúen rápido, los carbohidratos siguen en la cabeza de la mayoría de corredores por su atributo de rápida asimilación.

Sin embargo, la capacidad del cuerpo humano para almacenar glucógeno es escasa. Las reservas con que puede contar son tremendamente reducidas y solo queda una alternativa que es completamente inviable mientras se hace actividad: ir comiendo constantemente.

Por supuesto, cuando la dieta diaria de un corredor se basa en carbohidratos, la habilidad de su organismo para optar por un combustible u otro en caso de necesidad será escasa. Esta característica se denomina "flexibilidad metabólica" y no se cultiva basando la alimentación solo en moléculas de azúcar, que en definitiva es lo que son los carbohidratos. Al faltar aquellas, por su dificultad para ser almacenadas, el cuerpo no sabrá de dónde sacarlas excepto sacando barritas de su envoltorio y "descorchando" los socorridos geles.

Un corredor cuyos hábitos incluyen seguir una alimentación baja en carbohidratos cultivará su flexibilidad metabólica y su cuerpo aprenderá a quemar ácidos grasos. Realizando actividad a intensidad baja y media potenciará que sus músculos tiren fundamentalmente de las grasas. En actividades de larga duración

Izquierda, un puesto de avituallamiento en una carrera por montaña, en los que habitualmente encontramos alimentos de rápida digestión, como fruta o bebidas energéticas. Los pistachos tienen una alta capacidad antioxidante.

AMERICAN PISTACHIO GROWERS

en las que no pueda comer, su hígado fabricará cuerpos cetónicos para el cerebro, que tendrá acceso a dos tipos de combustible sin que la práctica deportiva se resienta por bajones de glucosa y prolongados períodos sin comer. Sin duda, el mejor método para mantener a raya la famosa "pájara" y no encontrar ese muro tan frecuente en algunas pruebas de larga distancia.

Basar la alimentación en verduras de hoja verde, carnes, pescados, huevos y lácteos de cabra y oveja es el mejor método para alcanzar la flexibilidad metabólica que, por otra parte, no llegará de inmediato. El proceso puede llevar desde un par de semanas a un mes o mes y poco, y se puede acelerar entrenando en ayunas a ritmo suave o/y alternando algunas fases de ayuno intermitente.

Días previos a una prueba

Seguro que a estas alturas ya "me has visto el plumero" y entiendes que mi primera opción es basar la nutrición sobre los cimientos de una buena salud metabólica y en unos hábitos que, sin esclavizarme, potencien la flexibilidad de mi organismo para obtener energía en situaciones variadas.

Una alimentación baja en carbohidratos con huevos, carnes, pescados, verduras de hoja verde, lácteos de cabra y oveja como elementos principales, forma parte de mi vida diaria.

Pero, lleves los hábitos alimenticios que lleves, recomiendo no variar demasiado tus costumbres a la hora de comer los días previos a una "prueba", prestando atención a que los alimentos sean de calidad y evitando los procesados industriales.

De cara a una competición o a las actividades intensas que puedan venir el fin de semana, hay expertos que sugieren realizar cargas de carbohidratos (recuerda, siempre de los buenos) durante aproximadamente tres días. Esta sugerencia sigue el precepto de algunos nutricionistas que defienden entrenar bajo en carbohidratos (o sea, tener unos hábitos alimenticios

ADOBESTOCK

SOMOS AGUA

Recuerda valorar factores climáticos y de altitud. La deshidratación puede acelerarse notablemente en condiciones extremas y lugares elevados. En pruebas de alrededor de una hora ingerir agua será suficiente pero en carreras de más de dos horas es recomendable añadir sales minerales en cápsulas o en polvo pero sin azúcar u otros aditivos. Ojo con la temperatura del agua: puede influir en el vaciado gástrico. Hidrátate cada 15 minutos con pequeños sorbos. Si sientes ganas de hacer pis no lo dudes: detente y hazlo. Alargar ese momento conducirá a que tus riñones no trabajen de forma saludable y puedas terminar pagándolo algunos kilómetros más allá. Venga... ¡a darlo todo! // **M. S.**

COL. JOMA

cotidianos en ese sentido) y competir alto en carbohidratos (aunque no se afronte ninguna competición y el supuesto vaya encaminado a actividades largas concretas, pruebas de fin de semana…).

En estos días previos también recomiendo poner especial énfasis en cuidar la hidratación y potenciar el consumo de grasas (ojo, no olvides que también me refiero a "las buenas").

El día "D"

Es evidente que mientras se realiza actividad hay cosas que están presentes, pero que no se llevan a la espalda dentro la mochila, sobre las caderas en la riñonera o el cinturón, ni en los bolsillos del chaleco. Me refiero a las grasas, que irán contigo aunque no las veas, pues no las transportarás en forma de una barra de mantequilla o de una lata de sardinas.

Consumirlas habitualmente llenará una despensa a la que recurrir cuando falten otras cosas.

El día de la "compe" comienza desayunando ligero y eligiendo alimentos de rápida digestión. Evita la fibra ya que puede dar problemas gastrointestinales. Si desayunar de ese modo no es tu forma habitual de enfrentarte a la primera comida del día, prueba comenzar de esa forma los días previos. Así comprobarás qué tal te adaptas a la fórmula "ligera" que te propongo.

En un buen desayuno no debería faltar el aguacate, algún tipo de queso o yogures grasos como el tipo griego. Unido a un poco de jamón cocido, o pavo, o huevos tendremos la combinación perfecta. No recomiendo desayunar leche, pues puede ocasionar problemas gástricos. Mejor un café solo, una infusión…

Cuanta mayor longitud y dureza tenga la prueba, más podrás incrementar la ingesta de alimentos en el desayuno, ya que los ritmos a los que progresarás serán más bajos.

- **Para carreras que ronden 1h** de duración habrá que prestar atención sobre todo a la hidratación. Ir bien alimentado evita la necesidad de consumir carbohidratos en forma de geles, barritas… Aun así, lleva alguno en el bolsillo por si acaso.
- **Para carreras de más de 2 h** de duración es necesario plantear una buena estrategia. Cuanto más alto sea el ritmo que se imprima, más importante será tomar carbohidratos de fáciles digestión y absorción (geles).

Al plantearnos qué tipo de cena o desayuno vamos a ingerir, es importante tener en cuenta el tipo de esfuerzo tenemos previsto realizar. Cualquier dieta saludable ha de incluir verduras, ricas en nutrientes y compuestos beneficiosos para nuestro organismo, como vitaminas, minerales o fibra.

FOTOS: ADOBESTOCK

• **Para carreras de media-larga distancia** se puede seguir la pauta anterior incrementando la ingesta de hidratos de carbono de distintos tipos para cada momento de la carrera.

• **Las carreras de ultradistancia** son un caso aparte. Al ser pruebas más largas en las que se lleva un ritmo relativamente bajo, es recomendable comer alimentos sólidos en los avituallamientos (recomiendo dejar en estos nuestra propia comida siempre que sea posible). Se debe elegir alimentos fáciles de masticar y que aporten nutrientes.

Debemos recordar que la ingesta repetida de geles o/y barritas de similares características a lo largo de la prueba puede provocar el fenómeno denominado "fatiga por sabor". Por ello, es importante tener una variedad de opciones amplia tanto en lo que respecta a los propios geles y barritas como a ingerir nutrientes distintos, desde trocitos de queso a pequeños sándwiches salados, etc.

Para estas carreras es recomendable, aparte de llevar geles y barritas de diferentes aportes energéticos y sabores, sumar algunos geles que contengan cafeína. Quedarán reservados a esos momentos donde se precise una "chispa" extra, lucidez para evitar la somnolencia…

Y después… ¿qué?

Cuando la carrera se acaba, sobre todo si la actividad ha durado más de hora y algo, es preciso reponer hidratos de carbono pero, por encima de otros nutrientes, proteínas. Los músculos habrán sufrido un importante desgaste, o, más concretamente: "destrucción".

Para una buena regeneración ingerir batidos proteicos (personalmente preparo los que me tomo, no confío en productos industriales) o un trozo de queso de cabra u oveja (hay quien habla de vasos de leche pero no todo el mundo los tolera y ese producto contribuye a crear flemas en el pulmón, lo que no es recomendable y menos después de una carrera), ayudan enormemente. Combinados con carnes o pescados, alguna legumbre y grasas como por ejemplo las provenientes del aguacate, contaremos con un fantástico abanico que acelerará la recuperación y esa regeneración a que hacemos referencia.

Por supuesto no podemos olvidarnos de la necesaria hidratación, para lo que recomiendo, sencillamente: ¡agua!

Por cuestiones hormonales las mujeres debemos ser más diligentes y efectuar esa recarga recomendablemente en un tiempo máximo de una hora después de acabar. Nuestra ventana anabólica es más reducida que la de los hombres pero, aun así, invito a que ellos también la realicen lo antes posible.

Marga SANZ

MANTEQUILLA

Despreciada durante años, la mantequilla es una de las grasas más complejas. Contiene una cantidad aproximada de 400 ácidos grasos (la mayoría de ellos beneficiosos para el organismo y algunos protectores de infecciones gastrointestinales). Es rica en vitaminas A, D, E, B12 y K2, todas interesantes para la salud ósea, cardiovascular y para el sistema inmunológico. Aporta además antioxidantes y es fuente de selenio, de yodo, de zinc… Cuenta en su composición con lípidos de tipo saturado. Como sabes, estos tienen muy mala fama pero estudios recientes dicen que no solo no son perjudiciales para la salud, sino altamente beneficiosos. No te digo que la utilices para todo, pero es interesante incorporarla en la dieta en dosis razonables. // **M. S.**

PRODUCTO PROBADO *Por Mónica LLORENTE*

ZAPATILLAS ULTRA PRO 2 W DE DYNAFIT

Unas zapas muy amables: comodidad y excelente agarre

Fabricante: Dynafit (Austria). **Distribuidor:** Salewa Iberia. **Actividad recomendada:** trail running. **Materiales:** Vibram® Megagrip, tecnología SpeedLite. **Peso:** 270 gramos. **Tallas:** 3 a 9 UK (también disponible en versión masculina). **PVP aprox:** 180 €.

FOTOS: MIGUEL A. JIMÉNEZ

VALORACIÓN GENERAL	★★★★☆		
Comodidad	★★★★☆	Polivalencia	★★★★☆
Ajuste	★★★☆☆	Diseño	★★★★☆
Comodidad	★★★★☆	Precio	★★★☆☆

COMO su nombre indica, la Ultra Pro 2 es una zapatilla diseñada para largas distancias, con muy buena amortiguación y estabilidad. A la vista tiene una estructura sólida, que se confirma cuando te las calzas, con buenas sensaciones en la pisada, siendo una zapatilla muy versátil, ya que se adapta a cualquier tipo de terreno: compacto, descompuesto o más técnico, con buena adherencia. Esto se ha confirmado en la prueba realizada en La Pedriza, donde hay diferentes tipos de terreno, con pistas de tierra y zonas de roca y donde ha funcionado perfectamente.

Pese a su estructura robusta, no resulta nada pesada, teniendo en cuenta que es una zapatilla diseñada para distancias de más de 30 km. Es muy confortable gracias a su drop de 8 mm, con buena tracción. La sujeción y el soporte son extraordinarios y la horma ancha te proporciona comodidad, sin que los dedos sufran rozaduras, ni presión, sobre todo en las bajadas. A subrayar su upper, que deja flexionar muy bien, y deja libres los dedos, pero sin perder la seguridad de llevar el pie bien protegido. En la zona trasera han añadido un plus de soporte con el ya clásico Heel Preloader.

Un muy buen acierto de la marca es la suela Vibram® Megagrip, que te aporta seguridad y buena tracción hasta cuando el terreno está muy roto e incluso mojado. La suela, con tacos de 3,5 mm, lleva una parte central libre de ellos que diferencia la parte delantera de la trasera.

La media suela con tecnología SpeedLite se traduce en una buena amortiguación y protección, absorbiendo los impactos. Otra ventaja son las plantillas Ortholite, muy confortables y que proporcionan un buen apoyo, sobre todo cuando llevas en las piernas bastantes kilómetros. Desde la primera vez que las usas, la sensación es de total adaptación, como si fueran unas zapatillas que ya tienen varias salidas.

Otro detalle es el sistema de atado rápido, que facilita la sujeción y estabilidad a toda la zapatilla. El cable que hace las veces de cordón sujeta la zona alta de la lengüeta, consiguiendo que no se mueva. Un detalle muy de agradecer. La lengüeta es además de una sola pieza, sin costuras, pero que va perforada para facilitar la transpirabilidad. Llevan también unos cordones para sustituir al sistema de cable en caso de que este se rompa.

Puntos fuertes: Su buena amortiguación, comodidad y su estabilidad cuando echas kilómetros.

www.dynafit.com

PRODUCTO PROBADO *Por Miguel Ángel SÁNCHEZ*

ZAPATILLAS PRODIGIO DE LA SPORTIVA

Ligeras y transpirables, para ritmos altos

CON estas zapatillas, más ligeras y menos robustas que otros de los modelos para trail running de la marca, La Sportiva se dirige a corredores procedentes del mundo de las carreras del asfalto que quieran iniciarse en la montaña, así como a corredores de montaña que lleven ritmos altos.

El tejido sintético, de fácil secado, aporta buena transpiración evitando que los calcetines queden empapados tanto en días calurosos como en caso de lluvia. La parte superior no es tan cerrada como en otros modelos, dejando ventilación especialmente en la zona del empeine.

El sistema de cordones es el tradicional, con el último agujero para los corredores que quieran llevar las zapatillas más ajustadas, para ritmos más rápidos y más sujeción del pie.

Una de las principales novedades de este modelo es la incorporación del nuevo sistema XFlow, con una mediasuela de EVA, que hace que la zapatilla no sea tan pesada y rígida, pero sigue protegiendo lo mismo que una de larga distancia. Aporta también un menor impacto en nuestros pies y articulaciones, sin perder la sensación de contacto con el suelo, lo que se debe también en parte a su drop de 6 mm (bastante bajo, pues lo habitual suele estar entre 8 y 12 mm para estas distancias). Todo esto proporciona una buena sujeción al pie, dotándolo de seguridad y protección.

VALORACIÓN GENERAL ★★★★☆

Ligereza	★★★★☆	Estabilidad	★★★★☆
Ajuste	★★★★☆	Durabilidad	★★★☆☆
Transpirabilidad	★★★★☆	Precio	★★★☆☆

FOTOS: COL. M.A. SÁNCHEZ

La suela es una mezcla de Frixion Red, con Frixion Blue y White, logrando de este modo que se unan las respectivas cualidades de adherencia y durabilidad. Los tacos son de unos 28 mm en la parte delantera y 34 mm en la trasera (lo que optimiza el agarre especialmente en las bajadas). Es una suela para terrenos de montaña no agresivos y por pista. Su forma poco inclinada refuerza la idea de su uso destinado a ritmos altos. Lleva además una plantilla Ortholite que se puede extraer y lavar.

La parte delantera es redondeada, lo que favorece la movilidad de los dedos de los pies, consiguiendo así un mayor impulso al correr. La malla interior que lleva, junto a la construcción de la lengüeta, hace que el pie se sienta seguro, sin escurrirse, manteniendo la estabilidad en todo momento.

Puntos fuertes: zapatilla destinada a corredores no demasiado pesados que les guste llevar ritmos altos por terrenos no excesivamente técnicos.

Fabricante: La Sportiva (Italia).
Distribuidor: Snow Factory.
Actividad recomendada: trail running, competición.
Materiales: HT light mesh + wrapping footcage (superior), malla anti abrasión de material reciclado (revestimiento).
Peso: 270 g (hombre), 230 g (mujer).
Drop: 6 mm.
Tallas: 38 a 49½ eu.
Colores: amplia variedad.
PVP aprox: 160 €.

INFO **www.lasportiva.com/es**

PRODUCTO PROBADO *Por Florencio CAMACHO*

MOCHILA INTENSE 12 DE MILLET

Cómoda y de gran capacidad, para carreras de larga distancia

Fabricante: Millet (Francia).
Distribuidor: Millet Group.
Actividad recomendada: trail running.
Materiales: poliéster reciclado.
Peso: 245 gramos.
Capacidad: 12 litros.
Tallas: XS a XL.
PVP aprox: 150 €.

He probado la mochila durante largos entrenos primaverales en la sierra de Albacete y me ha parecido una mochila que puede resultar muy apta para el gran público en general, ya que ofrece una gran capacidad de carga para esos días en los que hay que llevar varias prendas debido a la variable climatología y toda nuestra nutrición sin resultar incómoda ni pesada. El sistema de sujeción con elásticos de los softflask delanteros es un gran acierto, ya que proporcionan una forma de mantener firmemente sujetos éstos a pesar de su capacidad.

Fabricada al 100% con poliéster reciclado con las tecnologías 2D Darlington Mesh y 3D Airmesh que nos ofrecen alta transpirabilidad y secado rápido, en la que prima la comodidad y la gran capacidad de portar materiales en carrera. Está preparada para llevar en su interior una bolsa de hidratación (no incorporada) en la parte trasera, además de traer incluidos 2 softflask (500 ml) encajables en los bolsillos delanteros. Lleva un sistema de portabastones desmontable y una multitud de bolsillos que harán que puedas llevar todo el material obligatorio que pida la organización de un ultra.

En la parte trasera es donde tenemos la mayor capacidad de carga, con un gran bolsillo que abarca la totalidad de la espalda. En la parte inferior cuenta con un bolsillo a modo de «tubo» fácilmente accesible por ambos laterales. En el lado izquierdo de este tubo hay otro pequeño bolsillo extra con cremallera y mosquetón de plástico. En el exterior observamos una guía de cordones elásticos que podemos usar para añadir más carga. Toda esta zona, al igual que los tirantes de la parte delantera, posee un acolchado considerable que hace que la mochila se adapte bien a nuestro cuerpo y nos brinda una comodidad envidiable. La parte inferior tiene un detalle reflectante a modo de línea vertical.

En la parte delantera encontramos variedad de bolsillos (6 en total) que nos ofrecen diferentes posibilidades de portar nuestro material. El ajuste consta de 2 correas a la altura del pecho que pueden regularse en altura gracias a sus múltiples ojales.

VALORACIÓN GENERAL	★★★★☆		
Comodidad	★★★★★	Ligereza	★★★☆☆
Ajuste	★★★★☆	Diseño	★★★★☆
Transpirabilidad	★★★★☆	Precio	★★★☆☆

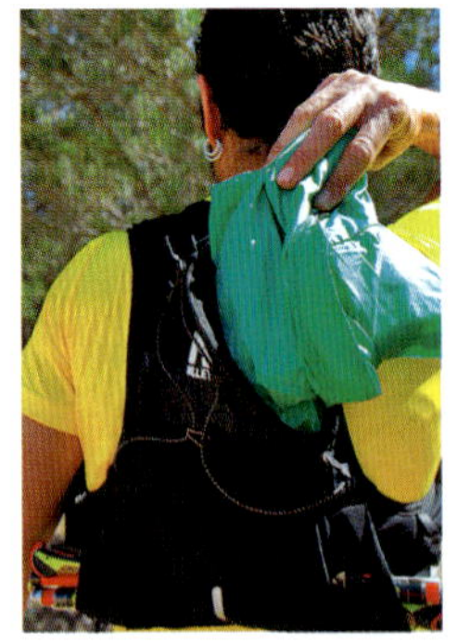

FOTOS: FLORENCIO CAMACHO

Puntos fuertes: la opción ideal para rutas largas de montaña ya sea caminando o corriendo. Con un diseño ligero, ofrece una comodidad extraordinaria y una gran capacidad de carga.

www.millet.com

COL SCARPA

ZAPATILLAS DE TRAIL RUNNING

¿Es la fibra de carbono el futuro?

Analizamos en este artículo los pros y contras de las dos tendencias que están en boga en el mundo de las zapatillas para correr por montaña: la inserción de placas de fibra de carbono como material más reactivo y duradero, y la elevación de los perfiles de la silueta, es decir, la altura que ofrece la propia zapatilla respecto al suelo.

Corredor con unas zapatillas Scarpa Golden Gate Kima RT, que incorporan una placa de carbono 3D (1 mm de espesor) en la espuma de doble densidad de la mediasuela.

EL crecimiento de la industria del trail running a lo largo de la última década no solo está teniendo su impacto en el incremento de eventos deportivos que ofrece el calendario o el número de practicantes de esta disciplina, sino también en el mercado del calzado especializado para correr por montaña. Cada vez son más los fabricantes que apuestan por diseñar zapatillas para trail running, y los que ya estaban en ese empeño, amplían sin rubor sus colecciones y gamas para ofrecer un mayor abanico de alternativas al corredor. Así, la oferta de zapatillas para correr por montaña que nos encontramos en la actualidad es apabullante.

Además, en estos últimos años la industria del calzado para correr –tanto en asfalto como en montaña– está experimentando un proceso de cambio con el propósito de comercializar zapatillas cada vez más ligeras, cómodas y rápidas. Hay dos tendencias evidentes, relacionadas entre sí, que están rompiendo las reglas tradicionales en los laboratorios de las grandes compañías: el descubrimiento de la fibra de carbono como material más reactivo y duradero, y la elevación de los perfiles de la silueta, es decir, la altura que ofrece la propia zapatilla respecto al suelo.

Ambas tendencias son una herencia de la evolución de las zapatillas para correr en asfalto. Porque el segmento del calzado con placa de carbono (coloquialmente conocido como 'superzapatillas') se ha convertido en el más competido de los últimos tiempos. Llegados a este punto, surge una pregunta evidente. ¿Qué aporta la inserción de la fibra de carbono en una zapatilla de trail running?

Retorno de energía y velocidad

Primero debemos saber que hablamos de un material con unas propiedades avanzadas en términos de ligereza, resistencia y flexibilidad. Gracias a la rigidez que ofrece el carbono, la inserción de una placa entre la espuma de la mediasuela logra producir un rebote que facilita la zancada del corredor gracias a lo que podríamos describir como un "efecto trampolín". Y es que la placa de fibra de carbono se inserta entre la espuma a modo de sándwich para lograr exprimir todas sus cualidades. Así, durante la pisada, la placa se comprime entre la espuma y, a continuación, por su densidad trata de recuperar su morfología rápidamente propulsando a su vez el pie del corredor. El resultado es obvio: la fase de la pisada se produce a mayor velocidad y, por tanto, el atleta corre más rápido.

SAUCONY Endorphin Edge Trail

THE NORTH FACE Summit Vectiv Pro

SCARPA Golden Gate Kima RT

LOWA Amplus

SANDERSTOCK / ADOBESTOCK

Este mecanismo –que al final es pura física aplicada al calzado– es lo que las marcas explican como retorno de energía. Y es que el carbono, gracias a sus condiciones como elemento, logra comprimir y expandir la espuma como si fuese un resorte.

De manera paralela a la introducción de las placas de fibra de carbono en las zapatillas de trail running se está produciendo un aumento de los perfiles; es decir, de las alturas a las que se sitúan el talón y la zona de los dedos respecto al suelo. Con el objetivo de ubicar la placa de carbono en la entresuela y rodearla de espuma para lograr el efecto deseado, la cantidad de espuma utilizada es cada vez mayor. Por eso asistimos a un 'boom' de zapatillas maximalistas que ofrecen una mediasuela tan voluminosa.

El propósito principal del uso del carbono en las zapatillas de trail running es lograr modelos más rápidos con el fin de recortar unos segundos por kilómetro al cronómetro. Del mismo modo, el uso de espumas cada vez más blandas en la entresuela buscan minimizar el daño muscular del corredor y permitir una recuperación más rápida después del entrenamiento o la competición de turno.

JOMA TR-6000

ASICS Fuji Speed

¿Beneficios también en montaña?

Ahora bien, si las zapatillas con placa de fibra de carbono otorgan una eficiencia indudable para correr sobre asfalto… ¿También actúan del mismo modo en la montaña? Es en este punto donde surge el debate, aún candente, según quién sea el corredor que las calce, el terreno por el que se use o la habilidad del propio deportista. Y es que es evidente que la montaña tiene unas particularidades que dificultan aprovecharse de una zapatilla con placa de carbono.

En primer lugar, una zapatilla con placa de carbono es más rígida que una zapatilla convencional, lo que puede convertirse en un problema en según qué tipo de terrenos más abruptos y de sendero roto. En segundo lugar, cuando corremos por caminos técnicos, la propia placa también trata de hacer su trabajo de propulsión, lo que genera inestabilidad en apoyos irregulares aumentando el riesgo de lesiones.

Entre las ventajas de la lámina de carbono está la propulsión de la pisada. En estas páginas, ejemplos de distintos modelos de zapatillas de trail running que la incluyen.

Por eso los beneficios del uso de la placa de carbono en las zapatillas de trail running es muy relativo. Si sabemos que vamos a correr por un terreno compacto, en buen estado y sin mucha piedra suelta, es

Sistema de construción de la Summit Vectiv Pro de The North Face.

1. Upper (tejido Matrix). 2. Placa 3D de fibra de carbono. 3. Mediasuela de espuma. 4. Suela SurfaceCTRL.

MICHELANGELOOP / ADOBESTOCK

En terrenos pedregosos será necesario una técnica muy depurada y fortaleza muscular para sacarle partido a una zapatilla con placa.

posible que le saquemos partido a una zapatilla con placa; pero si la ruta que vamos a completar presenta zonas técnicas, pedregosas y con mucha roca, posiblemente la placa acabe siendo contraproducente. Aunque todo depende, claro. Hay corredores de alto nivel que, gozando de una técnica muy depurada y de una gran propiocepción y fortaleza muscular, prefieren utilizar zapatilla con placa de carbono porque les compensa la agilidad y la velocidad en los tramos más correderos y son suficientemente hábiles para avanzar con soltura sobre los tramos más escarpados.

Otra de las ventajas de las zapatillas con perfiles elevados y placa de fibra de carbono es que se observa una reducción de la fatiga muscular, de modo que el corredor puede tener una recuperación más eficiente si ha utilizado este tipo de calzado. Las espumas usadas en la actualidad ofrecen unas propiedades de amortiguación y suavidad incomparables con las utilizadas en los primeros calzados de trail running. Y el gran beneficiado de estos materiales cada vez más vanguardistas es nuestro aparato músculo-esquelético.

Pero claro, de igual modo que la fibra de carbono es un material que ofrece prestaciones de primer nivel, también es un elemento costoso. El precio de este segmento de calzado se dispara considerablemente si lo comparamos con otras zapatillas, por ejemplo de entrenamiento o de ultra-trail. Estamos hablando de un rango de precios que oscila entre los 190 € y 280 €.

Así, entre las zapatillas actuales del mercado que integran placa de carbono encontramos modelos de todas las grandes firmas: Lowa Amplus, Salomon Pulsar Trail Pro, The North Face Summit Vectiv Pro, Adidas Terrex Agravic Speed Ultra, Hoka Tecton, Nike Ultrafly, New Balance FuelCell SuperComp Trail, Asics Fuji Speed, Saucony Endorphin Edge Trail, On Cloudventure Peak, Scott Ultra Carbon RC, Joma TR-6000, Craft CTM Ultra Carbon Trail, Scarpa Golden Gate Kima RT, Merrell MTL Skyfire o Altra Mont Blanc Carbon entre otras. ¿Es la fibra de carbono el futuro de las zapatillas de trail running?

Redacción DESNIVEL

ADIDAS Terrex Agravic Speed Ultra

SCOTT Ultra Carbon RC

LOWA Amplus

www.cimalp.es

STORM PRO

La chaqueta STORM PRO, diseñada para el trail running, es el aliado perfecto para los atletas más exigentes enfrentando condiciones extremas. Impermeable (20 000 SCHMERBER) y ultra transpirable (80 000 MVP), integra la avanzada membrana Ultrashell® en tres capas de tejido. Destaca por su ligereza (290 g), elasticidad, y detalles como capucha ergonómica y cremalleras a prueba de agua, garantizando rendimiento y seguridad óptimos. **PVPR:** 179,90 €

STORM

La chaqueta STORM, con solo 185 g y fabricada en SlimUltrashell® de 2.5 capas, redefine la resistencia en ultra-trails. Esta prenda ergonómica, impermeable (10 000 SCHMERBER), transpirable (10 500 MVP) y cortavientos, asegura una protección sin precedentes. Con una capucha envolvente y rendimiento excepcional, es ideal para eventos como UTMB®. **PVPR:** 115 €

SPANISH MONTAGNARD

La Spanish Montagnard de Cimalp es una camiseta ultra ligera y transpirable, ideal para trail running. Fabricada con material técnico de alta calidad CIMAFLEX®, ofrece comodidad y secado rápido, manteniendo la piel fresca durante entrenamientos intensos. Su diseño ergonómico asegura libertad de movimiento y rendimiento óptimo en cualquier terreno. La Spanish Montagnard va más allá del simple desafío técnico que implica la ropa para exteriores e invita a los corredores de trail de toda España a unirse bajo una bandera común de innovación responsable. **PVPR:** 38,90 €

BLIZZARD

La chaqueta BLIZZARD, elástica, aislante y transpirable, se convierte en esencial para los corredores enfrentando el frío otoñal y primaveral. Diseñada para usarse sola o bajo otra chaqueta, combina tejidos que ofrecen calidez sin sacrificar movilidad. Con un interior cepillado para aislamiento y un exterior flexible en Cimaflex®, garantiza sequedad y seguridad con impresiones reflectantes, ideal para actividades intensas.
PVPR: 74,90 €

AOSTE

El pantalón corto con cintura multi-bolsillos AOSTE es la opción definitiva para los amantes del trail running. Diseñado para ofrecer comodidad y funcionalidad, cuenta con una cintura elástica multi-bolsillos que permite llevar fácilmente todos tus accesorios esenciales. Su tejido ligero y transpirable garantiza libertad de movimiento y un secado rápido, ideal para las carreras más exigentes. Además, su diseño ergonómico y sus costuras planas evitan rozaduras, asegurando una experiencia de carrera inigualable. Disponible en varias tallas, incluido el 2XL. **PVPR:** 60 €

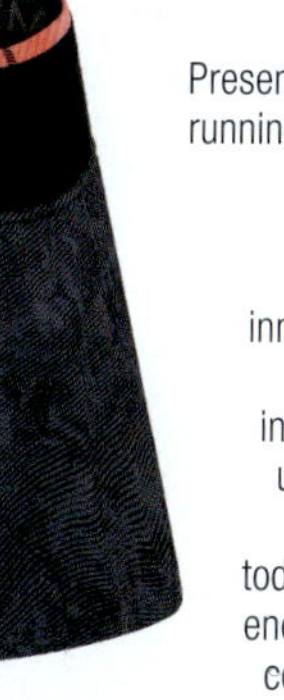

AIGUINES

Presentamos la falda corta de trail running con cinturón multibolsillos AIGUINES, ideal para las corredoras que buscan funcionalidad y estilo. Esta innovadora prenda combina la comodidad de unas mallas interiores con la elegancia de una falda ligera. Su cinturón multibolsillos permite llevar todo lo necesario, desde geles energéticos hasta el móvil, sin comprometer el rendimiento. Confeccionada con materiales técnicos y transpirables, garantiza libertad de movimiento y ventilación óptima. Descubre la fusión perfecta entre diseño y practicidad para tus entrenamientos en montaña. **PVPR:** 60 €

X-RACE

Las zapatillas de trail X RACE son la elección definitiva para los corredores de alto rendimiento. Con suela Vibram® Megagrip, proporcionan una tracción superior y una durabilidad óptima en terrenos técnicos. Su diseño ligero y altamente transpirable garantiza una ventilación eficiente y un soporte anatómico preciso. Incorporan tecnología avanzada de amortiguación EVA para una absorción de impactos excepcional y estabilidad en cada pisada. Perfectas para atletas que buscan maximizar su rendimiento en el trail running más desafiante. **PVPR:** 125 €

VISION ONE SPORT

Las gafas VISION ONE Sport están diseñadas para ofrecer la mejor protección en Trail Running. Sin montura y ultraligeras, con un peso de solo 26 gramos, garantizan una aireación óptima y evitan el empañamiento gracias a las ventilaciones superiores y laterales. Su diseño envolvente proporciona un amplio campo visual y una protección de 180°. Las patillas y el puente nasal son totalmente ajustables, asegurando un ajuste cómodo y seguro. Con el configurador 3D de CIMALP, puedes personalizar cada parte de las gafas con miles de combinaciones posibles. Además, están disponibles con lentes fotocromáticas. **PVPR:** 69,90 €

DISTANCE CARBON Z POLES

El Distance Carbon Z es nuestro más ligero Z-Pole diseñado para aquellos que viajan rápido. Con una construcción 100% de carbono, el Distance Carbon Z presenta un diseño plegable de tres secciones que permite un despliegue de respuesta rápida. Hemos reducido el diámetro de los bastones, reduciendo el peso y el volumen sin sacrificar la durabilidad. Nuestra correa Distance ligera y de apoyo es transpirable y absorbe la humedad, la empuñadura ultraligera de EVA tiene la cantidad justa de comodidad y las Tech Tips de goma que no dejan marcas completan esta pieza como lo último en tecnología de bastones ligeros al detalle.
PVPR: 170 €

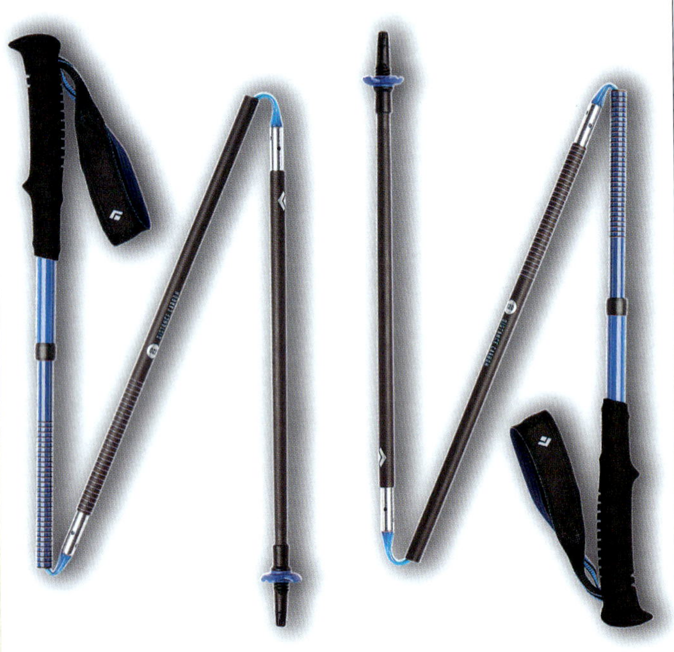

LIGHTWIRE LS TECH TEE

Diseñada para aguantarlo todo, ya sea escalando, haciendo trekking o entrenando, la camiseta técnica de manga larga Lightwire cuenta con un tejido elástico en cuatro direcciones que es transpirable y de secado rápido. Esto garantiza que puedas moverte con libertad, esforzarte y seguir tu actividad cuando vas a tope. Además, los refuerzos en las axilas añaden movilidad adicional, mientras que los logotipos reflectantes aumentan la visibilidad cuando tus aventuras se prolongan más allá de las horas de luz.
PVPR: 60 €

GRIDTECH STORMHOD GLOVES

Ideales para actividades de running y otras actividades aeróbicas alpinas en terrenos variables y condiciones cambiantes, los guantes Black Diamond Wind Hood GridTech Gloves combinan un forro polar de rejilla cálido pero ligero que atrapa el calor en canales de rejilla sin impedir la transpirabilidad, con una capucha plegable y resistente a la intemperie que se despliega rápidamente cuando el tiempo cambia. La manopla Pertex® Quantum Pro ayuda a combatir el frío alpino y se enrolla y esconde fácilmente cuando hace buen tiempo. El aislamiento PrimaLoft® Gold protege de las bajas temperaturas, mientras que la palma adherente proporciona un buen agarre de los bastones y otros equipos.
PVPR: 45 €

DISTANCE WIND SHELL

Diseñada para proporcionar la máxima protección ligera contra las inclemencias del tiempo en la montaña, la Distance Wind Shell combina una resistencia superior a las inclemencias del tiempo y transpirabilidad con un diseño ultraligero, para que siempre estés preparado para lo que te depare la montaña. Lanzada en colaboración con Green Theme International, la Distance Wind Shell incorpora la revolucionaria tecnología Breathable Water Protection de GTI, un acabado repelente al agua sin PFC respetuoso con el medio ambiente que ofrece un rendimiento superior al de cualquier otro DWR C-6, C-8 o C-0. Este rendimiento sólo es superado por su durabilidad, ya que la tecnología GTI está permanentemente hiperfusionada a las fibras individuales del tejido, y no hay necesidad de refrescar nunca la chaqueta con un spray adicional o un acabado de lavado.
La Distance Wind Shell es muy fácil de transportar, lo que la convierte en una prenda de emergencia perfecta para misiones en la montaña, con un bolsillo en el pecho que hace las veces de saco y se sujeta al arnés con un mosquetón. Con sus cualidades de permeabilidad al aire diseñadas para actividades de alto rendimiento, y su robusta resistencia a la intemperie, la Distance Wind Shell está hecha a medida para aventuras rápidas y ligeras en la montaña. **PVPR:** 130 €

MERRELL

www.merrell.com

MTL LONG SKY 2 MATRYX

El punto fuerte del pack Matryx® es la evolución por encima de la reinvención. Nuestros deportistas de élite compiten en los niveles más altos tanto con las MTL Long Sky 2 como con las MTL Skyfire 2, de modo que el objetivo era afinar aún más estos modelos para adaptarlos a sus necesidades. El empeine incorpora una única capa del tejido Matryx® reforzado con Kevlar que maximiza la transpirabilidad y la durabilidad al tiempo que reduce notablemente la elasticidad. En su interior, el tratamiento del forro elimina la humedad y la media suela incorpora nuestra mejor espuma FloatPro™ que brinda comodidad en largas distancias. En la parte inferior, la suela Vibram® Megagrip con tacos de 5 mm ofrece una adherencia óptima.

Características: Los empeines Matryx® combinan hilos multifilamento de Kevlar y poliamida de alta tenacidad, para crear una sola capa de material que es ligera, más transpirable y resistente a la abrasión. Cordones y refuerzos 100% reciclados. Tejido de la lengüeta 60% reciclado. Revestimiento de plantilla y forro de la lengüeta en malla con tecnología termorreguladora 37.5®. Plantilla de espuma ETPU. Media suela de espuma FloatPro™ para una comodidad ligera y duradera. Suela de goma de alto rendimiento Vibram® Megagrip con un agarre excelente tanto en superficies secas como mojadas. Artículo apto para veganos.

Altura: 23,5-19,5 mm. **Drop:** 4 mm.
Tacos: 5 mm.
Peso: 245 g (1/2 par).
PVPR: 170 €

MTL SKYFIRE 2 MATRYX

Las MTL Skyfire 2 son las zapatillas de trail running de élite más ligeras y rápidas desarrolladas en el Merrell Test Lab. En 2024, estas zapatillas evolucionan con el objetivo de ajustar aún más sus materiales a las necesidades de los atletas añadiendo el paquete Matryx®. En la parte superior, se ha remplazado el upper de ingeniería por una malla de una sola pieza reforzada con filamentos de Kevlar que maximizan la durabilidad y la transpirabilidad a la vez que reducen la elasticidad del upper para ganar precisión. Dentro de la zapatilla, la versión Matryx® incorpora un recubrimiento interior y una lengüeta del material 37.5® que reduce la humedad y regula la temperatura del pie. Además, la versión Matryx® presenta un colorido vistoso para destacar las tecnologías y hacerse notar en los senderos.

Características: Los empeines Matryx® combinan hilos multifilamento de Kevlar y poliamida de alta tenacidad, para crear una sola capa de material que es ligera, más transpirable y resistente a la abrasión. Cordones y refuerzos 100 % reciclados. Tejido de la lengüeta 60% reciclado. Revestimiento de plantilla y forro de la lengüeta en malla con tecnología termorreguladora 37.5®. Plantilla de espuma EVA. Chasis FlexPlate™ BZM-8 diseñado para mayor rendimiento y protección. Media suela de espuma FloatPro™ de dos partes y doble densidad. Suela de goma de alto rendimiento Vibram® Megagrip con un agarre excelente tanto en superficies secas como mojadas. Artículo apto para veganos.

Altura: 25-19 mm.
Drop: 6 mm. **Tacos:** 5 mm.
Peso: 210 g (1/2 par).
PVPR: 200 €

AGILITY PEAK 5

A partir del éxito de una de nuestras zapatillas de trail running más populares, la Agility Peak 5 ha sido desarrolladas para mejorar todos los aspectos de esta franquicia ya exitosa. La quinta versión ofrece amortiguación, un peso reducido y una suela rediseñada con los conocimientos del MTL (Merrell Test Lab) para una tracción líder en el sector. El rocker se ha incrementado y la talonera se ha diseñado para un mejor confort en la pisada y un menor desplazamiento del talón. También incorpora nuestra tecnología FlexConnect 2.0 para adaptarse al terreno y la placa ESS Rock Plate para añadir protección debajo del pie y moverse con facilidad por cualquier terreno.

Características: Empeine de malla y TPU transpirable especialmente diseñado. Cordones y refuerzos 100% reciclados. Puntera protectora resistente a la abrasión. Forro de malla transpirable 100% reciclada. Revestimiento de plantilla en malla 100% reciclada. Tratamiento Cleansport NXT™ para un control natural de los olores. Plantilla de espuma EVA 50% reciclada. Chasis protector. Media esuela con surcos FLEXconnect™ para mayor flexibilidad bidireccional, que favorecen la conexión con el terreno. Entresuela de espuma FloatPro™ para una comodidad ligera y duradera. Suela de goma Vibram® Megagrip de alto rendimiento con un agarre excelente tanto en terrenos secos como en terrenos mojados. Tacos de tracción Vibram® diseñados específicamente para aumentar el agarre y deshacerse de la tierra en cada paso.

Altura: 31-25 mm.
Drop: 6 mm. **Tacos:** 5 mm.
Peso: 280 g (1/2 par).
PVPR: 160 €

MORPHLITE

Zapatilla pensada para corredores de asfalto que quieren probar el trail running por primera vez y para corredores de trail que buscan un producto más versátil para sus carreras. Con ese propósito, se ha hablado con corredores de todo el mundo para conocer qué les inspira a correr por los senderos y qué necesidades tienen. Como resultado, las Morphlite montan nuestra mejor espuma para correr sobre un patrón de tacos duales. En el interior de la suela encontramos un taco más plano para carreras por asfalto, mientras que alrededor del perímetro presenta un taco texturizado con mayor profundidad para garantizar la tracción en los senderos. La comodidad y la tracción se unen en un paquete atlético que ofrece mejor rendimiento en trail que las zapatillas de asfalto y mejor rendimiento en asfalto que una zapatilla de Trail.

Características: Botín interno para una sujeción total. Tratamiento Cleansport NXT™ para un control natural de los olores. Media suela de espuma FloatPro™ para una comodidad ligera y duradera. Suela Merrell de goma adherente con agarre duradero para la máxima adherencia cuando y donde la necesites. Empeine de malla de Jacquard. Cordones y refuerzos 100% reciclados. Forro de malla transpirable 100% reciclada. Revestimiento de plantilla en malla 100% reciclada. Plantilla extraíble de espuma EVA 50% reciclada. Vegano.

Altura: 26,5-20 mm. **Drop:** 6,5 mm. **Tacos:** 2 y 3 mm.
Peso: 240 g (1/2 par). **PVPR:** 110 €

www.millet.com

INTENSE M

Ligeras, cómodas y muy duraderas, estas zapatillas de Trail futuristas están producidas en Francia, en la fábrica 4.0 ASF, en colaboración con MILLET. Estan diseñadas para corredores de nivel intermedio a regular, y cuentan con una suela Michelin, y una parte superior fabricada en tejido francés Matryx con tecnología patentada. Ese tejido está hecho con nailon y Kevlar para brindarte una solidez sin igual, mientras que todo el contorno de este calzado de trail de hombre lleva un refuerzo de protección ligero. La suela con dibujo especial Michelin Reattiva ofrece un agarre estable y una tracción dinámica que ayuda a coger velocidad en la montaña. Con un peso de tan solo 260 gramos, estas zapatillas de trail running tienen un cierre de cordones de precisión autobloqueador y una entresuela de EVA parcialmente reciclado que aporta una cómoda amortiguación.
Características: Matryx, textil francés tejido en jacquard para gran resistencia, comodidad y ligereza. Suela Michelin® Reattiva muy rápida, ligera y con agarre. EVA con 25 % de material reciclado para amortiguación eficaz, ligera y duradera. Suela Top Comfort que brinda un gran nivel de bienestar anatómico. Protector de piedras de TPU ligero y robusto. Tejido Matryx® de nailon/kevlar: estabilidad del pie, transpirabilidad, ligereza y confort extremo. Cordones antideslizantes con bloqueo automático. Drop: 6 mm.
PVPR: 190 €

INTENSE W

Confeccionadas en Francia en la planta 4.0. ASF con la que trabaja MILLET con tejido francés Matryx de tecnología patentada y suela Michelin, estas zapatillas de trail garantizan un agarre y una comodidad sin igual a las corredoras de trail. El empeine de tela jacquard Matryx de nailon y Kevlar y el cierre de cordones favorecen la comodidad y transpirabilidad, un ajuste óptimo y una solidez incomparable. La protección del pie se completa con un refuerzo de protección de TPU ligero en la puntera. La suela con dibujo especial Michelin Reattiva garantiza por su parte un potente agarre y una tracción dinámica para moverse con la libertad por el monte. Por último, la entresuela de EVA brinda una confortable amortiguación utilizando un 25 % de materiales reciclados para minimizar el impacto de este calzado de trail de mujer.
Características: Matryx, textil francés tejido en jacquard para gran resistencia, comodidad y ligereza. Suela Michelin® Reattiva muy rápida, ligera y con agarre. EVA con 25 % de material reciclado para amortiguación eficaz, ligera y duradera. Suela Top Comfort que brinda un gran nivel de bienestar anatómico. Protector de piedras de TPU ligero y robusto. Tejido Matryx® de nailon/kevlar: estabilidad del pie, transpirabilidad, ligereza y confort extremo. Cordones antideslizantes con bloqueo automático. Drop: 6 mm.
PVPR: 190 €

INTENSE 5

Esta mochila pequeña con arnés de carga especial para entrenamientos de trail running permite llevar una bolsa de hidratación y viene con dos botellas blandas incluidas. Está disponible en cuatro tallas de cintura (elegir la más parecida a la de pantalón) para ajustársela cómodamente y optimizar la estabilidad de la carga y lleva dos cinchas regulables en el pecho.Desarrollada con el Team Sidas Matryx, de tan solo 210 gramos de peso, tiene cuatro bolsillos para organizarlo todo a la perfección y un portabastones desmontable de acceso rápido. Transpirable y blanda, es la mochila pequeña bien pensada que te acompañará siempre al salir a entrenar.
Características:
2 correas de pecho ajustables y desmontables. Portabotellas en el tirante. Compatible con sistema de hidratación. Soporte de pértiga extraíble. Apertura con cremallera. 2 bolsillos de malla laterales. 1 bolsillo de malla delantero. 1 bolsillo de cremallera con llavero. Silbato de socorro. Accesorios para carros de varilla. 2 frascos de 500 ml incluidos.
PVPR: 130 €

INTENSE 2.5L JKT M

Chaqueta de trail running impermeable, ligera y funcional para enfrentarte al mal tiempo sin que tu rendimiento decaiga. Diseño de 2,5 capas hecho de un tejido 100 % poliéster reciclable, con unas prestaciones de 20K de impermeabilidad y de transpirabilidad. Pesa solo 210 gramos y se guarda fácilmente en su propio bolsillo. Los remates elásticos, el corte más largo por detrás y la capucha envolvente con visera y parche stretch antitormentas optimizan tu protección. **Características:** Material PERTEX® Revolve®. Material diseñado íntegramente en poliéster, incluida la membrana, monocomponente que facilita su reciclaje al final de su vida útil. Apertura central con cremallera estanca adaptable. Capucha integrada con visera rígida y sistema STORM & FIT. 1 bolsillo en el pecho. Marcado reflectante. Costuras termoselladas. **PVPR:** 200 €

INTENSE 2.5L JKT W

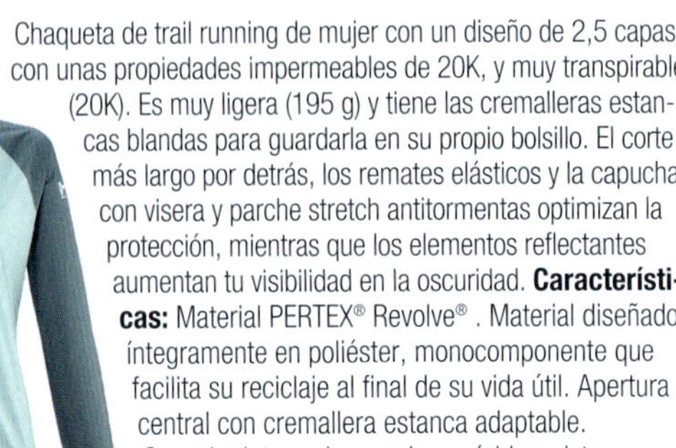

Chaqueta de trail running de mujer con un diseño de 2,5 capas, con unas propiedades impermeables de 20K, y muy transpirable (20K). Es muy ligera (195 g) y tiene las cremalleras estancas blandas para guardarla en su propio bolsillo. El corte más largo por detrás, los remates elásticos y la capucha con visera y parche stretch antitormentas optimizan la protección, mientras que los elementos reflectantes aumentan tu visibilidad en la oscuridad. **Características:** Material PERTEX® Revolve® . Material diseñado íntegramente en poliéster, monocomponente que facilita su reciclaje al final de su vida útil. Apertura central con cremallera estanca adaptable. Capucha integrada con visera rígida y sistema STORM & FIT: canesú elástico que se ajusta a la cara para una protección óptima. 1 bolsillo en el pecho con cremallera impermeable. Marcado reflectante. Costuras termoselladas. **PVPR:** 200 €

MILLET®

www.millet.com

INTENSE LIGHT TS SS M

Al salir a correr por el monte, nuestra camiseta de trail running de manga corta Intense Light es como una segunda piel. Agradecemos la ligereza y transpirabilidad de esta prenda hecha con tejido Drynamic™ de punto más aireado en la espalda y en el bajo. La resistente fibra 100 % poliéster reciclado hace que se seque rápidamente. El corte activo y totalmente stretch nos garantiza un confort duradero durante el esfuerzo. Un logotipo Millet adorna discretamente una de las mangas de esta camiseta técnica. **Características:** Corte activo. Material Drynamic™ muy ventilado en la parte inferior y en la espalda para mayor ligereza y secado ultrarrápido. Material 100 % poliéster reciclado. Cuello redondo. Manga corta. **PVPR:** 45 €

INTENSE PRINT TS SS W

Corremos sin limitaciones con nuestra camiseta de trail running Intense Print. Su ligero tejido Drynamic™ de poliéster 100 % reciclado tiene zonas aún más transpirables en la espalda y bajo los brazos. Así se optimizan la evacuación de la humedad y la rapidez de secado. Permanecemos secas a lo largo de todo el recorrido. Nuestra camiseta técnica de manga corta tiene un corte dinámico y femenino de cuello redondo. El estampado exclusivo Millet nos invita a salir a explorar todos los caminos. **Características:** Corte activo. Material Drynamic™ muy transpirable debajo de los brazos y en la espalda para mayor ligereza y secado ultrarrápido. Material técnico ligero y transpirable. Cuello redondo. Manga corta. Estampado exclusivo Millet. **PVPR:** 50 €

INTENSE ESSENTIAL SHORT M

Nos enfundamos el pantalón corto de trail running Intense Essential para nuestras rápidas carreras por el monte. Su corte deportivo y corto y el tejido extensible Drynamic™ nos dan una gran libertad de movimientos. Además, ese tejido tan ligero, hecho con un 100 % de poliéster reciclado, evacúa perfectamente la humedad.
Es ideal para esfuerzos intensos y nos encanta por la comodidad que le da la cintura elástica con cordón de ajuste. Además, es muy funcional con sus dos bolsillos para las manos y el bolsillo trasero de cremallera para guardar las llaves a salvo.
Características: Corte activo, deportivo. Material ligero. Material stretch. Longitud de la entrepierna: 20 cm / 10,6 pulgadas. Cinturón elástico. Cintura con cordón de ajuste. 1 bolsillo con cremallera detrás. 2 bolsillos para las manos. **PVPR:** 60 €

INTENSE ESSENTIAL SHORT W

Corremos sin limitaciones gracias al pantalón corto de trail running de mujer Intense Essential. Su corte corto con las perneras con aberturas, combinado con el tejido Drynamic™ stretch y ligero, nos brinda una libertad de movimientos total. La cintura elástica ajustable con un cordón interno es muy cómoda. Guardamos las llaves y todo lo fundamental a buen recaudo en el bolsillo trasero de cremallera mientras corremos. Este short técnico, pensado para carreras de trail running y hecho con un 100 % de poliéster reciclado, es resistente, duradero y sostenible.
Características: Corte activo, deportivo. Material ligero. Material stretch. Longitud de la entrepierna: 10 cm/3,9 pulgadas. Cinturón elástico. Cintura con cordón de ajuste. 1 bolsillo con cremallera detrás. **PVPR:** 60 €

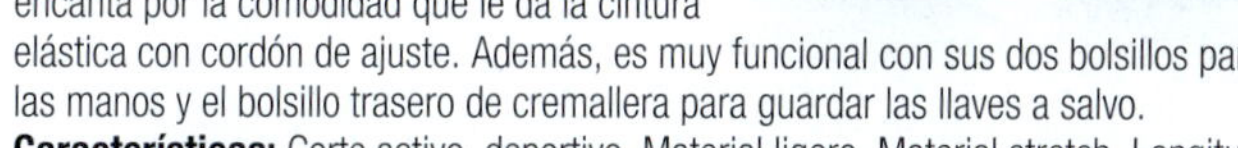

INTENSE LIGHT VEST M

Llevamos una hora corriendo. Empieza a soplar el viento, acompañado por una ligera llovizna. Nos ponemos la chaqueta sin mangas Intense Light. Es un chaleco superligero (tan solo 90 g de peso) y compresible en el bolsillo de cremallera del pecho, por lo que nos lo llevamos fácilmente a todas partes. Nos protege eficazmente porque es cortavientos y a la vez hidrófugo. Su corte ceñido y stretch con un remate elástico en el bajo se adapta a la perfección a nuestros movimientos. Este chaleco de trail running de tejido Toray® ripstop, diseñado en Annecy y confeccionado en las fábricas de Millet, es tan resistente como duradero. **Características:** Corte ajustado. Material de poliamida. Material Ripstop. Tejido cortavientos. Apertura central con cremallera. 1 bolsillo en el pecho con cremallera. Bajo de la chaqueta con cintura elástica. Chaqueta compresible que se guarda en el bolsillo del pecho. **PVPR:** 110 €

INTENSE LIGHT VEST W

Corremos bien protegidas y con total ligereza gracias a nuestra chaqueta sin mangas de trail running Intense Light. Con sus apenas 80 g de peso, casi no notamos que la llevamos. Es compacta y se guarda fácilmente en el bolsillo o en la mochila. Su tejido Toray® de poliamida reforzada ripstop es cortavientos y al mismo tiempo repele el agua. Junto con el cuello alto, nos procura un gran bienestar térmico. Nos gusta el corte activo y femenino de este chaleco, que cubre los hombros y se queda en su sitio al movernos gracias a sus remates elásticos. Los tres bolsillos de la parte posterior son muy prácticos para llevar lo fundamental (barras, geles, etc.). **Características:** Corte ajustado. Corte femenino. Material cortavientos. Material de poliamida. Material Ripstop. Apertura central con cremallera. 3 bolsillos traseros. Bajo de la chaqueta con cintura elástica. Chaqueta compresible con compartimento en el bolsillo trasero. **PVPR:** 110 €

INTENSE TANK

Acelera al correr por el monte sin acalorarte en exceso con la camiseta técnica de tirantes superligera y transpirable INTENSE de MILLET. Hecha con una combinación de dos materiales elásticos DRYNAMIC, tiene una estructura muy ventilada en la espalda y los laterales para optimizar la evacuación de la humedad. Y, si sales al alba o al anochecer, esta prenda de trail running de hombre lleva unos elementos reflectantes que mejoran tu visibilidad en la oscuridad. Mejora tu rendimiento con esta camiseta de tirantes de trail ligera y supertranspirable.
Características: Camiseta sin mangas. Combinación de dos materiales ligeros y transpirables. Material Drynamic™ muy transpirable debajo de los brazos y en la espalda para mayor ligereza y secado ultrarrápido. Cuello redondo. Logotipo y detalles reflectantes para la visibilidad nocturna. **PVPR:** 55 €

INTENSE TANK W

Disfruta corriendo por el monte con buen tiempo gracias a la camiseta de tirantes de trail running de mujer INTENSE TANK, que evacúa muy rápidamente la humedad y te mantiene fresca. Con un diseño híbrido que combina dos tejidos ligeros DRYNAMIC, tiene unas zonas especialmente ventiladas en las axilas y la espalda, donde más transpirabilidad se necesita. De ese modo, te mantienes fresca y cómoda disfrutando de la elasticidad de esta parte de arriba técnica. Si prefieres evitar el calor corriendo al alba o al caer la noche, los detalles reflectantes de esta camiseta de tirantes de trail optimizarán tu visibilidad nocturna.
Características: Camiseta sin mangas. Combinación de dos materiales ligeros y transpirables. Material Drynamic™ muy transpirable debajo de los brazos y en la espalda para mayor ligereza y secado ultrarrápido. Cuello redondo. Logotipo y detalles reflectantes para la visibilidad nocturna. **PVPR:** 55 €

La combinación de pantalón corto con chaqueta (protegiendo de esta forma el tronco, donde se encuentran los órganos vitales) es habitual en carreras con mal tiempo.

COL. MILLET

CHAQUETAS DE TRAIL RUNNING

Cortavientos y membranas impermeables

Detener los elementos para que nada te detenga

La actividad de los corredores y corredoras por montaña no se detiene aunque el viento y la lluvia ataquen. Gracias a las modernas prendas protectoras, increíblemente ligeras, es posible seguir haciendo trail running incluso en las condiciones más severas. Pero ¿qué elegir? Sigue leyendo y encontrarás la información que necesitas.

EL trail running conlleva un atuendo distintivo que solo varía cuando el viento, la lluvia, la nieve… hacen su aparición. Las camisetas combinadas con pantalones cortos o mallas, disfraz imprescindible, se cubren para mantener protegido a su usuario.

Con ese propósito los fabricantes han diseñado prendas que bloquean la penetración del agua y el viento que, seamos sinceros, tienden a reservarse para la parte superior del cuerpo, dejando las piernas al descubierto casi de forma habitual… ¡por muy malo que haga!

COL. CAMELBAK

Cortavientos y membranas

En la cultura popular se utilizan estas dos denominaciones para distinguir entre las prendas, generalmente chaquetas, que solo bloquean el viento y las que protegen de este y de la humedad. Ambos conceptos definen, respectivamente, la ropa fabricada en tejido con, generalmente, algún tratamiento adicional (deperlantes, etc.) pero sin una función real contra el agua y la que, además de estar sometida a ese proceso, su tela incorpora una lámina impermeable-transpirable en forma de membrana, imprimación, inducción…

Eso nos indica que los nombres reales de "prenda impermeable al viento" y de "prenda impermeable al viento y el agua" se han simplificado de esa manera tan habitual para los humanos, que acostumbramos a denominar por el nombre comercial de una marca concreta a cualquier gaseosa aunque en la etiqueta de la botella se lea claramente algo distinto.

Elegir uno u otro tipo

La función de las prendas cortaviento es, evidentemente, detener el flujo de aire para que no penetre en el interior de la barrera que forman, impidiendo así que vacíen la cámara y se rompa el microclima que envuelve al corredor.

La de las prendas impermeables-transpirables o "membranas" es la misma en lo que respecta al viento, pero el bloqueo resulta aún más completo porque mantiene a raya la humedad.

Podemos intuir que la segunda es una muralla más "fuerte", aunque precisamente por ese motivo acarree algunos inconvenientes. El más reseñable es el de ralentizar o impedir la evacuación de transpiración, que puede saturarse en el interior y causar el efecto contrario al que se pretende.

COMPES Y NÚMEROS

En determinadas pruebas competitivas se exige que los participantes lleven una prenda de protección entre su equipo. Pero no cualquiera: una que incorpore membrana impermeable-transpirable, con valores numéricos importantes en ambas características.

Aunque no se suele especificar el método de medición, contemplar que hace falta una prenda 10 000/10 000 es algo cada vez más frecuente no solo en competiciones de larga distancia, sino también en recorridos relativamente cortos en media y alta montaña.

El objetivo es contar con un as en la manga en lugares de difícil evacuación y, en ocasiones, garantizar una protección mínima que permita sobrevivir en condiciones extremas. Añadir a esas prendas una manta de supervivencia ligera, algunos nutrientes y líquido para hidratarse debería ser imperativo en cualquier lista de corredores o corredoras de distancias largas que se precien de serlo, sobre todo en pruebas o periplos de gran envergadura. // **J.I.G.**

Sin embargo, cuando la lluvia o la nieve hacen su aparición no queda otro remedio que interponer un escudo eficaz. Afortunadamente, la tecnología en el campo físico-químico permite contar actualmente con productos de muy alta calidad que, además, transpiran muchísimo, aunque es cierto que las demandas de este deporte aeróbico son altas y obligan aplicar elementos auxiliares como los sistemas de ventilación por perforaciones sobre el propio tejido, la adición de paneles de rejilla, la situación de cremalleras en lugares concretos…

A modo de resumen y recomendación decir que las prendas cortaviento propiamente dichas están dirigidas a usarse cuando ese agente hace su aparición o como método para evitar pérdidas de calor en ambientes frescos y momentos en que el físico del deportista sugiere interponer una barrera adicional para mantener su microclima (cansancio, deshidratación…).

Por su parte las prendas impermeables (al viento, pero también al agua) y transpirables quedan relegadas a condiciones severas, lugares lluviosos y, por supuesto, para el empleo en esas carreras donde resulta obligatorio incorporarlas al equipo, extremo cada vez más frecuente no solo en pruebas de larga y media distancia.

Las prendas exclusivamente cortaviento pueden soportar una ligera llovizna, pero son ineficaces ante precipitaciones intensas, que es fácil se produzcan en montaña. Es por ello que la elección resulta clara basándonos en ese criterio.

El empleo de ropa impermeable pero no transpirable no es nada recomendable en este tipo de deportes, donde la saturación interior puede ser inmediata y acarrear un problema mayor por derivar en que, pegada al usuario, haya un área aún más mojada que la que produce la propia lluvia o nieve que ataca desde el exterior.

COL. HAGLÖFS

COL HELLY HANSEN

Una buena transpirabilidad es el requisito fundamental que ha de cumplir una chaqueta orientada al trail running.

Eliminando componentes

Del mismo modo que en pocas ocasiones las "partes superiores" se complementan con sobrepantalones a juego (mucho menos polainas y otros elementos adicionales), hay deportistas que prescinden de componentes importantes de las chaquetas pues eligen:

- **Prendas sin capucha.** El argumento es que así evitan molestos flameos del tejido pero sobre todo pérdida de visibilidad y de capacidad auditiva. Muchos corredores sustituyen la capucha por una gorra, en algunos casos impermeable.
- **Prendas sin mangas,** escogiendo un chaleco. A veces empleando unos manguitos y otras dejando los brazos desnudos, determinados corredores cubren exclusivamente su pecho y órganos vitales buscando una mayor libertad de movimientos y una superior ventilación.

Ambas elecciones son, sin duda, más lógicas cuando se pretende detener únicamente el viento, pero resultan menos protectoras en condiciones de meteorología realmente adversa.

Fijarse en detalles importantes

Algunos elementos dan más "empaque" a las prendas, las hacen más completas y facilitan la vida de sus usuarios. Antes de entrar en pormenores, tomemos como punto de partida la primera característica en que hay que fijarse para elegir una prenda: la adaptación a la anatomía del

VIDA ÚTIL DE LAS PRENDAS

Es evidente que el período de utilización de cualquier prenda dependerá completamente del uso. Pero podemos hablar de que las prendas con membrana, o impermeables-transpirables, requieren un mayor cuidado y la pérdida de prestaciones puede ser más acusable que en las que no tienen una lámina que bloquea el paso del agua.

La exposición a la temperatura corporal, a altas temperaturas durante la fase de secado... pueden dañar la membrana y otros componentes como apliques o cremalleras hasta el punto de que se despeguen del soporte base. Bandas de termosellado de costuras, adornos y bolsillos pegados... pueden "salir disparados" en poco tiempo aunque el resto de la prenda se encuentre en condiciones aceptables.

Sin establecer un tiempo concreto, la ropa cortaviento podrá acompañarnos más temporadas que la impermeable-transpirable al agua, a pesar de que aumente su permeabilidad. Aunque, eso también es cierto, cuando una "membrana" deje de ejercer su función contra el agua, siempre podrá vivir una segunda juventud deteniendo la acción del viento antes de visitar el cubo de la basura.

Dos o tres temporadas para una de protección contra el agua, y de tres a cinco para una cortaviento, es un tiempo razonable que probablemente se vea reducido por nuestros deseos de renovación e ir "a la moda". // **J.I.G.**

COL. DYNAFIT

Las prendas elásticas están entre las favoritas de los corredores por su buena adaptación a los movimientos. En las carreras por montaña, una chaqueta impermeable suele estar entre el material obligatorio.

"runner". O sea, el patronaje de la misma, lo que se conoce como "fit". Pero no podemos ignorar algo importante: la ropa puede ser aparentemente ergonómica pero no adaptarse a quien lo utilice.

Da igual contar con una chaqueta que tenga una fantástica capucha, un bolsillo situado en un lugar importante o un sistema de ventilación que evacúe la transpiración si impide nuestros movimientos, distrae nuestra atención, penaliza nuestro avance por resultar escasamente aerodinámica y flamea descontroladamente o permite la entrada del viento o el agua por dejar múltiples espacios entre el tejido y nuestro cuerpo.

Una vez elegida la prenda que mejor se adapte a nuestro cuerpo, que no tiene por qué ser la que mejor le sienta a nuestros amigos, a nuestra pareja o al corredor de moda, poner el foco en asuntos como si tiene cremallera parcial o completa nos dará una idea de cuál ofrecerá mayor protección y cuál permitirá ser colocada y retirada con superior facilidad. La que lleve cremallera completa será, tal vez, algo más pesada, pero también más versátil.

Una capucha regulable es interesante, sobre todo para evitar pérdidas de visión lateral. Pero es mejor aún que pueda bloquearse o escamotearse en caso de que no sea necesaria. Así se evitará que el viento la llene y, además de molestar, dificulte nuestra progresión.

Algún bolsillo puede venir bien. Guardar la documentación o la llave de un vehículo puede ser fabuloso, siempre si queda en un lugar que no se clave ni moleste. Ojo con la documentación y el dinero en caso de que el bolsillo no sea estanco.

Un bolsillo integrado donde compactar la prenda en caso de que no se use vendrá de miedo para transportarla en cualquier rincón de la mochila, en una riñonera o cinturón...

COL. MILLET

COL. CAMELBAK

Las rejillas o perforaciones de ventilación ponen siempre en un compromiso. Hay que evitar que estén en lugares expuestos en el caso de un cortavientos, o zonas por las que penetre humedad en el caso de las impermeables-transpirables.

Algunas prendas tienen tejido cortaviento en la parte del pecho pero el dorso o las zonas que se encuentran bajo las axilas presentan paneles transpirables. Están muy bien, pues ofrecen una ventilación adicional, pero debemos analizar si pueden ser excesivas para la actividad que realicemos o en el caso de que seamos frioleros.

Apliques-refuerzos de poliamida vienen bien en algunas zonas, pues la longevidad de la prenda puede aumentar. Pero observa que no aumenten notablemente el peso global, que resulten molestos o lleguen, incluso, a impedir la movilidad. Los paneles elásticos aumentan la adaptabilidad y mejoran la movilidad, pero en ocasiones también ofrecen un peso adicional. En el mercado hay interesantes prendas cortaviento e impermeables-transpirables con base en hilaturas de poliamida de muy bajo gramaje que combinan alta protección con un peso contenido.

La mayoría de prendas cuentan con pocos elementos de ajuste, como cordones u otros accesorios, pues los fabricantes contemplan que se pueden llevar sobre ellos mochilas, chalecos… El peso también se rebaja, pero debemos poner atención por si tanto ahorro supondrá problemas para la estanqueidad o adaptación de la prenda a nuestra anatomía.

Es frecuente que las prendas de manga larga cuenten con puños elásticos y ojales para el pulgar. La prenda se mantiene solidaria con los brazos aunque se eleven o se realicen movimientos de gran amplitud.

Quienes corren de noche, atraviesan carreteras o zonas urbanas, valoran muy positivamente los apliques reflectantes. Un elemento de seguridad que puede hacer que nos decantemos por prendas que los incluyan.

Membranas que sí son membranas

Antes decíamos que se genera cierta confusión cuando se habla coloquialmente de "membranas" para denominar esas prendas cuyo tejido tiene alguna lámina impermeable-transpirable. Pero también es cierto que en el mercado existen creaciones que son exclusivamente membranas sin laminar a un soporte base. Materias acabadas en forma de tejido sobre el que se practican cortes y costuras para dar lugar a chaquetas, chalecos… La membrana se convierte en esos casos en superficie interior-exterior, lo que aumenta la transpirabilidad, ligereza y compresibilidad del conjunto. Pero también es cierto que además se incrementa la fragilidad, pues, a pesar de su relativa robustez, una lámina única es más vulnerable ante agentes agresivos que un tejido con estructura reforzada, aunque ligero, que lleve laminado en su interior un escudo impermeable-transpirable. El Gore Shakedry es un ejemplo de esta nueva tecnología, que parece haber llegado al mundo del trail running, el ciclismo y el golf para quedarse.

Mantenimiento

No se pueden evitar los daños que se produzcan con el uso, como pequeños enganchones u otros deterioros derivados de correr entre ramas u otros elementos abrasivos. Sin embargo, sí se puede poner cuidado en el transporte y llevar la prenda protegida de la intemperie y de posibles roces con agentes que podamos encontrar en el trazado, como ramas, rocas…

Los lavados periódicos mantendrán los poros de las membranas impermeables-transpirables libres de "atascos" producidos por la cristalización de partículas expulsadas al exterior del cuerpo. Eliminarán, igualmente, bacterias que hayan podido proliferar y permitirán conservar la flexibilidad de los tejidos. Pero, ojo, siempre siguiendo los consejos de los fabricantes y evitando el uso de suavizantes, ciclos de centrifugado agresivos y fases de limpieza demasiado reiteradas que puedan dañar más que alargar la vida de la ropa.

José Isidro GORDITO

PRODUCTO PROBADO *Por Macarena CARMONA*

PÉRTIGA BETA STICK EVO DE BETA CLIMBING DESIGN

No hay chapa que se le resista

Fabricante: Beta Climbing Design (Inglaterra).
Distribuidor: Esportiva Aksa.
Actividad recomendada: escalada deportiva.
Materiales: aluminio (60%), polipropileno (19%), nylon (17%), acero (3%), acero inoxidable (1%).
Peso: 281 g.
Tamaño: 46 a 147 cm.
PVP aprox: 65,43 €.

LA firma Beta Climbing nació en 2002 con el objetivo de comercializar la pértiga (también llamada "antena" o "caña") para chapajes de escalada que habían desarrollado sus fundadores, los escaladores británicos Ian Barnes y Si Berry. Aquel diseño, que llamaron "BetaStick", fue de las primeras pértigas en ser comercializadas en el mundo de la escalada. Pronto adquirieron popularidad y hoy, 22 años después, es uno de los modelos más vendidos. Su éxito se basa en su eficacia a la hora de enganchar el mosquetón para que quede firme, manteniendo el gatillo abierto **(foto 1)**, de forma que puedas mosquetonear con seguridad la cuerda en una chapa que queda fuera de tu alcance. Lo que para los escaladores clásicos sigue siendo una "trampa", hoy es el día a día de cualquier escalador deportivo.

Con los años han ido mejorando su diseño y sacando nuevas versiones y distintas longitudes. En concreto el BetaStick Evo que hemos estado utilizando tiene más usos de los que aparenta a simple vista. El sistema de enganche del mosquetón que tiene es muy sencillo y es compatible con una amplia gama de mosquetones, tanto de cierre normal como de alambre, si bien hemos observado que en los más antiguos de perfil redondo puede deslizar. La pértiga está compuesta de cuatro tramos que se despliegan mediante un clip muy fácil de abrir y cerrar. De esta forma pasa de unos escasos 46 cm hasta los 147 cm. Es el tamaño "Mini", pero la firma también dispone de otros modelos más largos (el "Ultra long" llega hasta los 648 cm). Su ligereza y su tamaño hace que sea cómodo para llevarlo colgado en el arnés, para cuando quieres montar una vía de chapa a chapa. Y su bajo peso también se agradece al cargarlo en la mochila.

Además, la forma de garfio de su parte inferior permite utilizarlo para recuperar la cuerda (por ejemplo cuando la cuerda ha quedado en *top rope* y quieres quitarla, pero dejando chapada la primera).

También puedes meter la cuerda a modo de bucle en el cierre de alambre del Betastick y usarlo para chapar un mosquetón o cinta exprés que ya esté puesta en la chapa **(foto 2)**. Y puedes incluso llegar a recuperar un mosquetón o cinta exprés que se ha quedado puesta en una chapa que no está a tu alcance. Para ello, colocas en el BetaStick un mosquetón adicional, pasas un bucle de la cuerda por la parte inferior del mosquetón, dejándola enganchada con el cierre, y utilizas este bucle para abrir el gatillo del mosquetón que está puesto en la chapa y recuperarlo **(foto 3)**. Es una maniobra que cuando la ves en el vídeo parece fácil, pero necesita práctica, y requiere además que la cinta exprés esté colgada en el aire, para que puedas "pescar" el mosquetón con el bucle (en las placas es casi imposible esta maniobra). Está bien que en el propio paquete venga un QR que dirige a un vídeo en el que se muestran sus muchas posibilidades de uso. Su coste es elevado, pero se entiende en parte al ver que su fabricación se hace íntegramente en Sheffield, Inglaterra.

FOTOS: COL. MACARENA CARMONA

VALORACIÓN GENERAL	★★★★☆		
Ligereza	★★★★☆	Polivalencia	★★★★☆
Estabilidad	★★★★☆	Resistencia	★★★★☆
Compactibilidad	★★★★☆	Precio	★★☆☆☆

Puntos fuertes: compacta, ligera y fiable. Ya no tienes excusas para no probar tu proyecto.

PRODUCTO PROBADO *Por Jesús VELASCO*

CRIC DE CLIMBING TECHNOLOGY

Bloqueador multifunción con polea

EL CRIC es un bloqueador con varias funciones: polea simple, polea con bloqueador, polea de rescate y bloqueador de ascenso. Es compacto y ergonómico, especialmente cómodo en el modo de ascenso por cuerda. Su sistema de seguridad de cierre es innovador, permite su uso perfectamente con guantes. El orificio de conexión del mosquetón es amplio para su uso con diferentes mosquetones, aunque hemos podido comprobar que con un ovalado trabaja mucho mejor.

Con respecto al desbloqueo de la carga con el cordino, no es tan efectivo en especial cuando la cuerda se aproxima a la medida máxima recomendada por la marca, resultando algo difícil de desbloquear cuando la carga es pesada, incluso ayudándonos con un mosquetón para su desbloqueo. Como polea de rescate para hacer una desmultiplicación 5:1 es muy rápida.

La polea integrada con cojinetes de esferas puede ser utilizada como referencia para un ascenso facilitado por una cuerda o levantar a una persona sin la ayuda de conectores añadidos (modalidad bloqueante/polea). Permite recuperar directamente una carga, crear polipastos y levantar o auto-levantar una persona, por ejemplo en caso de caída en grietas de glaciar (modalidad polea para rescate). En la modalidad polea, la cuerda debe deslizarse libremente en ambas direcciones, mientras en modalidad polea para rescate la cuerda desliza en un sentido y se bloquea cuando se tira en sentido contrario. En modalidad polea de rescate es posible descolgar la carga recuperada maniobrando su cordino enganchado a la leva del dispositivo. La apertura ergonómica a través de un pulsante permite una rápida instalación sobre la cuerda en la modalidad seleccionada incluso utilizando guantes.

Está dotado de una leva dentada en acero que protege la cuerda de desgastes y que mantiene de forma eficaz el bloqueo sobre misma. La leva presenta dos ranuras para reducir la acumulación de barro y mantener el bloqueo sobre la cuerda de forma eficaz en cualquier condición (cuerda embarrada, helada etc).

Cabe mencionar que este dispositivo como bien recomienda la marca no es un anticaída y no sirve para escalada en solitario.

Personalmente pienso que es una pieza extremadamente útil para cualquier escalador de paredes o alpinista, que ofrece múltiples prestaciones con un tamaño y un peso muy reducido, y es muy cómodo de maniobrar.

Puntos fuertes: un dispositivo versátil, eficaz, de manejo sencillo e intuitivo.

VALORACIÓN GENERAL ★★★★☆			
Ligereza	★★★★☆	Maniobrabilidad	★★★★☆
Polivalencia	★★★★★	Diseño	★★★★★
Durabilidad	★★★★★	Precio	★★★★☆

Fabricante: Climbing Technology (Italia).
Distribuidor: Esportiva Aksa.
Actividad recomendada: alpinismo, trabajos verticales, espeleología, rescate, escalada.
Peso: 150 gramos.
Certificaciones: CE0333, UIAAA.
Rango de cuerdas: 8 a 12 mm de diámetro.
PVP aprox: 115,80 €.

FOTOS: COL. JESÚS VELASCO

Dispositivo abierto, con la cuerda pasada para utilizar en modo bloqueador de ascenso **(fotos 1 y 2 abajo).**
Fotos 3 y 4: Como polea de rescate (desmultiplicación 3:1).

CINTA DE DEDOS, CREMA PARA EL SOL Y CREMA DE PIES DE KLETTERRETTER

Útiles complementos para escalada

Fabricante: Kletterretter (Alemania).
Distribuidor: Kletterretter.
Actividad recomendada: escalada, otras actividades al aire libre.
Materiales: Cinta para los dedos de esparadrapo suave, Cremas de productos veganos.
Colores: cinta disponible en blanco, azul, rosa, rojo, amarillo, verde y multicolor.
Tamaño: Cinta de 15 mm de ancho y 10 metros de largo.
PVP aprox: 5,90 € (cinta de dedos), 16,90 € (crema solar) y 12,90 € (crema de pies).

EL mundo de la escalada cada vez cuenta con más productos que buscan satisfacer las distintas necesidades de un colectivo que sigue creciendo. En esta ocasión la firma alemana Kletterretter (que en español se traduce literalmente "salvador de escaladores", en referencia a que salva o cura la piel) nos presenta unas cintas tipo esparadrapo diseñadas para los escaladores. Se utilizan cuando tienes algún tipo de lesión en los dedos o muñeca, y necesitas ayudar a tu musculatura y tendones para que no ejerzan tanta fuerza, o bien para prevenir lesiones en estas partes que están sometidas a tanta tensión. Pueden ser útiles también para protegerse de alguna rozadura en la piel.

Además de por la amplia variedad de colores que ofrece (incluyendo una tipo "unicornio" con rosados y azules) destaca por su suavidad a la hora de pegarse en la piel. Es muy fácil de despegar luego, sin que se te quede adherido el molesto pegamento, pero a la vez aguanta firmemente cuando la estás utilizando, sin que se despegue al apretar. Un buen detalle es que el empaquetado en el que vienen está hecho de cartón, un material biodegradable. Además, están fabricadas en España. Como explica en su web, es una marca muy concienciada a nivel medioambiental, que impulsa distintas iniciativas hacia una escalada más sostenible.

FOTOS: COL. EVA MARTOS

VALORACIÓN GENERAL	★★★★☆		
Funcionalidad	★★★★★	Sostenibilidad	★★★★☆
Comodidad	★★★★★	Precio	★★★★☆

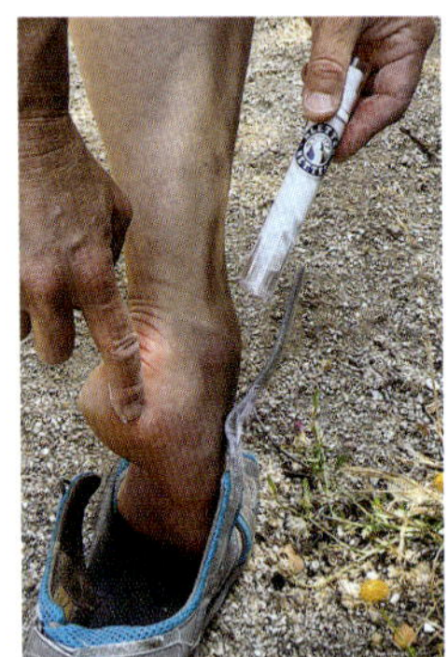

Por otro lado, la firma ha desarrollado unas cremas que resultan muy útiles no solo para escaladores, sino para cualquier persona que realice actividades al aire libre. Una es una crema solar con un factor de protección 30 FP. Se extiende muy bien y no deja la piel grasa. Y la otra es una crema con urea, pensada especialmente para mantener la buena hidratación de los pies. Logra reparar las grietas que suelen salir en el verano en los talones, cuando usamos prolongadamente sandalias. Las cremas están hechas en Alemania con componentes veganos.

Ambas cremas están disponible en distintos formatos. El que hemos utilizado es un pequeño tubo de 15 ml con un pulverizador, de reducido tamaño y fácil de usar, práctico para llevar en la mochila y tener siempre a mano.

Puntos fuertes: las cintas son cómodas de utilizar y de bonito diseño. Las cremas son eficaces y muy necesarias proteger y cuidar la piel.

www.kletterretter.com

PRODUCTO PROBADO *Por Curro GONZÁLEZ*

PIE DE GATO ARPÍA V DE SCARPA

Buen rendimiento del roco a la roca

LOS pies de gato Arpia V son para aquellos escaladores que están pensando en dar un primer paso hacia un concepto algo más agresivo.

Su forma ligeramente arqueada y asimétrica ofrece un excelente ajuste, pero, al no ser tan agresivos como otros pies de gatos más técnicos, nos permiten disfrutar de una escalada cómoda y natural (sin perder precisión, ni prestaciones) haciéndolos muy versátiles.

Me ha parecido un pie de gato blando, que se adapta rápidamente a nuestro pie en las primeras escaladas (pese a llevarlos prietos); y me ha sorprendido mucho que, incluso siendo muy cómodos, no perdían precisión y ni sensibilidad, en pequeños agujeros y regletas.

Combina una excelente puntera (que con el uso se redondea un poco) y un talón profundo que nos ofrece buenas prestaciones en talonamientos.

Igualmente, y gracias a su suela Vibram® XS Grip 2 de longitud completa, tienen muy buena adherencia tanto en caliza como en granito. Siendo muy indicados en este tipo de escalada gracias al sistema de tensión TA (Toe-Abductor), que trabaja con los músculos del pie, mejorando la potencia de los dedos y minimizando la alteración de los músculos flexores del pie.

Me ha gustado mucho cómo está construida la parte superior del pie de gato, confeccionada con una microfibra de tacto suave, y correas de ajuste gemelas de velcro invertidas (con refuerzo de alta elasticidad) que permiten una fácil entrada del pie.

VALORACIÓN GENERAL	★★★★☆		
Comodidad	★★★★★	Adherencia	★★★★☆
Polivalencia	★★★★☆	Precisión	★★★☆☆
Ajuste	★★★☆☆	Precio	★★★★☆

FOTOS: COL. CURRO GONZÁLEZ

De la misma forma y en la parte superior, encontramos un parche rasgado y posicionado estratégicamente para el dedo gordo del pie, de Goma 50 Rubber (caucho más suave que ofrece mejores niveles de adaptabilidad). Bajo mi punto de vista, es aquí donde radica la magia de este pie de gato, ya que te permite llevar el dedo gordo del pie muy arqueado (ganando mucha precisión), sin el dolor insoportable de otras gomas y parches más rígidos.

Puntos fuertes: excelente pie de gato para escaladores intermedios, que busquen polivalencia y comodidad, sin perder precisión ni sensibilidad.

www.scarpa.com

Fabricante:
Scarpa (Italia).
Distribuidor:
Panasport.
Actividad recomendada:
escalada deportiva, pared, búlder y rocódromo.
Materiales:
microfibra, goma M50 Rubber y Vibram XS Grip 2.
Peso:
250 g (nº 40,5 eu).
Colores: shark/yellow y shark/Aqua.
PVP aprox: 139,95 €.

ARNÉS MOSQUITO DE WILD COUNTRY

Ni un gramo de más para el proyecto

Fabricante: Wild Country (Reino Unido).
Distribuidor: Salewa Ibérica.
Actividad recomendada: escalada deportiva.
Materiales: Tejido ripstop, hebilla de aluminio.
Peso: 230 g (S).
Tallas: XS, S, M, L y XL.
PVP aprox: 120 €.

EL Mosquito está diseñado para ser un arnés de escalada deportiva superminimalista y es uno de los más ligeros del mercado. Wild Country ha conseguido combinar ligereza, comodidad y durabilidad.

Su diseño moderno y elegante llama la atención. La cintura cuenta con correas internas que reparten la carga uniformemente por toda la estructura del arnés, combinadas con un acolchado tipo malla en el interior, con un tacto suave, y un tejido exterior ripstop resistente a la abrasión. Los bordes sin costuras son un *plus* para la comodidad.

Está equipado con unos portamateriales minimalistas: dos delanteros de cordino revestido de plástico, que proporcionan suficiente rigidez para llevar cómodamente un buen juego de cintas y son lo suficientemente grandes como para que sean fáciles de quitar. Y otros dos portamateriales traseros sin revestimiento, adecuados para llevar material de forma puntual o secundaria. Además de un bucle posterior adicional.

El ajuste de la cintura se realiza a través de una hebilla de dos piezas con bloqueo automático. El ajuste es seguro, pero la correa no corre muy bien y no es tan fácil de ajustar, eso sí, una vez en su sitio no desliza nada. Las perneras tienen unas bandas elásticas que, aunque no son ajustables, son lo suficientemente flexibles como para cubrir distintos rangos de perímetro de la pierna (para cuando llevamos más o menor ropa). El cordón que conecta la cintura con las perneras es ajustable (con un nudo) y elástico. Es tan minimalista que pienso que en un futuro tendré que cambiar a un nudo bloqueado para que no deslice.

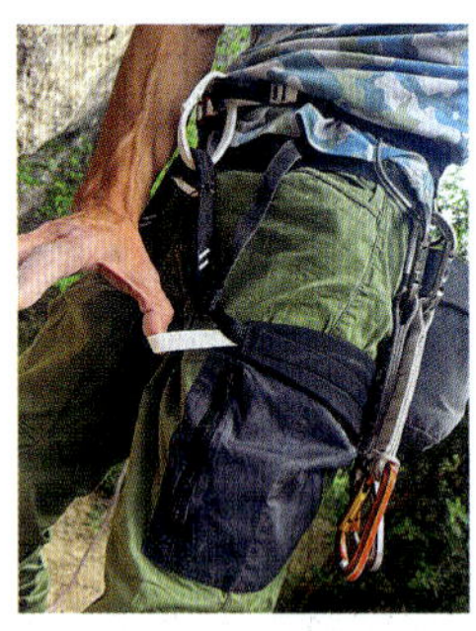

VALORACIÓN GENERAL	★★★★☆		
Ligereza	★★★★★	Durabilidad	★★★★★
Funcionalidad	★★★★★	Ajuste	★★★★☆
Polivalencia	★★★☆☆	Precio	★★★★☆

FOTOS: JOSÉ YÁÑEZ

Me han gustado sus detalles de seguridad. Por un lado, tiene un indicador de desgaste en el punto de encordamiento inferior, que muestra unos hilos rojos para indicar cuándo es el momento de cambiar de arnés debido al desgaste excesivo. Por otro lado, aunque parezca una característica de diseño, el anillo ventral es de color blanco, destacando sobre el sobrio color negro del resto del arnés, para así no tener dudas a la hora de engancharnos.

Puntos fuertes: es un arnés excelente y superligero, ideal para la escalada deportiva de alto nivel. Cumple con todos los requisitos: amplios portamateriales, suficiente acolchado, transpirabilidad, durabilidad y ligereza, lo que lo convierte en uno de los mejores en su clase. Incluso la bolsa de almacenamiento es realmente liviana.

www.wildcountry.com

PRODUCTO PROBADO *Por José YÁÑEZ*

PIE DE GATO ZENIST DE EVOLV

Buen equilibro entre precisión y flexibilidad

EL Evolv Zenist es un pie de gato blando de alto rendimiento que transmite mucho la sensación de lo que pisas. Aunque no son ideales para muros verticales o placas, su fina entresuela hasta el arco del pie proporciona la rigidez suficiente cuando tienes que pisar algo pequeño.

Existen otros modelos con una forma aún más agresiva, tipo banana (planta con forma convexa), que brindan un mejor apoyo en cantos pequeños. Sin embargo, los Zenist destacan cuando se trata de pisar agujeros, formas y volúmenes. Al utilizarlo se siente cómodo desde el primer momento gracias a su horma ancha y su lengüeta elástica. Además, al no llevar forro, transmiten suavidad, reduciendo así la posibilidad de que se formen puntos calientes que puedan causar rozaduras cuando estamos mucho tiempo con ellos puestos y exigiéndoles el máximo.

Su ajuste es ceñido debido principalmente a la lengüeta elástica tipo calcetín, que envuelve el pie desde los bordes de la planta. Esto provoca que la talla ideal sea un poco más grande que en otros modelos que puedas utilizar. En mi caso, es la primera vez que uso un pie de gato con la misma talla que en el calzado de calle. En otras marcas de pies de gato suelo usar un número y medio menos que el de calle.

El cierre se reduce a una correa y velcro, lo cual es suficiente, ya que su lengüeta elástica mantiene el pie firme. Junto a su forma curvada, completan un ajuste en tres zonas: la lengüeta en los lados del pie, el cierre de velcro en la parte superior y su forma curva en la inferior. Estos tres puntos eliminan huecos y ajustan el pie de gato al pie del escalador.

Además de su curvatura, es un modelo asimétrico, lo que significa que todo el peso recae en el borde del pie, siendo más preciso y permitiendo aplicar mayor carga a la punta del pie. El talón es sencillo, encaja bien y ofrece buen rendimiento, aunque probablemente sea la característica menos sobresaliente de este modelo.

Su suela TRAX SAS proporciona una gran adherencia, al mismo nivel que la primera marca del mercado, y sus 4.2 mm de grosor garantizan una buena durabilidad. El uso del empeine fue excelente, ya que la parte supe-rior está cubierta de goma, lo que demostró ser flexible y sensible, sobre todo en los volú-menes del rocódromo. En conclusión, me gustó el Zenist; es cómodo, construido con piel sintética que garantiza longevidad, y su goma me da confianza al pisar en cualquier superficie. Atención a no comprar un número más pequeño que el calzado que uses de calle (sino la misma talla).

Puntos fuertes: Un modelo versátil, que vale tanto para escalada deportiva como para boulder y en sesiones de rocódromo. Sobre todo, es ideal para aquellos que buscan algo más que un pie de gato convencional.

VALORACIÓN GENERAL	★★★★☆		
Comodidad	★★★★★	Durabilidad	★★★★★
Funcionalidad	★★★★☆	Ajuste	★★★★★
Polivalencia	★★★★★	Precio	★★★☆☆

Fabricante: Evolv (EE.UU.).
Distribuidor: Salewa Ibérica.
Actividad recomendada: escalada deportiva, boulder, rocódromo.
Materiales: Tejidos sintéticos. Suela TRAX® SAS de 4.2 mm.
Tallas: 37 a 48 eu.
PVP aprox: 155 €.

www.evolvsports.com

FOTO: SAM BIÉ / PETZL©

El Grigri de Petzl, primer asegurador con frenada asistida, revolucionó el aseguramiento desde su lanzamiento, en 1991, y tras sucesivas versiones, sigue siendo el más utilizado.

MATERIAL

DISPOSITIVOS DE ASEGURAMIENTO PARA ESCALADA

Frenada asistida

Abordamos en este artículo los distintos dispositivos para asegurar en escalada disponibles actualmente en el mercado, clasificados en función de su mecanismo de freno. Ponemos el foco especialmente en aquellos que disponen de algún sistema que asista al asegurador en la maniobra de frenado y bloqueo de la cuerda, que en ningún caso es un trabajo "automático".

SIN un sistema o dispositivo de frenado de la cuerda difícilmente podríamos detener la caída de un escalador resultando indemnes. Cierto es que los escaladores de antaño no disponían de aparatos específicos y aún así lograban, a veces, parar un vuelo y salir vivos, aunque magullados. La técnica consistía básicamente en pasar la cuerda sobre el hombro o en torno a la cintura para que la fricción con la ropa frenase el tirón. Actualmente no es la ropa sino unos sofisticados frenos los encargados de ejercer esa fricción sobre la cuerda con un mínimo esfuerzo y reduciendo espectacularmente los riesgos de una caída tanto para el escalador como para el asegurador.

Tipos de frenos para escalada

Podemos dividir los frenos usados actualmente en escalada en dos tipos principales: los manuales o dinámicos y los de frenado asistido (también llamados automáticos). A continuación vemos los usos, ventajas y desventajas de cada uno de ellos.

1. MANUALES: La primera categoría está representada por los "Ochos", ya en desuso en escalada, y los de tipo "Cesta" como el popular Reverso de Petzl, el ATC de Black Diamond, el Pivot de DMM, el Air force 3 de Beal, el Be Up de Climbig Technology o el Piu de Camp, entre otros. La mayoría se puede utilizar tanto con cuerdas simples como con dobles, carecen de mecanismo alguno y su funcionamiento se basa en el rozamiento de la cuerda tanto sobre el aparato como con el mosquetón que lo une al arnés, regulado por la fuerza de prensión de la mano del asegurador que agarra la cuerda. Si se suelta aquella, la cuerda deslizará libremente. Y a mayor fuerza de mano, mayor fuerza de frenada. Requieren atención constante. Se utilizan principalmente en escalada tradicional, terreno de aventura y alpinismo porque permiten trabajar con cuerdas de uso en doble y rapelar con ellas. Pero también porque propician un mayor deslizamiento de la cuerda durante la frenada, no una detención brusca, lo cual favorece la reducción de la fuerza de choque sobre los anclajes, normalmente flotantes o a veces vetustos, utilizados en vías clásicas, y no tan fiables como los parabolts o los químicos de las vías deportivas.

2. DE FRENADO ASISTIDO: Los segundos presentan algún tipo de mecanismo o pieza que bloquea la cuerda al recibir una tracción. Para la escalada deportiva conviene y ya se ha generalizado la utilización de estos aparatos de freno que también se llaman automáticos. Hay que aclarar que "automático" no significa que trabaje por sí mismo, ni que se puedan soltar alegremente las manos de la cuerda, ni que no se deba vigilar la progresión del escalador. Tendemos a pensar que algo automático significa que funciona solo. Por eso este tipo de dispositivos pasaron a denominarse "de frenado asistido". Necesitan igualmente atención porque en algunas circunstancias pueden no frenar. Esto significa que la mano de freno, la que agarra la cuerda por detrás del aparato, no debe soltarse nunca mientras estamos asegurando al compañero. Cuando el escalador cae y la cuerda se tensa súbitamente, el aparato atrapa la cuerda y la bloquea rápido de forma estática en la mayor parte de los casos. Eso incrementa la fuerza de choque sobre el anclaje que detiene la caída y sobre el cuerpo del escalador. El asegurador debe dinamizar la cadena de seguridad y reducir esa fuerza con el recomendado gesto de dar un paso adelante o un saltito hacia arriba. Por esta razón tampoco conviene en general este tipo de frenos en esos terrenos de aventura donde nos aseguramos con fisureros, friends, clavos dudosos... que pueden estar bien colocados o no, en roca más o menos sólida. Sería genial que estos aparatos fueran capaces de funcionar de forma dinámica en caídas de factor superior a 1, porque es lo que nos interesa para este tipo de vías.

Otra de las importantes ventajas de los dispositivos de frenado asistido es la de que si una piedra golpea al asegurador, por ejemplo, y este suelta las manos de la cuerda involuntariamente, el aparato la sujetará y no dejará desprotegido al escalador. La práctica totalidad de estos frenos solo admiten cuerda simple. Esto implica que no se puede rapelar con ellos normalmente sobre 2 cuerdas, solamente con una, bien empleando el sistema cordelette para recuperarlas o por cuerda fija.

ATC original de Black Diamond

GIGI de Kong

OCHO (en desuso para ecalada)

CESTA de Simond

REVERSO de Petzl

BE UP de Climbing Technology

AIR FORCE 3 de Beal

Mecanismos de los dispositivos de frenado asistido

Dentro de los dipositivos de frenado asistido encontramos otras dos categorías: los de levas o piezas móviles y los que no las tienen, que podríamos llamar "cestas evolucionadas", denominados también "semiautomáticos".

2.1. DE LEVAS O PIEZAS MÓVILES. En los primeros el funcionamiento es similar al del cinturón de seguridad de un coche: cuando recibe un tirón brusco de la cuerda, la atrapa y la bloquea. Normalmente mediante una leva basculante que comprime la cuerda contra el interior del aparato, girando sobre un eje de acero. Para desbloquear la cuerda y dejarla correr disponen de alguna palanca más o menos sensible. Estos frenos suelen tener mayor aceptación entre el público escalador, quizá porque al funcionar con mecanismos parecen contener una "tecnología superior" a la de otros cachivaches más sencillos y eso les da sensación de seguridad. Existen muchos frenos de este tipo, casi todos basados en el mismo principio. Algunos incorporan un sistema antipánico, derivado de los aparatos para trabajos verticales. Esto significa que bloquean la cuerda cuando corre muy deprisa, por ejemplo si descuelgas al compañero a demasiada velocidad, causa de numerosos accidentes en deportiva.

Los diámetros de cuerda admitidos van de 8,5 mm a 11 mm, según modelos, aunque todos presentan un rango óptimo funcionamiento, como por ejemplo entre 9,2 y 10 mm , dato a tener en cuenta según la cuerda que utilices.

Estos son algunos ejemplos de dispositivos de frenado asistido:

GRIGRI de Petzl

Grigri y Grigri+ de Petzl. El veterano, con más de 30 años ya. Muy intuitivo y sencillo de utilizar. Tan popularmente aceptado que la gente no dice "me voy a comprar un asegurador", dice "me voy a comprar un Grigri". Tras 20 años en el mercado aparecieron las nuevas versiones para adaptarse al uso de cuerdas con los diámetros cada vez menores y con un diseño más ergonómico. El Grigri+ viene con sistema antipánico y un conversor de 2 posiciones de aseguramiento: en polea y del primero. Duradero y fiable. Rango de cuerda: 8,5 a 11 mm (ambos). Peso: 175 g (Grigri) y 200 g (Grigri+). PVP aprox: 71 € (Grigri) y 100 € (Grigri+).

Lo último de la casa francesa es el **Neox,** a la venta desde junio de 2024. Tiene un funcionamiento similar al Grigri, con el mismo rango de uso de cuerdas. Incluye una palanca antipánico. La principal diferencia es que lleva en su interior una polea que hace que el deslizamiento de la cuerda sea más fluido, posibilitando dar cuerda más rápido al que está escalando de primero (mientras que mantiene la misma eficacia de bloqueo de la cuerda en caso de caída). Tiene un diseño ergonómico y la palanca es de poliamida reciclada. Peso: 230 g. PVP: 130 €.

FOTO: SAM BIÉ / PETZL©

Aunque sean dispositivos "automáticos", no conviene soltar nunca la mano de la cuerda de freno, ni siquiera para dar cuerda rápido, tal y como muestra la aseguradora de la foto superior, que presiona la leva del Grigri con el pulgar para facilitar la salida de la cuerda, sin soltarla.

NEOX de Petzl

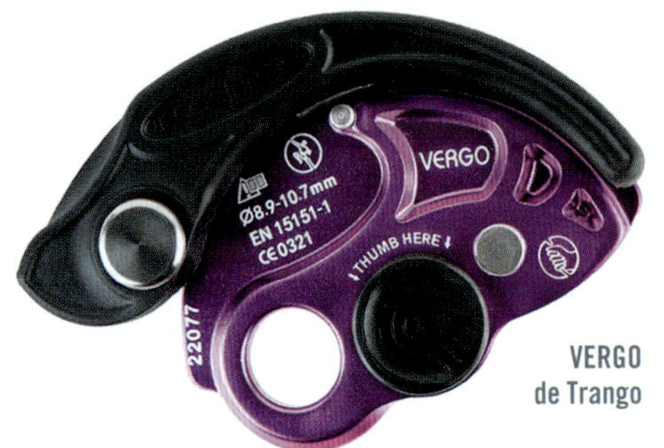

VERGO
de Trango

Vergo de Trango. La evolución del Cinch, geometría diferente, tamaño similar y con la palanca algo más larga. Se coloca horizontal agarrado con el índice y el pulgar de la mano derecha en unos huecos destinados a tal fin , está claramente indicado para evitar errores de uso. Lo mejor es que se da cuerda muy rápido sin necesidad de anular por un momento el sistema de bloqueo del aparato como ocurre con otros. Precisa cierto aprendizaje porque de entrada no es muy intuitivo, pero incluso poniendo la cuerda al revés puede frenar. También permite colocarlo sobre una cuerda tensa para subir o traccionar de ella. Peso: 195 g. Rango de cuerdas: 8.9-10.7 mm. PVP aprox: 117 €.

Birdie de Beal. La conocida marca francesa de cuerdas también tiene su propio freno, completamente metálico, sin piezas de plástico, lo cual aumenta su longevidad y algo su peso. Es algo más pesado que el Grigri, aunque es más compacto. También riza la cuerda algo menos que este porque no hay que torcerla hacia atrás para descolgar; por lo demás el manejo es muy similar. Buena palanca. Peso: 210 g. Rango de cuerdas: de 8,5 a 11 mm. PVP aprox: 61 €.

BIRDIE
de Beal

Matik de Camp. En este dispositivo la colocación de la cuerda es diferente de los anteriores, pues no se abre el aparato, pero si no queda bien colocada no se puede enganchar el mosquetón. Su leva móvil tarda un instante en bloquear, lo que proporciona algo de dinamismo a la frenada. Dispone de sistema antipánico y una superficie de bloqueo amplia. Peso: 275 g. Rango cuerdas: 8,6 a 10,2. PVP aprox: 110 €.

MATIK
de Camp

Eddy de Edelrid. Robusto y duradero, también el más pesado de la familia aunque para deportiva esto es una cuestión menor. Palanca larga y cómoda de manejar. Fue uno de los primeros frenos en introducir la función antipánico. Peso: 360 g. Rango cuerdas: 9 a 11 mm. PVP aprox: 110 €.

EDDY
de Edelrid

EVA MARTOS

FUERZA DE CHOQUE Y FUERZA DE FRENADA

La fuerza de choque es el impacto o tirón que recibe el escalador en el momento de la detención de la caída. Es finalmente la fuerza residual que no se dispersa en los roces de la cuerda con la roca ni en los diversos elementos de la cadena de seguridad. La normativa CE establece que las cuerdas de uso en simple no deben presentar una fuerza de choque máxima superior a 12 Kn. La fuerza se propaga también a lo largo de la cuerda hacia los anclajes, las cintas exprés y el asegurador, todos los componentes de la cadena de seguridad. Los frenos automáticos pueden bloquear la cuerda completamente produciendo un aseguramiento estático. En el caso de un aseguramiento estático, con la cuerda bloqueada, la fuerza de choque depende de dos factores:

- Factor de caída.
- Material y construcción de la cuerda, que determinan su módulo de elasticidad.

Sin embargo, practicando un aseguramiento dinámico, la fuerza de choque ya no depende tanto del factor de caída sino del freno utilizado para detenerla, el cual presentará una determinada **fuerza de frenada,** según su tipo y utilización por parte del asegurador.

Lo último de la marca alemana es el nuevo **Pinch.** La principal aportación es que se puede conectar directamente al anillo ventral del arnés sin necesidad de mosquetón, eliminando el riesgo de carga transversal sobre este. Dispone de sistema antipánico desactivable mediante la inserción de un tornillo. Presenta además un segundo nivel de frenado si la función antipánico se activa con demasiada frecuencia. Su diseño también le permite trabajar sobre cuerdas fijas estáticas, lo que aumenta su polivalencia. Peso: 234 g. Rango cuerdas: 8,5 a 10,5 mm (y estáticas de 10 a 10,5 mm). PVP aprox: 100 €.

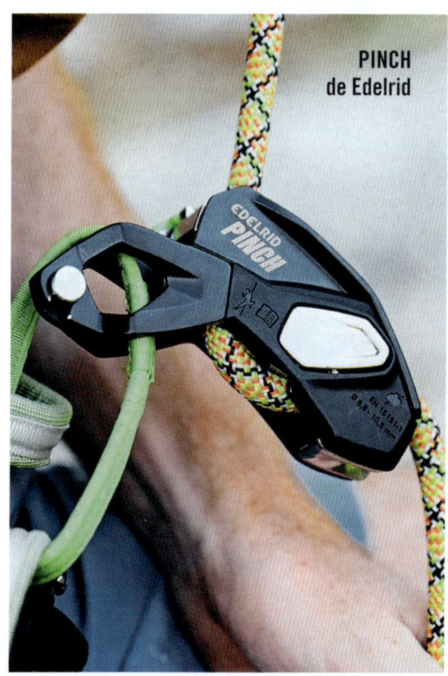

PINCH
de Edelrid

REVO
de Wild Country

Lifeguard de Madrock. Compacto dispositivo que presenta una elevada capacidad de bloqueo, con una leva muy sensible (puede ser una ventaja al usar cuerdas finas, pero también puede limitar la absorción de la energía en el caso de una caída). La leva tiene un diseño más anguloso que otros competidores. Peso: 154g. Rango de cuerdas: 8.9 a 11 mm. PVP aprox: 90 €.

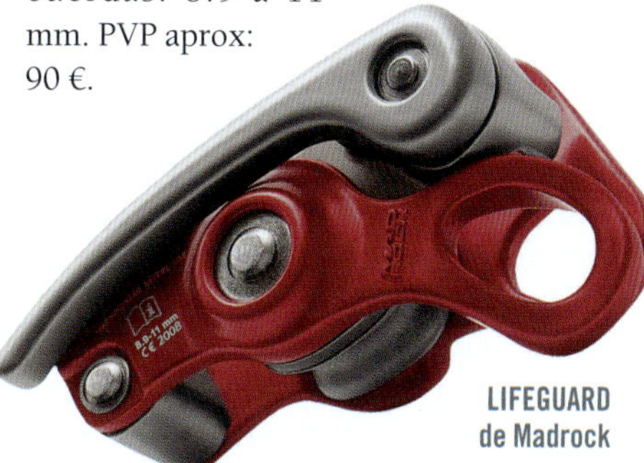
LIFEGUARD
de Madrock

Revo de Wild Country. Presenta un concepto completamente diferente a los demás. Para empezar bloquea hacia ambos lados, no hay posibilidad de colocarlo mal (una gran ventaja especialmente para escaladores principiantes). En el interior hay una polea de aluminio con rodamiento que permite dar y recoger cuerda con mucha fluidez. También la deja deslizar hasta que alcanza una velocidad de 4 m por segundo y entonces la bloquea, lo que implica que en caídas suaves o cortas le cuesta frenar y hay que sujetar bien la cuerda. No puedes retensar la cuerda cuando el compañero está colgando y para descolgar hay que hacer algo más de fuerza que con otros, también para rapelar hay que apretar. La polea de aluminio se desgasta antes que el resto del aparato. Cuenta con función antipánico. Es bastante voluminoso. Peso: 245 g. Rango de cuerdas: 8,5 a 11 mm. PVP aprox: 100 €.

Vemos por consiguiente que a mayor fuerza de frenada, mayor fuerza de choque y al contrario, de una frenada menos brusca se obtiene fuerza de choque menor.

A causa del efecto polea el último seguro, el que detiene la caída, debería soportar esa fuerza multiplicada por 2, pero debido al rozamiento de la cuerda sobre el mosquetón sólo se multiplica por 1,66. Como curiosidad diremos que multiplicando aquellos 12 kN por este 1,66 del efecto polea, obtenemos unos 20 kN, que es el mínimo de resistencia que exige la normativa para los elementos de seguridad tales como mosquetones, anillos cosidos, cintas exprés, descensores, chapas, etc. // **T.G.G.**

2.2. LOS SEMIAUTOMÁTICOS, la segunda categoría de los dispositivos de frenado asistido, resultan muy intuitivos y funcionan como las cestas, pasando la cuerda por el freno y un mosquetón que lo une al arnés. La diferencia es que cuando reciben el tirón de la caída, su forma empuja al mosquetón a una posición donde pinza la cuerda y la bloquea completamente. Lo bueno de estos frenos comparados con los automáticos es que al no tener piezas móviles ni palancas, no se pueden atascar ni tampoco cometer el error de descolgar descontroladamente al compañero porque apretaste demasiado la palanca. Y pesan mucho menos.

La posición de la mano de freno suele ser crucial, si la levantamos mucho y reducimos el ángulo de la cuerda la mayoría no bloquea. Por tanto sería fundamental hallar un diseño que les permitiera bloquear en cualquier ángulo. Una vez bloqueada no puedes dar cuerda rápidamente sin antes liberarla moviendo el aparato o la cuerda.

Debido a su forma o diseño ancho, casi todos requieren ser utilizados con un mosquetón de pera con antigiro u otra forma adecuada que resulte cómoda para abrir y cerrar.

La mayoría son para cuerda simple y no sirven para asegurar al segundo directamente desde la reunión, con la excepción del Alpine Up de Climbing Technology y los Jul de Edelrid (Micro, Mega y Giga Jul).

Estos son algunos ejemplos de dispositivos de frenado asistido semiautomáticos:

Click Up+ de Climbing Technology. Nueva versión del Click Up de la casa italiana, más ergonómico y ligero al incorporar piezas de plástico, que restarán longevidad. Se añadió asimismo una plaqueta que ayuda a colocar la cuerda correctamente y facilita el bloqueo, aunque la mano de freno esté alta y el ángulo entre los dos cabos de cuerda sea muy cerrado. Si se suelta la mano de freno no bloquea en absoluto. Uso fácil e intuitivo, funciona aunque lo pongas del revés, se da y recoge cuerda rápidamente y el descuelgue del compañero es muy seguro porque resulta difícil que te pases basculando el aparato. Se usa con un mosquetón de pera. Peso: 110 g. Rango de cuerdas: 8,5 a 11 mm. PVP aprox: 98 €.

El **Alpine Up** de la misma casa italiana, es el auténtico "todo en uno", pues permite asegurar al primero en modo manual o semiautomático, con cuerda simple o doble, desde la reunión a un segundo o a dos con desbloqueo sencillo, rapelar con autoblocante, asegurar al primero desde punto fijo de la reunión, para cuerdas gemelas, dobles o simples. Incluye una pequeña palanca para rapelar. Eso sí, no es para novatos, necesitas estudiar su uso porque con tantos huecos y posibilidades te puedes liar al principio, pero es un gran aparato. Peso: 175 g. Rango de cuerdas: 7,7 a 10,5 mm. PVP aprox: 100 €.

Fish de Austria Alpin. Es de los más ligeros del mercado, y admite un rango de diámetros de cuerda realmente amplio. Presenta una palanca con mango de polietileno a fin de mejorar la maniobra de descuelgue y el rápel. Diseño muy cuidado. Peso: 68 g. Rango cuerdas: 8 a 11 mm. PVP aprox: 70 €.

Smart 2.0 (+Smarter) de Mammut. Segunda versión del Smart mejorada, frena sin apenas ayuda de la mano. Se puede complementar con el Smarter, un accesorio de quita y pon, de venta aparte, que sirve para desencadenar el frenado y bloqueo de la cuerda incluso si la mano de freno está demasiado alta, algo que añade seguridad sobre todo para principiantes y lo convierte de facto en un freno automático. Peso: 80 g (solo el Smart 2.0). Rango cuerdas: 8,7 a 10,5 mm. PVP aprox: 40 € (+18 € el Smarter).

Rama de Singing Rock. Parecido y de similares prestaciones al Smart de Mammut aunque de formas menos angulosas. Su relación calidad-precio lo convierten en una opción a tener en cuenta. Peso: 84 g. Rango cuerdas: 8,7 a 11 mm. PVP aprox: 32 €.

Tubik ABS de Simond. La versión de la veterana casa francesa, con un pico bien curvado para que no se escape el dedo al bascular. Peso: 97 g. Rango cuerdas: 8,9 a 11 mm. PVP aprox: 35 €.

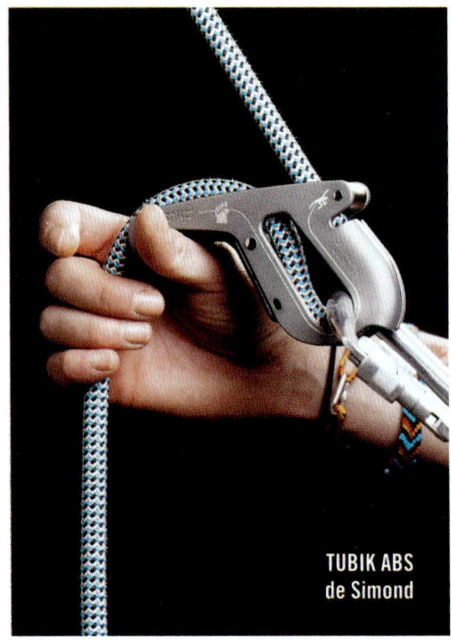

TUBIK ABS de Simond

ATC Pilot de Black Diamond. A medio camino entre el Click Up y los anteriores, en acero con revestimiento anti-

deslizante, gran capacidad de frenado y baja fuerza de impacto. Peso: 93 g. Rango cuerdas: 8,7 a 10,5 mm. PVP aprox: 45 €.

Ergo de Salewa. De forma y manejo muy parecido al ATC Pilot, bloquea rápidamente y la cuerda desliza con fluidez. Admite un amplio rango de diámetros de cuerda. Fabricado en aluminio, acero y plástico. Peso: 170 g. Rango cuerdas: 8,6 a 11 mm. PVP aprox: 76 €.

Jul, Mega Jul y Giga Jul de Edelrid. La familia de dispositivos semiautomáticos de la casa alemana, ideados para una cuerda (Jul) o para dos cuerdas (Mega Jul y Giga Jul). El último, Giga Jul, es el "hermano mayor" y más versátil; permite elegir entre asegurar al primero en modo manual como cualquier cesta o semiautomático mediante una pieza deslizante que cambia el recorrido de la cuerda y por tanto el modo de funcionamiento. Muy interesante para terrenos alpinos y de aventura, puede utilizarse con cuerdas gemelas, dobles o simples. Igualmente sirve para asegurar a uno o dos segundos desde la reunión, rapelar con autoblocante o no y asegurar al primero desde la reunión. Peso: 120 g. Rango de cuerdas: 7.1–10.0 mm. PVP aprox: 65 €.

GIGA JUL de Edelrid

Conclusiones y reflexión final

La mayoría de los frenos presentan más cualidades a favor que en contra pero no hay ni probablemente habrá ninguno perfecto. El más recomendable siempre va a ser el dispositivo que te habitúes a utilizar, acostumbrándote a su manejo y a su respuesta tanto al dar o recoger cuerda como en las caídas. Que seas buen asegurador no va a depender de si tienes un aparato u otro, sino principalmente de tu actitud y habilidad (atención al recuadro de recomendaciones de uso).

Dado que mucha gente usa frenos automáticos para escalada de autoprotección o escalada artificial, y los fabricantes lo saben, sería bueno que investigaran sobre el desarrollo de frenos automáticos y dinámicos, también para doble cuerda, que reduzcan la fuerza de choque sobre anclajes flotantes o de inferior resistencia a los parabolts y químicos de las vías deportivas. Pienso que el futuro del diseño debería ir en esa dirección. Resulta chocante que años atrás ya existieran aparatos como el ABS de la firma francesa Alp Tech, diseñado por los escaladores Vicent Couttet y Hubert Voissier, único freno automático y dinámico hasta hoy, y que ya no se fabrica ni tampoco nada parecido actualmente. Un invento sencillo, ligero, sin mecanismo, barato y tremendamente eficaz. Aún se puede encontrar alguno por ahí de segunda mano. O como la placa Logic de Cassin, ideada por Antonio Cassin, hijo del mítico Ricardo. Aparentemente simple, carente de mecanismo pero más "automática" que otras sofisticaciones actuales pues bloquea la cuerda rápidamente, incluso los menores diámetros, a veces sin agarrarla con la mano. Otra joya perdida. A menudo la mejor solución es la más sencilla.

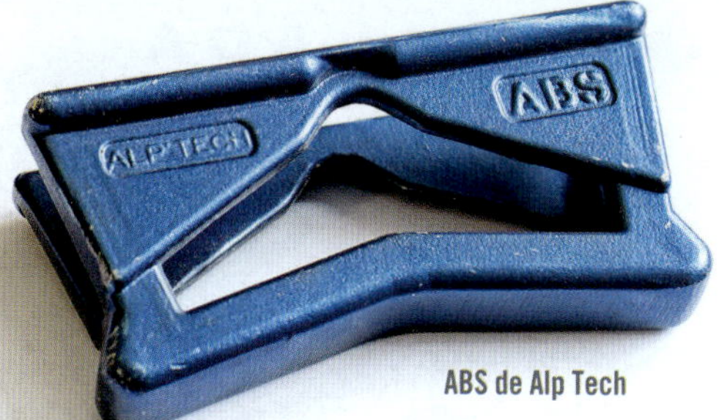

ABS de Alp Tech

Placa LOGIC de Cassin

Toño GUERRA GABÁS

RECOMENDACIONES DE USO

(para todos los frenos)

- Lee siempre la hoja técnica de instrucciones del fabricante. Después de leerla, practica a ser posible con alguien experimentado en aseguramiento.
- Utiliza un mosquetón antigiro, siempre unido al freno como una sola pieza. Algunos frenos requieren un mosquetón específico.
- Cerciórate de que tu colega sabe utilizar el freno con el cual te va a asegurar.
- Siempre mantenemos la mano de freno agarrando la cuerda. En todos los frenos.
- Partner check o comprobación mutua de la colocación de la cuerda en el freno, aparte de su anclaje al arnés, cierre de este y correcta ejecución de los nudos.
- Ten en cuenta que la capacidad de frenado y comodidad de uso de un aparato puede variar bastante dependiendo de la cuerda utilizada y su estado: diámetro, tipo de camisa, nueva o con pelusa, mojada... Vigila que el diámetro de cuerda que usas sea adecuado al dispositivo de aseguramiento.
- Cuando estés asegurando, mantente atento en todo momento a tu compañero. Anticípate a sus movimientos para darle cuerda con fluidez, sin dejar comba y dinamizando la caída. // **T.G.G.**

CAMP

ALPINISMO

www.camp.it

VELOCITY

Arnés de alta gama para la escalada deportiva: ligero, transpirable, cómodo y compactable. Se caracteriza por la innovadora construcción Smart Webbing Technology que, al combinar poliéster y fibra monofilamento, garantiza una distribución uniforme del peso en toda la superficie del cinturón y proporciona una notable transpirabilidad. Esto se traduce en una ligereza y comodidad excepcionales, a lo que también contribuye el interior en su tejido 3D suave y transpirable. Cuenta con 4 anillos portamaterial: dos frontales preformados para facilitar la extracción del equipo y dos traseros más flexibles y compactos. Anilla adicional en la parte trasera, de cordón semirrígido. Anillo ventral de color en contraste, cintas traseras elásticas con hebillas de liberación rápida, 2 ranuras para los mosquetones Hub y bucle para la bolsa de magnesio. **Tallas:** XS a XL. **Peso:** 270 g (talla M). **PVPR:** 74,95 €

ESCAPE

Arnés polivalente de gama alta, ligero, transpirante, cómodo y compactable. Innovadora construcción Smart Webbing Technology que, combinando poliéster y fibra monofilamento, garantiza una distribución uniforme del peso en toda la superficie del cinturón y perneras y una notable transpirabilidad. A su ligereza y comfort contribuye su interior en suave malla 3D, transpirante a su vez. Cuenta con 4 anillos portamaterial: dos anteriores preformados para facilitar el enganche y desenganche del equipamiento, y dos traseros más flexibles y compactos. No falta un anillo suplementario posterior, realizado en cordino semirrígido. Anillo ventral en contraste de color, correas elásticas de conexión de las perneras, dotadas de robustas hebillas de plástico, 2 ranuras para los mosquetones Hub y bucle para la bolsa de magnesio. **Tallas:** S, M, L, XL. **Peso:** 305 g (talla M). **PVPR:** 79,95 €

MINIMA 2 SL

El máximo de la ligereza para 2 personas gracias a las clavijas de diámetro reducido y a el techo exterior de nailon superligero. La tienda de doble techo permite obtener el máximo confort en todas las condiciones, incluso en los trekking más largos. El techo de malla interior garantiza la máxima ventilación, mientras que el exterior –ligero, resistente e impermeable– proporciona una buena protección incluso en las noches de invierno.
Peso: 1500 g (varillas y piquetas incluidas).
Tamaño empaquetado: 33 x 16 cm.
Dimensiones externas:
310 x 136 x h 93 cm.
Dimensiones internas: 220 x 123 x h 89 cm.
PVPR: 309,95 €

LASER

Bastón superligero para quien no quiere llevar consigo ni un gramo de más. La extremada ligereza del Laser, record de nuestra gama, es el resultado de precisas soluciones de construcción: no solo la reducida sección del tubo de aluminio, sino también las correas de diseño minimalista y, por último, la roseta de solo 30 mm de diámetro. Precisamente gracias al uso del aluminio, su ligereza no compromete su resistencia. El sistema de bloqueo interno de expansión "Rotating Lock" garantiza al Laser un diseño limpio y esencial, además de una gran funcionalidad: para el ajuste del bastón sólo hay que girar los segmentos entre sí. El Laser tiene 60 cm de largo cuando está cerrado y se puede ajustar hasta 135 cm. El confort está asegurado gracias a la empuñadura en EVA de longitud superior a la adoptada en otros modelos (19 cm), que proporciona una gran libertad de agarre. El remate en plástico de la empuñadura protege la parte en espuma de posibles impactos, reduce el desgaste y contribuye a la duración del producto. **Peso:** 310 g. **PVPR:** 68,95 €

MEGASONIC

Bastón plegable polivalente que combina la practicidad y la compacidad de los «Z-pole» con la resistencia de los modelos telescópicos, gracias a su construcción estilo sonda con segmentos sobredimensionados. Fabricado íntegramente en aluminio, cuenta con una doble empuñadura con una extensión ergonómica de espuma que garantiza un excelente agarre a diferentes alturas. Las correas ergonómicas, diferenciados derecha y izquierda, fácilmente ajustables con un clip, aumentan la comodidad en todas las condiciones de uso. El cordón interno, revestido de material plástico, permite montar y desmontar el bastón con facilidad en cualquier situación. El sistema de microajuste de la tensión garantiza un ensamblaje perfecto. El segmento superior está dotado de un eficaz sistema de bloqueo con clip de aluminio que permite un rápido y seguro ajuste del largo. Fácilmente ajustable de 115 a 135 cm gracias al clip de aluminio. **Peso:** 574 g. **PVPR:** 89,95 €

ENIGMA

Enigma es un eslabón giratorio de apertura completa dotado de amplios anillos basculantes que permiten la conexión directa de componentes metálicos y textiles sin necesidad de mosquetones. El cuerpo giratorio se integra a la perfección con los anillos basculantes y permite una increíble libertad de movimiento y orientación. El innovador diseño permite la apertura de los dos anillos con un único tornillo (la llave para ello se incluye en la caja). El sistema de cierre de seguridad es independiente y actúa en dirección opuesta a la acción del eslabón, lo cual garantiza un ensamblado fácil y seguro. El mecanismo interno de acero inoxidable con movimiento sobre rodamiento de bolas se combina con los anillos y el cuerpo central en aleación de aluminio para altas cargas de rotura (23 kN) y de trabajo (5 kN). Los dos anillos se caracterizan por su gran apertura (18 mm) y su amplio alojamiento interno que facilita la conexión de varios dispositivos simultáneamente. **Peso:** 116 g. **PVPR:** 118 €

ATOM LOCK

Atom Lock es un mosquetón HMS de alta resistencia para anclaje y descensos en rápel. La amplia apertura asegura un mosquetoneo rápido y fácil, mientras que la punta con la geometría SphereLock optimiza el juego palanca-mosquetón para una máxima seguridad. Gatillo ligero y cómodo de accionar. Marcado láser de seguridad que indica si el gatillo está abierto o cerrado. Disponible en 4 colores.

Peso: 82 g. **Dimensiones:** 24 x 120 x 78 mm. **Resistencia:** 26 kN (eje mayor), 11 kN (eje menor), 8 kN (gatillo abierto). **PVPR:** 14,50 €

STORM

Casco superior, superligero y muy cómodo, asegura una completa protección en todas las actividades verticales. Las 22 aberturas garantizan una excelente ventilación a lo largo de las vías deportivas de varios largos y en caso de aumento de la temperatura durante los ascensos de alpinismo. Las 2 tallas están optimizadas para asegurar un amplio rango de ajuste, mientras que el acolchado interno y el sistema de ajuste, colocado en posición baja, garantizan la estabilidad del casco incluso en caso de movimientos bruscos de la cabeza. Disponible en 2 tallas y 6 colores. Conforme a la norma EN 12492.
Peso: 230 g (talla 1) y 250 g (talla 2). **PVPR:** 75,95 €

www.climbingtechnology.com/es

ALPINISMO

MORFO BRILOCK

El nuevo mosquetón ergonómico MORFO BG BriLock Locking System es un modelo extremadamente versátil y ligero. Destaca por su seguridad gracias al innovador y revolucionario sistema de bloqueo roscado de cierre semiautomático BRILOCK GATE, por el que ha ganado el reconocimiento del jurado de los premios ISPO 2024. Se puede manejar fácilmente con una sola mano, incluso llevando guantes. Fabricado en aleación ligera y forjado en caliente, es extremadamente liviano; sólo pesa 50 gramos. Su sistema de cierre aúna la facilidad de uso de un seguro roscado con la seguridad adicional de un bloqueo automático.

ALTIMATE

Innovador arnés modular con doble configuración para esquí de travesía y alpinismo técnico. Ligero, impermeable y completamente abrible, Se puede poner y quitar fácilmente incluso con los guantes puestos, ya sea con esquís o crampones en los pies. Dispone del sistema de regulación Versalock que permite pasar de la modalidad Walk/Ski (de gran libertad de movimiento) a la modalidad Climb (óptima durante la suspensión) de forma fácil y rápida en completa seguridad. Tejido anisotrópico que garantiza flexibilidad, sostén y una óptima distribución de las cargas. Nominado ISPO 2024.

ABO

Arnés mono-hebilla ultraligero pensado para escalada deportiva, alpinismo técnico y competiciones. Gracias al tejido anisotrópico, se garantiza su flexibilidad, sostén y una óptima distribución de las cargas. Innovador anillo de aseguración sin costuras y de tamaño reducido para facilitar el encuerde y el uso de mosquetones compactos y cintas. Provisto de cinco porta-materiales, dos inserciones para mosquetones porta-material y dos cintas estabilizadoras para tornillos de hielo. Perneras con doble posibilidad de regulación y dotadas de elásticos regulables.

MULTI CHAIN EVO

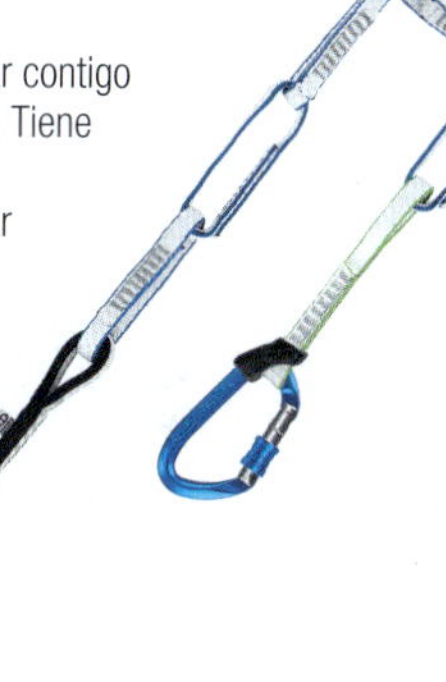

Innovadora daisy chain de anillos, ideal para llevar contigo en rutas largas y durante salidas de montañismo. Tiene múltiples usos, ya sea en la posición de aseguramiento, para autoaseguramiento y facilitar las reuniones y como elemento de amarre para rápel. Fabricada con cincha de Dyneema monocapa, consta de un innovador anillo de conexión al arnés, seis grandes anillas intermedias y un cabo en el extremo. Esta construcción especial garantiza una resistencia constante de 24 kN: de punta a punta, para cada anillo intermedio o conectando dos o más anillos intermedios.

PVPR: 56,83 €

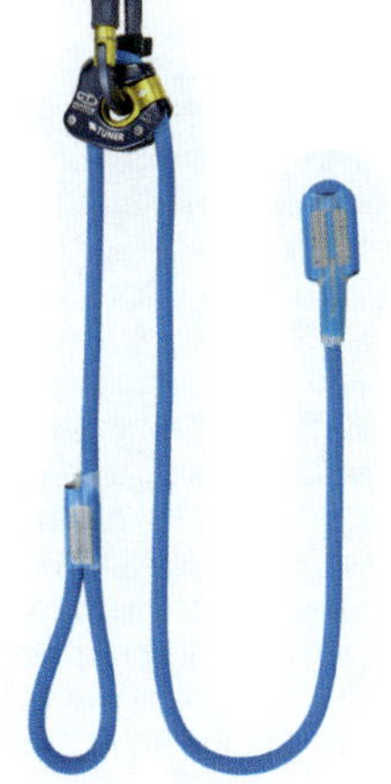

TUNER I

Cordino regulable para alpinismo y escalada. Permite auto asegurarse a una reunión y ajustar la posición. Regulación rápida y precisa de la distancia entre el escalador y la reunión gracias a las características geométricas del dispositivo. Se puede soltar de forma intuitiva, con una sola mano, aunque esté en tensión, accionando el pulsante para desbloquearlo. Longitud regulable y fabricado en cuerda dinámica para absorber la tensión en caso de caída; suministrado de serie con el mosquetón compacto OVX y el anillo FIX-O, este último impide la rotación del mosquetón y la posible carga sobre el eje menor.

Colores: Azul.

Dimensiones: de 15 a 105 cm.

Peso: 143 g.

PVPR: 82,93 €

ASTRA

Piolet ligero y resistente para actividades sobre hielo y alpinismo clásico. Presenta un cabezal ergonómico en aleación ligera de acero inoxidable anodizado, que ofrece una excelente resistencia a la oxidación. Diseño de cabeza caracterizado de un apoyo para la mano y una sección central de espesor reducido que permite un óptimo agarre sea durante la ascensión que para el descenso. Hoja dentada aligerada y pensada para una penetración en nieve dura, y pala resistente estudiada para realizar escalones de forma eficaz. Mango recto en aleación ligera con acabado rugoso para un mejor agarre

ECLIPSE

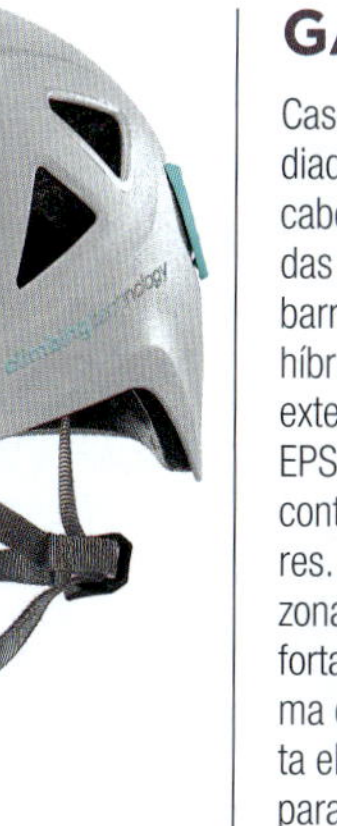

Casco polivalente y con ventilación estudiado para una mayor protección de la cabeza. Ideal para alpinismo, cascadas de hielo, escalada, descenso de barrancos y via ferrata. Estructura híbrida constituida por la carcasa exterior en ABS y capa interior en EPS que da una protección añadida contra golpes laterales, frontales y posteriores. Perfil inferior moldeado para aumentar la zona de protección contra los impactos. Confortable acolchado absorbente y lavable. Sistema de regulación de ajuste simétrico que facilita el almacenaje y el transporte. Dotado de clips para fijar la linterna frontal o la máscara de esquí. Talla regulable: 48÷56 cm. **PVPR:** 75,6 €

GALAXY

Casco polivalente y con ventilación estudiado para una mayor protección de la cabeza. Ideal para alpinismo, cascadas de hielo, escalada, descenso de barrancos y vías ferrata. Estructura híbrida constituida por la carcasa exterior en ABS y capa interior en EPS que da una protección añadida contra golpes laterales, frontales y posteriores. Perfil inferior moldeado para aumentar la zona de protección contra los impactos. Confortable acolchado absorbente y lavable. Sistema de regulación de ajuste simétrico que facilita el almacenaje y al transporte. Dotado de clips para fijar la linterna frontal o la máscara de esquí. Talla regulable: 54÷62 cm. **PVPR:** 75,6 €

ALPINISMO

www.grivel.com

GHOST EVO

Descripción: El piolet más ligero, con cabeza y hoja en acero, equipado con el mango G-bone, desarrollado por Grivel y presente en otros piolets de la marca, que le aporta las siguientes ventajas: Forma con diáfisis de hueso para conseguir un tacto más adherente, ergonómico y cómodo. Su particular forma, además de reducir el espesor de material en las zonas donde es más necesario, dota al mango de una mayor resistencia. Sus 309 g hace que sea un piolet diseñado para los que buscan opciones ligeras en material, sin por ello renunciar al factor durabilidad y resistencia, que sin duda le aportan la cabeza, la hoja y el regatón en acero forjado. Su hoja curvada, añade una sujeción más eficaz y permite la maniobra de auto-retención. Y el mango ligeramente pre-curvado una mejor adaptación a las diferentes formas del terreno. Disponible en opción piolet y martillo. **Certificación:** CE EN 13089, tipo 1, UIAA 152. **Peso:** 309 g. **Longitud:** 45 o 50 cm. **PVPR:** 124,90 €

AIR TECH EVO

Descripción: El piolet más emblemático y polivalente de GRIVEL. Mango patentado G-BONE. Cortado en sección, el mango G-BONE tiene forma de diáfisis de hueso aportando. Un tacto más adherente, ergonómico y cómodo, así como una mayor resistencia a la vez que una reducción del espesor del material. Incorpora hoja en una sola pieza en acero forjado en caliente que le confiere una imbatible resistencia y durabilidad. El mango es en acero cromado ligeramente curvado con el que conseguimos una efectiva pegada y anclaje en diferentes grados de inclinación. Regatón clásico en punta que facilita su apoyo como bastón. Protecciones antideslizantes con las que se añade un mejor agarre en mano y al mismo tiempo una mayor resistencia para clavar el piolet en la nieve. Disponible en versión pala y martillo. Disponible en versión con dragonera Long Leash o Easy Slider incluidas. **Resistencia mango:** 400 kg. **Medidas:** 48, 53, 58, 66 cm. **Peso:** 430 g **PVPR:** 164,90 € (con dragonera Long Leash). 174,90 € (con dragonera Easy Slider).

G12 NEW-MATIC EVO

Descripción: Crampón de 12 muy puntas muy robusto y polivalente para alpinismo clásico y rutas mixtas. 12 puntas cortas de acero (8 delanteras y 4 traseras). Fabricado en acero y con construcción semi-rigida y diseño asimétrico. Sistema de fijación NEW-MATIC eficaz, rápido y muy polivalente: ajuste frontal en termoplástico Zeytel DuPont flexible y resistente que se adapta a cualquier tipo de bota. Talonera rápida para facilitar la fijación a la bota. Peso muy ajustado y volumen mínimo (se cierra sobre sí mismo). Regulación ultra-rápida sin necesidad de herramientas. Anti-boots incluidos. **Certificación:** CE EN 893, UIAA 153. **Rango de talla bota:** 36 – 47 EU. **Peso:** 970 g. **PVPR:** 169,90 €

AIR TECH NEW MATIC EVO

Descripción:
Crampón semi-rígido de gran polivalencia, incluso en terreno mixto, fabricado en crhomoly y acero. 12 puntas con diferentes ángulos de inclinación y longitudes para asegurar toda la estabilidad y agarre en cualquier superficie. Diseño asimétrico que garantiza una perfecta cobertura de las suelas, incluidas las más modernas. Dispone también de barra regulable manualmente en dos longitudes distintas. Sistema de fijación NEW MATIC eficaz, rápido y muy polivalente. Talonera rápida para facilitar la fijación a la bota. **Certificación:** CE EN 893, UIAA 153. **Rango de talla de bota:** 35- 46 EU. **Peso:** 886 g. **PVPR:** 149,90 € (anti-boot incluidos).

STEALTH

Descripción: Casco para alpinismo, ski-alpinismo y escalada. Muy ventilado e hiper-ligero, gracias a su construcción bi-materia: cara exterior en policarbonato + interior en poliestireno expandido inyectado para absorber los impactos. Una sola talla que abarca de 53 a 61 cm, regulable. Sin elementos metálicos para evitar heridas en caso de impacto. Cuenta con una prestación adicional respecto a otros cascos de la competencia: la protección ALL ROUND (impacto vertical, lateral, frontal y posterior). **Peso:** 198 g. **PVPR:** 94,90 €

DAISY CHAIN EVO

Descripción: Sistema de anclaje personal muy polivalente. Construcción diseñada para resistir 23 kN de fuerza en cada bucle, eliminando los posibles riesgos de maniobras peligrosas. Gracias a su diseño, la seguridad es mayor en comparación con la construcción tradicional, manteniendo al mismo tiempo su versatilidad y funcionalidad. Se puede utilizar para conexiones, ecualizar una reunión, para asegurarse, como estribo... Se puede fijar al arnés mediante nudo doble o simple. **Material:** Dyneema, poliéster. **Certificación:** CE EN 566, UIAA 104. **Largo:** 125 cm. Equipado con mosquetón **ALPHA K1N:** pequeño mosquetón multiusos con cierre de rosca. Compacto, resistente y ligero, con forma de 'D' y cierre de rosca. **Certificaciones:** CE EN 12275 - clase B, UIAA 121. **Resistencia:** 24 kN longitudinal, 8 kN transversal y 8 kN gatillo abierto. **Peso:** 101 g + 56 g (mosquetón Alpha K1N). **PVPR:** 55,10 €

MUTANT

Descripción: Nueva incorporación a la gama de cascos de Grivel que no sólo destaca por su ligereza y tecnicidad sino también por un diseño cautivador. Fabricado con material EPP (polipropileno expandido) y con carcasa reforzada en ABS en la zona superior. Esta combinación tan equilibrada permite conseguir un casco ligero y con toda la protección All-Round de Grivel (perímetro lateral y superior) y un grado de ventilación óptimo a través de sus amplios orificios. El nivel de acabados estéticos también ha sido cuidado para dar un aspecto liviano y único al MUTANT. La carcasa de cobertura hexagonal cuenta también con diseño diferenciado en ambos laterales. El sistema de regulación es milimétrico y de dimensiones reducidas para mayor confort y ligereza. El MUTANT estará disponible en 2 tallas: S/M (48-58 cm); L/XL (54-62 cm) **Certificación:** CE EN 12492, UIAA 106. **Peso:** 160 g (S/M), 185 g (L/XL). **PVPR:** 99,60 €

DUETTO

Descripción: Casco con doble certificación (alpinismo-escalada y esquí montaña) más ligero del mercado. Tan sólo 195 g. Sus formas angulares están inspiradas en el exitoso casco Stealth de Givel. La carcasa EPP (polipropileno expandido) hace posible su notable reducción de peso y garantiza la necesaria protección a impactos laterales, frontales, posteriores y superiores All-Round Protection. Diseño limpio y funcional, la regulación se realiza mediante sistema de correas muy personalizable gracias a sus diferentes posiciones de regulación. Este sistema de regulación, ligero y eficaz, tiene también la ventaja de que, al transportarlo, las correas ocupan el mínimo espacio y permiten utilizar la capacidad interior del casco para guardar material. 4 enganches para fijar la linterna frontal. Rango de regulación: 53 – 60 cm. Disponible en color azul eléctrico y gris titanio. **Certificación:** CE EN 12492, CE EN 1077/B, UIAA 106. **Peso:** 215 g. **PVPR:** 139,90 €

www.grivel.com

STEALTH (MOSQUETÓN Y CINTA EXPRESS)

Descripción: Diseño patentado. Mosquetón diseñado especialmente para la escalada deportiva. Los mosquetones STEALTH disponen de un amplio rango de abertura para facilitar el mosquetoneo, cierre keylock y, como singularidad, su diseño imita las formas poliédricas del casco STEALTH. Disponible en versión con cierre recto (color negro) y versión cierre curvo (color plateado). **Materiales:** aluminio forjado en caliente (mosquetón), poliéster (cinta). **Certificaciones:** CE EN 12275 – clase B, UIAA 121. **Medidas:** largo-ancho-rango de abertura: 100-65-27 mm. **Resistencia:** eje vertical 22 kN, eje horizontal 8 kN, gatillo abierto 8 Kn. **Peso:** 44 g. **PVPR:** 15,40 € (mosquetón recto/curvo). 28 € (cinta expres 13 cm). 29,90 € (cinta express 18 cm)..

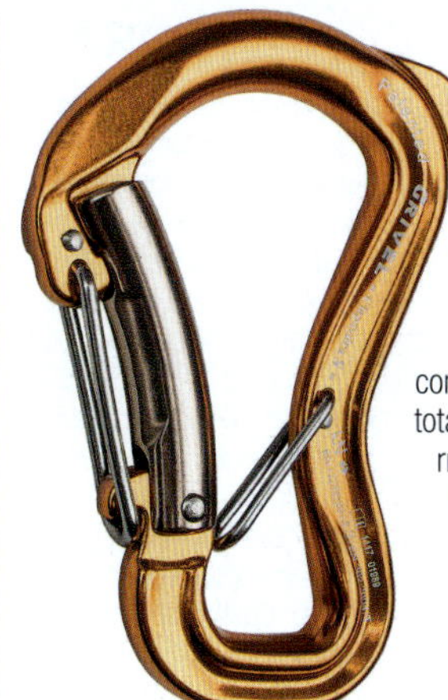

CLEPSYDRA TWIN GATE

Descripción: Mosquetón para aseguramiento, forjado en caliente, y con segundo cierre de varilla para aislar el anillo ventral durante el aseguramiento o rápel. Este detalle la aporta seguridad extra, el anillo ventral permanece siempre cerrado y en posición correcta, incluso con el cierre del mosquetón abierto. Funcionamiento totalmente automático gracias a las ventajas del cierre Twin Gate. Una sola mano para abrir y cerrarlo. Una vez instalado, siempre se mantiene cerrado. Forma ergonómica para facilitar las maniobras. **Resistencia:** Eje mayor: 22 kN. Eje menor: 9 kN. Gatillo abierto: 8 kN. **Peso:** 67 g. **PVPR:** 20,90 €.

K3N PLUME SCREW LOCK

Descripción: El mosquetón con cierre de rosca más ligero y compacto. Con un peso de solo 37 g, este mosquetón ultra-compacto aporta toda la seguridad sin comprometer el peso. Cierre tipo keylock para una mayor resistencia y facilidad de uso. Forma ergonómica para optimizar la maniobrabilidad. Diseño de tipo asimétrico. Cierre keylock con sistema de bloqueo Screw Lock de rosca.
Resistencia: 20 kN (eje mayor), 7 kN (eje menor), 7 kN (gatillo abierto).
Dimensiones: 90-54-19 mm.
Material: aluminio forjado.
Peso: 37 g.
Certificación: CE EN 12275 - clase B, UIAA 121.
PVPR: 12,70 €

VLAD TWIN GATE

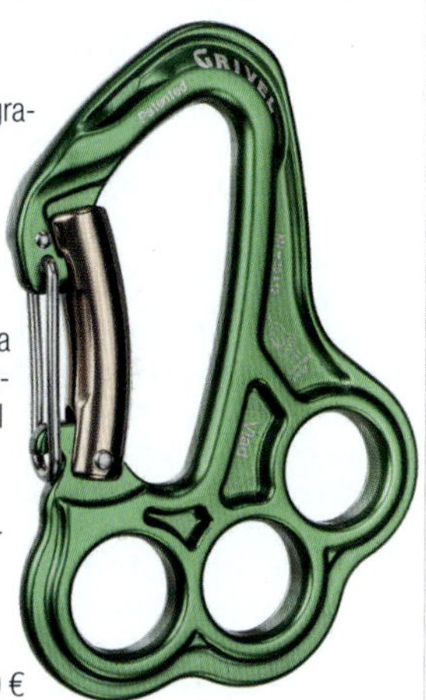

Descripción: Placa multianclaje + mosquetón integrado = VLAD. Es otra fórmula patentada 2 en 1 que propone Grivel. El ingenio de insertar un mosquetón en la base de la placa simplifica y aligera diferentes tipos de maniobras. El método tradicional implicaba la utilización de 2 mosquetones; ahora un solo mosquetón es suficiente, reduciendo la longitud de la cadena de seguridad. El mosquetón integrado permite fijar todo el conjunto con un solo movimiento en el punto de anclaje, manteniendo los diferentes elementos siempre alineados en la correcta posición. Todas las ventajas del cierre Twin-Gate: una vez instalado, siempre se mantiene cerrado. **Resistencia:** 27 kN (eje mayor), 10 kN (eje menor), 10 kN (gatillo abierto). **Material:** aluminio forjado en caliente. **Peso:** 90 g. **Certificación:** CE I UIAA. **PVPR:** 34,90 €

MISTRAL

Descripción: Arnés hiper-ligero y compacto para esquí-montaña y alpinismo. El nuevo tejido X-Tech, diseñado por la empresa Dimension-Polyant, es el responsable de su extraordinaria ligereza (solo 168 g), alta durabilidad y compresibilidad (cabe en la palma de la mano). La trama interior en fibras de aramida proporciona una asombrosa durabilidad y están recubiertas de material de gran flexibilidad y resistencia a los rayos UV. Este tejido es el seleccionado para la fabricación de velas náuticas de alta tecnicidad y ligereza. Regulable, les hebillas de las perneras tienen 2 posiciones para un ajuste más preciso. Para poner el arnés no hace falta quitarse los crampones o los esquís. La altura del punto de encordamiento también tiene 2 posiciones para mayor polivalencia. 2 anillos porta-material textiles en resistente Dyneema. Perneras con puntos de fijación para tornillos de hielo. **Tallas:** S, M, L. **Certificación:** CE EN 12277. **Peso:** 168 g. **PVPR:** 84,90 €

LEVANTE

Descripción: Arnés ligero y compacto para la práctica del alpinismo y escalada en hielo. El nuevo tejido X-Ply, diseñado por la empresa Dimension-Polyant, es el responsable de su extraordinaria ligereza, alta durabilidad e impermeabilidad. Las fibras de alta tenacidad aseguran una gran resistencia y una adaptación homogénea al cuerpo. Y la trama interior de aramida evita volúmenes innecesarios para aportar más confort. El cinturón preformado cuenta con tejido acolchado con interior con trama 3D asegura una gran adaptación y transpiración. Transpiración que también encontramos en las perneras gracias al tejido interior de rejilla. Incluye 5 anillos porta-material y puntos de fijación para para tornillos y material de hielo. Cuenta también con costuras reforzadas en el punto de encordamiento y aseguramiento para una mayor durabilidad a la fricción con la cuerda. **Tallas:** S, M, L, XL. **Certificación:** CE EN 12277 tipo C. **Peso:** 214 g (M). **PVPR:** 139,90 €

TREND

Descripción: En GRIVEL, la estética nunca ha estado reñida con la funcionalidad. Y en este sentido, los nuevos TREND son un nuevo concepto de arnés de escalada para los que valoran el confort y la tecnicidad y no quieren renunciar al factor diseño y diferenciación. Una sola hebilla de regulación (cintura). 4 anillos porta-material. Cinturón y perneras ergonómicos. Confort gracias al acolchado de la cara interior. Se puede reducir la altura del puente de enganche pasando la cuerda por la posición inferior. Cara interior acolchada para mayor confort. Cinturón ergonómico con mayor sujeción lateral. Perneras ergonómicas con acolchado interior para mayor confort. 4 atrevidos estampados que marcan la diferencia: leopardo, pitón, geométrico, negro-leopardo.
Certificación: CE EN 12277. **Tallas:** 4. **Peso:** 295 g.
PVPR: 89,90 €

EASY

Descripción: Arnés multiactividad de gran polivalencia, totalmente regulable y con construcción que prima el confort del usuario. Una sola talla universal que permite mantener siempre centrado el anillo ventral y bien ajustada la cintura sea cual sea la talla del usuario. Diseño para la práctica de la escalada y alpinismo, así como actividades en grupo. Fácil de poner gracias al único punto de regulación con un amplio rango de ajuste. Dos hebillas en las perneras y una en la cintura. Perneras y cinturón acolchado con dos anillos porta-materiales.
Certificaciones: CE EN 12277, tipo C. **Peso:** 466 g. **PVPR:** 69,90 €

ALPINISMO

www.petzl.com

CORAX

Arnés para escalada confortable y regulable para rocódromo y pared. **Características:** Cinturón ancho y perneras acolchadas. Cinturón equipado con dos hebillas DOUBLEBACK para ajustar y centrar fácilmente el arnés. Perneras regulables. Construcción FRAME Technology que permite repartir la carga uniformemente. Dos anillos portamaterial delanteros rígidos y dos traseros flexibles (compatibles con llevar la mochila puesta). Un anillo posterior porta-accesorios. Compatible con el portaherramientas CARITOOL EVO para el transporte de tornillos para hielo. Ecodiseño: tejido exterior del cinturón y de las perneras diseñados con poliéster reciclado. **Materiales:** Poliéster, poliéster 100% reciclado, EVA y acero. **Certificaciones:** CE EN 12277 type C, UKCA, UIAA. **Tallas:** 1 (65-96 cm), 2 (76-107 cm). **Peso:** 520 g (talla 2). **PVPR:** 70,58 €

CORAX LT

Arnés confortable para escalada en rocódromo y pared. **Características:** Cinturón ancho y perneras acolchadas para una sujeción confortable. Construcción FRAME Technology que permite repartir la carga de forma óptima entre el cinturón y las perneras. Dos anillos portamaterial delanteros rígidos para facilitar el mosquetoneo y desmosquetoneo de las cintas. Dos anillos portamaterial traseros flexibles que son compatibles con llevar la mochila puesta. Un anillo posterior porta-accesorios. Compatible con el portaherramientas CARITOOL EVO. Ecodiseño: tejido exterior del cinturón y de las perneras diseñados con poliéster reciclado. **Materiales:** poliéster, poliéster 100% reciclado, EVA y acero. **Certificaciones:** CE EN 12277 type C, UKCA, UIAA. **Tallas:** XS (65-71 cm), S (71-77 cm), M (77-84 cm), L (84-92 cm), XL (92-100 cm). **Peso:** 395 g (talla M). **PVPR:** 65,55 €

CORAX LT WOMEN

Arnés confortable para mujer para escalada en rocódromo y pared. **Características:** Cinturón ancho y perneras acolchadas para una sujeción confortable. Relación perneras-contorno de cintura adaptadas a la mujer. Construcción FRAME Technology que permite repartir la carga de forma óptima. Dos anillos portamaterial, delanteros, rígidos para facilitar el mosquetoneo y desmosquetoneo de las cintas. Dos anillos portamaterial traseros flexibles que son compatibles con llevar la mochila puesta. Un anillo posterior porta-accesorios como la bolsa de magnesio, calzado, maillón, cuerda de izado... Compatible con el portaherramientas CARITOOL EVO para el transporte de tornillos. Ecodiseño: tejido exterior del cinturón y de las perneras diseñados con poliéster reciclado. **Certificaciones:** CE EN 12277 type C, UIAA, UKCA. **Tallas:** XS (65-71 cm), S, M, L y XL (92-100 cm). **Peso:** 370 g (talla S). **PVPR:** 65,55 €

SITTA

Arnés para escalada y alpinismo ultraligero para el alto nivel. **Características:** Cinturón y perneras extremadamente finos y flexibles gracias a la tecnología WIREFRAME. Los hilos de PEAD (polietileno de alta densidad) distribuidos en el cinturón y las perneras aportan un reparto óptimo de la carga. Gran compacidad. Cinturón con una hebilla DOUBLEBACK que permite una regulación fácil y rápida. Dos anillos portamaterial delanteros grandes rígidos; cada uno con un separador móvil para optimizar el orden. Dos anillos portamaterial traseros semirrígidos. Un quinto anillo semirrígido en la parte posterior. Dos trabillas para los portaherramientas CARITOOL. Puntos de encordamiento reforzados de PEAD. Tejido exterior robusto, resistente a la abrasión. **Materiales:** poliamida, poliéster, aluminio y PEAD **Certificaciones:** CE EN 12277 type C, UKCA, UIAA. **Tallas:** XS (65-71 cm), S (71-77 cm), M (77-84 cm), L (84-92 cm). **Peso:** 255 g (talla S). **PVPR:** 171,42 €

NEOX®

Asegurador con bloqueo asistido mediante leva optimizado para la escalada de primero. **Características:** Permite el aseguramiento de la escalada del primero y en polea. Optimizado para la escalada de primero gracias a la rueda integrada en el aparato que permite un deslizamiento fluido de la cuerda para dar cuerda todavía más fácil y rápidamente al escalador. Confort de aseguramiento gracias al bloqueo asistido mediante leva: debido a una caída o al reposo del escalador, la cuerda se tensa, la rueda se bloquea, después la leva pivota y pinza la cuerda para bloquearla. Facilidad de utilización. Bloqueo asistido mediante leva que ofrece una gran tolerancia de la posición de la mano lado frenado. Ecodiseño: todos los elementos plásticos, incluyendo la empuñadura, están diseñados con poliamida reciclada. Compatibilidad de la cuerda: cuerda simple de 8,5 a 11 mm. **Certificaciones:** CE EN 15151-1, UKCA, UIAA. **Peso:** 235 g. **PVPR:** 131,08 €

SAKAPOCHE

Bolsa para magnesio ergonómica con bolsillo. **Características:** Bolsa para magnesio de forma ergonómica para facilitar el paso de la mano, con ribete semirrígido para mantener la forma de la bolsa. Cierre de tejido que impide que el magnesio se escape durante el transporte. Portacepillos textil doble para sujetar todo tipo de cepillos. Forro cosido en el fondo de la bolsa para evitar el volteo cuando se retira la mano. Bolsillo extensible gracias al sistema de fuelle. Se pueden guardar las llaves, una linterna frontal pequeña, una reseña, una barrita energética u otras pequeñas provisiones para las largas jornadas en pared. Ecodiseño: Producto compuesto por un 93% de materiales reciclados (poliéster o poliamida 100% reciclados). Los estampados de las bolsas son aleatorios para limitar los desechos de tela en producción. Así que ¡cada bolsa es única! **Materiales:** Poliéster 100% reciclado y poliamida 100% reciclada. **Peso:** 85 g. **PVPR:** 25,20 €

SIROCCO®

Casco ligero para escalada y alpinismo, idóneo para salidas largas. **Características:** Hebilla y cintas de regulación minimalistas. Construcción hibrida con carcasa de espuma de EPP y carcasa superior inyectada de espuma de EPS. Diseño según el sello TOP AND SIDE PROTECTION de Petzl: envolvente para una protección óptima contra los impactos laterales, delanteros y posteriores. Perfil abierto en la parte delantera para proporcionar un campo de visión extra amplio, sin percibir los bordes del casco. Completamente regulable gracias al ajuste de las cintas alrededor de la cabeza y del barboquejo. Hebilla minimalista. Orificios de ventilación, acolchados interiores y almohadilla con ranuras. Enganches para fijar una linterna frontal. **Certificaciones:** CE EN 12492, UKCA y UIAA. **PVPR:** 121 €

SWIFT® RL

Con 1100 lúmenes por tan solo 100 g, es la linterna frontal multideporte por excelencia. Provista de la tecnología REACTIVE LIGHTING®, un sensor evalúa la luminosidad ambiente y adapta automáticamente la potencia de iluminación a tus necesidades. Su cinta es reflectante. Confeccionada en dos partes para asegurar una excelente sujeción durante las salidas en alpinismo, trail o esquí. Intuitiva, dispone de un botón único que permite acceder fácilmente a todas sus funciones. También podrás contar con su iluminación roja, fija o intermitente, en caso de necesidad. Recargable, dispone de un indicador con cinco niveles del estado de carga de la batería. **Potencia:** 1100 lúmenes (norma ANSI FL 1). **Peso:** 100 g. **Tecnología:** REACTIVE LIGHTING® o STANDARD LIGHTING. **Tipo de haz luminoso:** mixto (amplio y focalizado). **Alimentación:** Batería de ión de litio de 2350 mAh (incluida) recargable mediante un conector USB-C. **Tiempo de carga:** 5 h. **Estanqueidad:** IPX4. **Certificaciones:** CE, UKCA. **PVPR:** 121 €

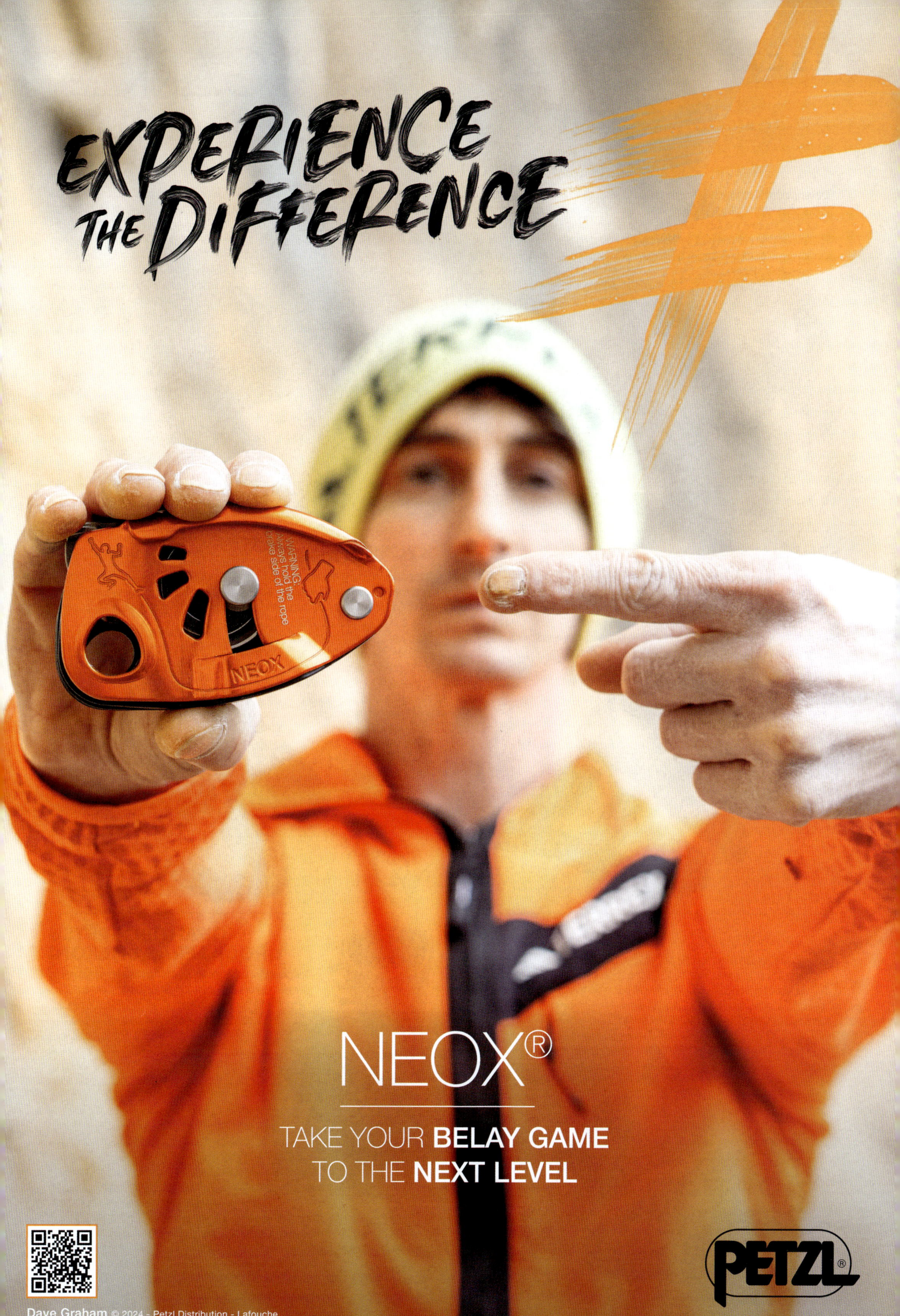
EXPERIENCE THE DIFFERENCE
WARNING: Always hold the brake side of the rope
NEOX
NEOX®
TAKE YOUR BELAY GAME
TO THE NEXT LEVEL
PETZL®
Dave Graham © 2024 - Petzl Distribution - Lafouche

www.garraclimb.com

UNKAI

Descripción: El modelo UNKAI está diseñado para rendir en cada movimiento. Su fabricación en microfibra, la nueva forma de cierre, la nueva puntera pronunciada hacia el empeine y el talón de la misma goma Vibram que la suela, posicionan a este pie de gato como el más polivalente de nuestros modelos. Su suela completa Vibram proporciona una gran estabilidad, acentuando el rendimiento en agujeros y regletas, y mejorando la adherencia en apoyos de talón. Su puntera, ampliada, proporciona un nuevo campo de juego que va desde la escalada deportiva al búlder y la escalada indoor, donde se necesite adherencia en el empeine.
Tallas: 36 a 45 EU (con ½ números).
PVPR: 84,50€

KOKORO

Descripción: El pie de gato KOKORO han sido desarrollado para el escalador medio que desee iniciarse en grados superiores. Su forma acentúa el apoyo en micro-presas, regletas y agujeros. Transmite una mayor sensibilidad cuando el peso del cuerpo recae sobre los pies. Además, su cierre de cordones facilita el máximo ajuste y precisión. Este modelo lleva suela Vibram XS Grip de 4mm que ofrece una gran adherencia y sensibilidad. Un pie de gato perfecto para vías de grado medio-alto, tanto en roca como en rocódromo. Fabricado artesanalmente sobre una horma técnica y en piel de calidad.
Tallas: 34,5 – 50 EU (con ½ números).
PVPR: 84,50€

SENSEI

Descripción: Es la mejor opción para quien quiere un pie de gato cómodo, bien diseñado, polivalente y duradero. Su suela Vibram Grip aporta una gran adherencia en cualquier tipo de roca, convirtiendo este modelo en el más polivalente en rocódromo, escalada deportiva, búlder y escalada en pared. El pie de gato SENSEI, que dentro de la horma clásica incorpora más tenacidad, al llevar el tensor trasero permite dirigir toda la fuerza y peso del cuerpo a los dedos del pie, logrando la máxima precisión. Fabricados en piel natural, son una elección muy buena para el escalador medio que quiera un pie de gato versátil. Fabricado en España por maestros artesanos.
Tallas: 36 – 50 EU (con ½ números).
PVPR: 72,90€

KYOSO

Descripción: El pie de gato KYOSO ha sido desarrollado para el escalador avanzado o para los que deseen iniciarse en grados superiores. Fabricado artesanalmente sobre una horma técnica y microfibra. En su interior tiene una lengüeta elástica de 180º que envuelve el pie desde el puente. Un único cierre de velcro facilita el máximo ajuste y precisión. El empeine de goma Vibram, en combinación con su suela Vibram XS Grip de 4 mm crean un conjunto que ofrece una gran adherencia y sensibilidad en cualquier movimiento y posición.
Tallas: 36 – 44 EU (con ½ números).
PVPR: 89,90€

KAMAE

Descripción: Estamos ante un pie de gato que ha sido diseñado para que sea muy cómodo, por lo que es ideal tanto las largas sesiones de rocódromo como para escalada deportiva o en pared. Los KAMAE están fabricados en piel natural de calidad y su suela es de goma Garra de 4 mm. Una combinación que lo hace muy duradero. Sin duda será uno de los modelos que más utilices por su polivalencia y comodidad, pues resulta perfecto para los distintos tipos de roca y escalada. Fabricado en España por maestros artesanos. **Tallas:** 36 – 50 EU (con ½ números).
PVPR: 62 €

GUANTES KIRETSU Y RODILLERAS UMEKOMI

Descripción: Los guantes Kiretsu son ligeros, adherentes y duraderos, perfectos para escalar vías con fisuras o realizar empotramientos en problemas de bloque. El tejido fino que rodea los dedos aporta gran comodidad y adaptabilidad a los movimientos. Fabricados en piel sintética y con goma Vibram en el dorso, y el ojal de la correa reforzado, lo que aumentan su durabilidad. Su forma anatómica protege el dorso y las zonas vulnerables de la mano.
Descripción: La rodillera Umekomi es 100% elástica, y muy ligera (solo 260 g). Sujeción perfecta y agradable tacto. Lleva goma de alta adherencia y densidad para amortiguar picos y filos en los empotramientos más extremos, sin perder tacto en los más delicados. Está fabricada con materiales elásticos, se ciñe perfectamente y se ajusta con tres correas regulables. Su parte delantera es pronunciada y redondeada. La base de la rodillera de escalada está construida en nobuk elástico y micro perforado, lo que brinda una gran adherencia sobre la piel o el pantalón. El soporte de las hebillas, también elástico, atenaza todo el perímetro de la pierna impidiendo que la rodillera se mueva incluso en los empotramientos más extremos.
PVPR: 49,90€ (rodillera) 59,90€ (rodillera versión Vibram), 19,90€ (guantes).

Black Diamond

www.blackdiamondequipment.com

CAPSULE 20 BOULDERING BAG

Esta cápsula de 20L mantiene tu material organizado en los boulders y está diseñada específicamente para llevarla dentro de un crash pad. Dispone de varios compartimentos con cremallera para guardar el magnesio y los pies de gato separados del resto del equipo; el compartimento para el calzado está ventilado. Una cinta para el hombro permite llevarla fácilmente de un lugar a otro y la bolsa cabe perfectamente dentro de una colchoneta para aproximaciones más largas. **PVPR:** 50 €

CIRCUIT CRASH PAD

El Circuit Crash Pad está diseñado como un caballo de batalla diario para el Boulder. Consciente de los costes, con nuestra espuma de PE de célula cerrada con EVA unida, por lo que es ligero pero sólido para la protección contra impactos. El sistema de suspensión es cómodo, con correas para los hombros, un cinturón y dos asas laterales, y el plegado tipo bisagra hace que el Circuit sea fácil de transportar. Las esquinas cuadradas de la Circuit mejoran la cobertura cuando se combina con otras protecciones, y el sistema integrado de transporte de varias colchonetas facilita el transporte de varias protecciones a la vez. **PVPR:** 170 €

METHOD S CLIMBING

El Method S está diseñado para escalar. La entresuela blanda, la horma rebajada y la puntera engomada hacen que los enganches de talón y dedos se sientan como una segunda naturaleza, mientras que la única correa de velcro facilita las transiciones. Las suelas moldeadas de goma adherente están optimizadas para el agarre sin sacrificar el rendimiento ni el peso. La parte superior de punto de ingeniería hace que las Method S sean transpirables y cómodas en contacto con la piel. El diseño específico para mujer incorpora una horma de bajo volumen. **PVPR:** 140 €

VAPOR HELMET

Nuestro casco superligero y versátil es aún más ligero. La construcción de dos piezas del casco Vapor actualizado contiene una capa de compuesto ALUULA superligero bajo la corona de policarbonato para una mayor protección y un peso reducido. La espuma EPP moldeada compone los laterales, proporcionando una amplia ventilación con la misma estética elegante. Un sistema de ajuste con cordón ultraligero facilita el ajuste y la puesta a punto. Los clips de los faros aerodinámicos (y reemplazables) están listos para las salidas alpinas o los rappels nocturnos. **PVPR:** 150 €

www.evolvsports.com

SHAMAN PRO LV

La nueva tecnología EvoWrap sujeta el pie de forma segura alrededor del empeine, eliminando la necesidad de presionar dolorosamente los dedos de los pies en la parte delantera. El Shaman Pro se adapta igual que nuestro Shaman Lace más vendido y Shaman Strap, pero es un modelo más suave y sensible para boulder de estilo competitivo y rutas importantes. Entresuela muy fina con tecnología de "LOVE BUMP" que aporta sensibilidad y tiene suficiente rigidez, para un ajuste cómodo y potente desde el primer momento. **PVPR:** 180 €

ZENIST

Nuevo y rediseñado, el Zenist es para el escalador que necesita la mayor sensibilidad de sus pies de gato. La parte superior sintética está construida sobre la misma horma que el Zenist Pro más potente. Tiene ajuste tipo calcetín con cierre de una sola correa. Es un pie de gato minimalista, perfecto para tablas de entrenamiento. Es fácil de poner y quitar, con un parche muy grande en la puntera y un talón firme para cualquier tipo de bloque de estilo moderno. Parte superior de una sola capa con entresuela de goma de 1 mm y suela exterior de 2 piezas de 3,5 mm. **PVPR:** 160 €

V6

Diseñado para permitir la progresión. Pie de gato de una sola cinta ajustable con parte superior vegana y lengüeta dividida, fácil de poner. Parche grande en el dedo del pie. Se adapta a las características de cualquier tamaño. Lleva una entresuela Shaman Love Bump para mayor comodidad y potencia en presas pequeñas. La suela exterior de longitud completa crea una sensacion de dureza mayor pero que permite flexionar. Cómodo y equilibrado para regletas, puntear y taloneos. Permite una progresión rápida a V6 (7a) y más allá.
PVR: 155 €

ZENIST PRO

El Zenist Pro está diseñado para ofrecer un entrenamiento más exigente y poder enfrentarte a los bloques con volúmenes y presas pequeñas por igual. Un pie de gato pensado para ser más duro que el Zenist tradicional pero que sigue teniendo un tacto adecuado para escalar en boulder.
PVPR: 180€

www.wildcountry.com

MOSQUITO PRO HARNESS

Nuevo arnés de vía larga ultraligero pensado para poder hacer las paredes más altas con la máxima comodidad y el mínimo peso posible. Con dos porta materiales inclinados duros y otros dos semirrígidos, te permite enfrentarte a cualquier tipo de escalada sin preocuparte del arnés. Triple cinta de disipación en la zona lumbar y cuenta con tres hebillas de ajuste para que sea cómoda aunque cambies de ropa. **PVPR:** 130 €

SESSION HELMET

Nuevo casco de Wild country muy ligero que combina EPP y EPS en su construcción para estar protegido tanto por la parte de arriba como por la parte de atrás. En tallaje unisex, pero abarcando diversas tallas y colores para que sea accesible a todos los gustos. Viene con sujeción para frontal y su peso en la talla L es de 220 g.
PVPR: 115 €

CRAG HAULER 40L

Mochila de vía larga preparada para todas las actividades de escalada que puedas imaginar: desde Big Wall hasta poder ir al rocódromo con todo lo que necesitas. La mochila se ha diseñado para poder ser cómoda de transportar en la espalda con sujeciones 100% ajustables tanto en espalda como en cintura. Tiene muchos bolsillos para poder llevar todas las cosas ordenadas y tiene una gran abertura frontal para poder acceder al interior de una forma rápida y cómoda. Su cierre superior de roll-up te asegura que estará bien cerrada en todo momento y cuando esté abierta poder acceder al material de una forma rápida y cómoda. **PVPR:** 160 €

FLOW JACKET

Chaqueta invernal rellena con fibra sintética que te mantendrá caliente en cualquier pared o caos de bloque mientras aseguras o esperas a tus compañeros. Su calidad reside en su comportamiento frente al frío ya que es una chaqueta caliente y cómoda. Con cremallera de doble carro podremos seguir asegurando sin necesidad de levantarla y exponernos al frío. Su diseño también es perfecto para ciudad e ir cómodo por la calle en los días más fríos del año.
PVPR: 280 €

Altas prestaciones y
extremadamente versátil.

Fabricado sin materiales
de origen animal.

Nueva generación de
microfibra OnMicro©.

vegan

Escoge bien tu arnés

Repasamos en este artículo cuáles son las partes fundamentales de un arnés de escalada y los distintos tipos, de forma que puedas acertar en tu elección. Añadimos además unos consejos de seguridad relacionados con este fundamental elemento del equipo.

El italiano Riccardo "Sky" Scarian en la vía *Seance tenante* (8a) , del Verdon, con el arnés Trend de Grivel (indicado para la escalada deportiva).

SI lo comparamos con otros elementos utilizados en el mundo del alpinismo y la escalada (como los crampones, piolets, mosquetones, etc.), el arnés es un material relativamente joven. Como es conocido, en los primeros tiempos de la escalada y el alpinismo, los escaladores se ataban la cuerda a ellos mismos mediante diferentes sistemas. Eran métodos de sujeción para evitar males mayores pero con los que, realmente, lo mejor era no caerse.

Se suele considerar que el primer arnés para alpinismo y escalada fue el diseñado por René Desmaison en 1959; era un modelo de cuerpo completo inspirado en los arneses de paracaidismo. Para encontrar el primer y tan extendido actualmente arnés pélvico tenemos que irnos ya a 1970, cuando el británico Don Whillans diseñó uno para la expedición británica al Annapurna.

Por tanto, no han pasado ni 60 años desde que se empezaran a desarrollar los primeros arneses específicos para el mundo de la escalada y el alpinismo, pero hoy en día tenemos ya una gran variedad en el mercado, tan amplia que podemos llegar a tener dificultades para acertar con el modelo a elegir.

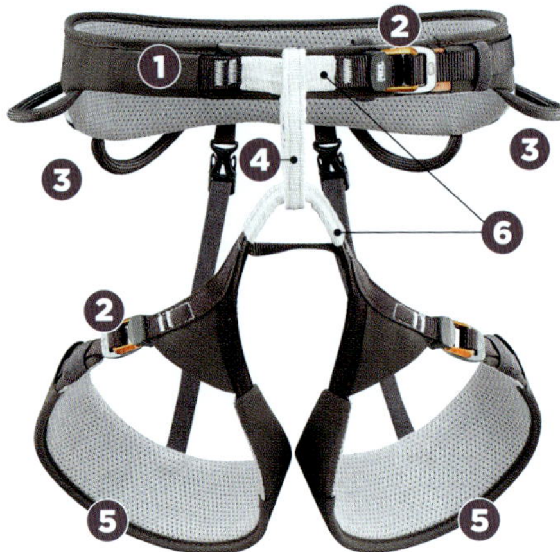

Vista frontal

Vista trasera

¿QUÉ TALLA ELIJO?

La función principal del arnés de escalada y alpinismo es repartir la fuerza de choque (entendiendo esta como la fuerza residual que te trasmite la cuerda cuando te detiene en una caída) por nuestro cuerpo: por la cadera y muslos en el caso de un arnés pélvico, y por todo el cuerpo, en el caso de un arnés integral.

Por este motivo, la elección de la talla de nuestro arnés ha de ser correcta, en caso contrario el reparto de la fuerza de choque quedaría desigual si alguna zona de nuestro cuerpo quedara oprimido u holgado en el arnés.

La talla de los arneses pélvicos se basa en la medida de la cintura y el muslo, debes medir bien partes de tu cuerpo para compararlo con la tabla de tallas de cada fabricante. Y recuerda que cada modelo puede tener tallas diferentes, aunque sean del mismo fabricante.

Igualmente importante es tener en cuenta la diferenciación del material para hombre y para mujer, ya que este último se realiza con medidas específicas (tienen un ajuste por encima de las caderas, el elástico de las perneras es más largo y cuentan con una distancia menor entre las perneras y la cintura).

Normalmente los modelos con dos hebillas en la cintura permiten más ajuste y puede tener talla única (o como mucho dos tallas). Las de una sola hebilla en la cintura suelen estar disponible en distintas tallas; si estás cerca del límite entre dos tallas, elige preferiblemente la inferior, de forma que no haya partes que te queden holgadas (para, tal como hemos explicado, conseguir un buen reparto de las fuerzas). // **C.G.**

Partes de un arnés de escalada

Para poder asimilar mejor los conceptos que trataremos más adelante, vamos a repasar las partes fundamentales, así como las peculiaridades más destacables del arnés.

1. Cinturón lumbar: suele ser más ancho en la espalda que la zona delantera, de su acolchamiento y construcción depende mucho la comodidad global que proporcione el arnés, así como el eficaz reparto de cargas en caso de caída o cuando estamos colgados..

2. Hebillas de ajuste: Normalmente los arneses actuales tienen hebillas autobloqueantes (de una sola vuelta), que solemos encontrar tanto en el cinturón lumbar y, en el caso de los arneses regulables, también en las perneras.

3. Portamateriales: Son los bucles que van a los lados del arnés para transportar las cintas exprés, friends y resto de material. Pueden ser de plástico o de textil (o una mezcla de ambos materiales). Lo más habitual es que lleven dos a cada lado, y adicionalmente una trasera; si bien también hay arneses minimalistas orientados a la escalada deportiva que solo tienen dos, o bien los destinados a la escalada tipo bigwall o artificial, que tienen hasta ocho. Como es evidente, de su número depende la capacidad de transportar material.

4. Anillo ventral: es la cinta que une la cintura con las perneras, que utilizamos para colocar el dispositivo de aseguramiento. Es el elemento del arnés más resistente. Suele ser un único anillo, aunque también podemos encontrar modelos con dos. También hay marcas que optan por poner de otro color el anillo ventral, para facilitar su localización, evitando errores. Incluso algunas han incorporado un sistema de hilos interiores de otro color, que avisan cuando el anillo está desgastado.

5. Perneras: Las cintas que rodean los muslos pueden ser fijas (estáticas o elásticas) o bien regulables mediante una hebilla. Igualmente pueden ir con mayor o menor acolchado.

6. Puntos de encordamiento superior e inferior: son los bucles o anillos del centro del cinturón lumbar, uno arriba y otro abajo, por los que hemos de pasar la cuerda al ir a escalar. Es fundamental revisar periódicamente su posible desgaste.

7. Bucle trasero: no todos los arneses lo tienen (prescinden de él los modelos más minimalistas que buscan ahorrar gramos). Resulta útil para funciones como colgar la magnesera, colgar las zapatillas cuando estamos haciendo una vía de va-